致敬

牢记嘱托、聚力创新、强国建设、勇当先锋的
奋斗者

永远的奋斗者

中国一汽创新创业70年先锋人物

中国第一汽车集团有限公司工会　编撰

国际文化出版公司

·北京·

图书在版编目（CIP）数据

永远的奋斗者：中国一汽创新创业70年先锋人物 /
中国第一汽车集团有限公司工会编撰 . —— 北京 ：国际文
化出版公司，2023.7

ISBN 978-7-5125-1569-7

Ⅰ．①永… Ⅱ．①中… Ⅲ．①汽车工业－先进工作者
－先进事迹－长春－现代 Ⅳ．① K826.16

中国国家版本馆 CIP 数据核字 (2023) 第 125569 号

永远的奋斗者：中国一汽创新创业 70 年先锋人物

编　　撰	中国第一汽车集团有限公司工会
责任编辑	戴　婕
责任校对	杨婷婷
出版发行	国际文化出版公司
经　　销	全国新华书店
印　　刷	文畅阁印刷有限公司
开　　本	710 毫米 ×1000 毫米　　　16 开
	26.5 印张　　　　　350 千字
版　　次	2023 年 7 月第 1 版
	2023 年 7 月第 1 次印刷
书　　号	ISBN 978-7-5125-1569-7
定　　价	68.00 元

国际文化出版公司
北京朝阳区东土城路乙 9 号　　邮编：100013
总编室：（010）64270995　　传真：（010）64270995
销售热线：（010）64271187
传真：（010）64271187-800
E-mail：icpc@95777.sina.net

序

致敬奋斗楷模　勇当时代先锋

这是一本讲述劳模工匠工作事迹的创新创造英雄谱。

这是一本记忆中国一汽 70 年发展历程的创业奋斗史。

这是一本记载中国汽车工业发展史的成长写实录。

劳模精神、劳动精神、工匠精神是中华民族精神和时代精神的生动体现，是中国共产党人精神谱系的重要组成部分。习近平总书记在2020 年全国劳动模范和先进工作者表彰大会上指出，在长期实践中，我们培育形成了爱岗敬业、争创一流、艰苦奋斗、勇于创新、淡泊名利、甘于奉献的劳模精神；崇尚劳动、热爱劳动、辛勤劳动、诚实劳动的劳动精神；执着专注、精益求精、一丝不苟、追求卓越的工匠精神。他还强调要大力弘扬劳模精神、劳动精神、工匠精神。

初心如磐，奋斗如歌。在党和国家事业波澜壮阔的伟大征程中，中国一汽走过了 70 年光荣岁月。

70 年来，中国一汽坚定不移感党恩、听党话、跟党走，践行"产业报国、工业强国，强大中国汽车工业"初心使命，勇担新中国汽车工业"共和国长子"责任，留下了牢记党的嘱托、勇当时代先锋的熠熠足迹。翻开中国一汽发展的历史画卷，在这片创新创业热土上，一代又一代一汽人与祖国同成长、与时代共奋进，用创造一个又一个"第一"的艰苦奋斗，开创和谐写着创业成长、改革转型、创新发展的壮美篇章。

在中国一汽70年的发展历程中，共有2504余人次荣获中国一汽及全国、省市级劳动模范和全国、省级五一劳动奖章，其中全国劳动模范36名、全国五一劳动奖章51名、省部级荣誉467个。

一代又一代劳动模范和先进人物成为中国一汽发展的脊梁、亮丽的名片、文化的典范和先锋的标杆。

社会主义革命和建设时期，长春第一汽车制造厂正式动工兴建，吹响了新中国汽车工业发展的号角，一大批来自五湖四海的建设者们，勇当创建中国汽车产业的开路先锋。自力更生、艰苦创业、荒原建厂，建成了新中国第一座现代化汽车厂，结束了新中国不能制造汽车的历史，开启了中国自主研制汽车的时代，为社会主义新中国装上了"飞驰的车轮"。创业初期，涌现出了胡年荣、张连仲、沈维全、过仲珏、陈岱山、张国良、姚贵升等一批新中国的劳动模范和先进人物。

改革开放和社会主义现代化建设新时期，中国一汽建设者们勇当振兴中国汽车产业的转型先锋。以厂兴我荣、厂衰我耻的主人翁精神，学习创新、抗争自强、开辟新业，结束了解放卡车三十年一贯制的历史，建成了现代化轿车工业基地，率先跃上百万辆级台阶，把中国汽车工业推向了一个快速发展的新阶段。在此过程中，涌现出了万中、田其铸、李放、于永来、吕彦斌、李黄玺、李凯军等一批新时期的劳动模范和先进人物。

进入中国特色社会主义新时代，中国一汽广大干部员工牢记习近平总书记掌握关键核心技术、树立民族汽车品牌、打造世界一流企业的殷殷嘱托，勇当强大中国汽车工业的创新先锋。改革创新、奋斗奋进，勇立潮头、永争第一，取得了一系列崭新独创、全球首发的科技成果，创造了红旗品牌高速增长的产业奇迹，加速向新能源智能汽车全面转型，铸就了"风景这边独好"新辉煌。在新的历史时期，又涌现出了鹿新弟、齐嵩宇、金涛、吴殿维、王智、杨永修、周时莹、牟少志、冯斌、周惠弘、付胜等一批新时代的劳动模范和先进人物。

回望奋斗路，中国一汽走过了艰苦创业、换型转型和改革创新的恢弘历程。一幕幕令人热血沸腾的奋斗场景，是"共和国长子"情怀在燃烧；一次次令人为之赞叹的发展跨越，是精神力量在升华。一代又一代一汽人在自力更生、艰苦奋斗中，为中国一汽奠定了坚实的事业基础，也积淀了宝贵的精神财富。

中国一汽将迈上新征程，牢记党的嘱托，勇当时代先锋；更加紧密地团结在以习近平同志为核心的党中央周围，深入学习贯彻习近平新时代中国特色社会主义思想，坚决贯彻落实党的二十大精神和习近平总书记视察一汽重要讲话精神，大力弘扬劳模精神、劳动精神、工匠精神，深刻领悟"两个确立"的决定性意义，增强"四个意识"、坚定"四个自信"、做到"两个维护"，更好发挥科技创新、产业控制、安全支撑作用，自信自强、守正创新，踔厉奋发、勇毅前行，加快建设世界一流汽车企业，奋力开创新时代中国汽车工业创新发展新道路，为建设中国式现代化汽车强国再立新功，为全面建设社会主义现代化国家、全面推进中华民族伟大复兴作出新的更大贡献。

值此中国一汽成立70周年之际，《永远的奋斗者》付梓了，囿于篇幅，本书从中国一汽70年发展各阶段涌现出来的劳动模范和先进人物中，收录选编了25位不同时期的劳模先进典型代表，通过讲述他（她）们成长奋斗的故事，见证中国一汽的发展印记，展现劳模先进的时代精神，鼓舞激励每一位一汽人讲好新时代的劳模故事、劳动故事、工匠故事；致敬奋斗者、礼赞劳动美、奋进新时代、迈上新征程！

中国第一汽车集团有限公司董事、党委副书记　王国强

2023 年 7 月

目　录

第一篇

创业成长

（1953—1978）

1953 年 7 月 15 日，长春市西南郊孟家屯，长春第一汽车制造厂正式动工兴建，上万名建设者齐聚，吹响了新中国汽车工业发展的号角，伟大的劳模精神、劳动精神、工匠精神也从此在一汽生根发芽。

这些建设者来自五湖四海、各行各业。例如，锅炉房主任温恒德来自河北行唐县，到一汽之前是热河省合作社总社科长，来一汽时已经 46 岁；技术员李龙天毕业于清华大学机械系，毕业后即加入汽车工业筹备组，1952 年调入一汽筹建处；技术处的姚贵升原来在中央财经委员会物资分配局，1953 年调到重工业部汽车工业筹备组材料科，同年划归一汽……

在这些建设者中，有不少其他省市的劳模，例如何文安、王德福曾是天津市劳模。他们都是响应国家号召，为了一个共同的使命而来——建成我国第一个汽车制造厂。

新中国成立伊始，百废待兴、百业待举，为加快建立现代工业体系，党中央集中资源建设一批工业项目，而汽车是现代工业文明的标志，因此建设新中国汽车工业被率先提上了议程。建设一汽就是为了弥补我国汽车制造工业的空白，1953 年 6 月，毛主席签发《中共中央关于力争三年建设长春汽车厂的指示》，在全国掀起轰轰烈烈支援一汽建设的热潮。

1953 年前后，全国各地支援一汽建设的队伍来到长春。据统计，在一汽筹建之初，中央和东北局选调了 679 名干部，成立工厂领导班子，又从全国 20 多个省市选调、招聘了一批过去从事过汽车维修和机器制造的工程技术人员、能工巧匠，还动员了清华大学、北京铁道学院（今北京交通大学）等著名高校的应届毕业生来一汽参加建设。这些人在新中国成立初期"产业报国、工业强国"使命的感召下，放弃了原来舒适的生活和工作，不远千里来到祖国东北，在资源极度匮乏、环境非常恶劣的条件下参加到一汽建设中。

从 1953 年到 1956 年，这支建设大军仅用了 3 年时间，就在一穷二白的基础上提前半年完成了建厂任务。1956 年 7 月 13 日，第一辆解放牌汽车 CA10 型载货车正式下线，新中国汽车业实现了从 0 到 1 的突破，结束了中国不能生产汽车的历史，圆了无数人期盼已久的汽车梦。继解放载货车之后，1958 年 5 月 12 日，新中国第一辆轿车"东风"出厂，9 天后，"东风"轿车开进怀仁堂后花园。同年 8 月 1 日，"红旗"牌高级轿车面世。

1953 年至 1978 年党的十一届三中全会召开前，是一汽创业成长期。这段时期，一汽不但完成了从无到有的突破，建设成了亚洲最大、具有生活配套设施的汽车生产基地，还实现了从有到大的蜕变。到 1978 年，一汽成为我国汽车工业最大的生产企业，年产能从 3 万辆迈进 6 万辆，25 年累计生产汽车 74.1 万辆。

一汽这段时期的创业成长，离不开一大批从祖国各地来的建设者的自我牺牲和无私奉献，他们是爱岗敬业、争创一流、艰苦奋斗、勇于创新、淡泊名利、甘于奉献的劳模精神的真实写照。他们当中，有不少像何文安、黄林森、刘耀宗等这样懂技术、懂设备的工人，也有不少像李文龙、彭映蓉、沈惠敏等一毕业就投身于一汽建设的技术型人才，还有不少像温恒德这样兢兢业业做好后勤工作的人。创业者们带着建设新中国的豪情壮志，在一片荒芜大地上创造了中国汽车工业史上的奇迹。

据初步统计，在这 25 年中，一汽涌现出 12 名全国先进工作者（劳动模范），仅1956年一年，就有刘耀宗、胡年荣、温恒德、王继义、李龙天、关麒麟、沈惠敏、毛儒宝8人获此殊荣。这些劳模先进凭着执着专注、精益求精、一丝不苟、追求卓越的工匠精神，为一汽如期投产作出了卓越贡献：胡年荣提出的"掏内眼管刀"，在提高加工效率的同时，还降低了刀具的磨损量；王继义大胆采用三点定圈加工方法，提高功效51倍，完成热处理车间贯通式渗透炉的煤气分离重点铬钢管加工任务，为解放牌汽车按期出厂赢得了时间。

当时的一汽天地广阔，每个人都大有可为。在这幅等待描绘的蓝图上，来自各行各业、背景迥异的建设者们，从老到少都能找到发挥自己的光和热的机会。这一时期的12位全国劳模中，最年轻的是底盘车间齿轮工部调整工刘耀宗，1956年被国务院授予"全国先进生产者"称号时才20岁，距离他调入一汽仅一年时间；最年长的是一汽当时的锅炉房主任温恒德，来一汽之前他是河北行唐县一等人民功臣，1956年荣获全国先进生产者称号时，他49岁，近知天命之年。

此外，该时期一汽有232人次新获得省部级劳动模范称号，他们大多是来自基层的建设者，多数为生产一线的技术人员和工人，还有部分来自行政后勤、职工医院、职工大学等。

今天，从这些劳模先进身上，人们能真切地感受到爱岗敬业、争创一流、艰苦奋斗、勇于创新、淡泊名利、甘于奉献的劳模精神，崇尚劳动、热爱劳动、辛勤劳动、诚实劳动的劳动精神，以及执着专注、精益求精、一丝不苟、追求卓越的工匠精神。他们在平凡的岗位上兢兢业业地付出，用智慧和汗水为一汽创业成长贡献力量，在一汽初期发展历程上留下了鲜明的时代烙印。

勇于超越的技术尖兵

在一汽刚创建时，国内汽车制造技术几乎是一片空白，除少数外国专家外，大部分一汽建设者缺乏大规模生产汽车的经验和技能，一汽面临缺人才、缺技术、缺经验、缺资源的"四缺"极端困难局面。

以李龙天、彭映蓓、沈惠敏、姚贵升等为代表的技术员，发挥主观能动性和创造性，硬是攻克一道道技术难关，为"三年建成长春汽车厂""解放牌汽车如期投产"赢得了时间。

其中，清华大学机械系毕业的李龙天和同事一起，通过精心钻研和反复琢磨，攻克了当时国内无人能掌握的专门加工螺旋伞齿轮的格里森设备，生产出国内第一批为摩托车配套的齿轮产品，被称作"格里森专家"。姚贵升带领结构钢科研小组，试制出符合我国资源条件的锰硼钢，把汽车用镍量减少到原设计的1%，用铬量减少30%；他带领小组与鞍钢和中科院沈阳金属研究所合作，开展含磷冷轧钢板研制并取得成功，每辆车降低材料消耗11公斤，取得明显的经济效益和社会效益。

这些技术尖兵以创业者的姿态，突破技术瓶颈，填补了我国在汽车工业技术上的空白，解决了建厂、东风牌轿车及红旗牌轿车投产过程中的各种技术难题，不仅提升了工作效率，而且还在物资匮乏时期为一汽节省了大量原材料，提升了经济效益。例如，铸工一车间技术员彭映蓓通过反复调试，把碾砂机自转一周的时间从97秒缩短到27秒，操作人员从14人减少到4人。

正是他们在技术上不断突破的勇气，一汽第一辆解放牌载货车才能如期下线。第一辆东风牌轿车和红旗牌轿车的诞生，背后也有他们的心血和付出。

精益求精的能工巧匠

一汽创业时堪称"一穷二白"，然而，扎根生产一线的工人们艰苦奋斗、精益求精，在学中干、干中学，突破生产瓶颈、总结特色操作方法，实现了技能突破，一汽打赢"三年建厂"攻坚战的军功章里，有着他们的巨大贡献。

例如，机修车间车工、班长胡年荣独创"掏内眼管刀"，把加工一根镍铬矽耐热钢管的效率提升了 30 倍，刀具磨损量从 7% 下降到 1%，提前 4 天完成了热处理车间交给的加工任务，确保了解放牌汽车按时投产。他的事迹被广泛报道后，全厂掀起"比学赶帮超"竞赛活动，加快了建设和生产的速度。时年 19 岁的刘耀宗虚心学习齿轮机床调整技术，在苏联专家没来之前，提前掌握了格里森调整技术，实现调整百次"无事故、无废品、不损坏工具"。

在那个技术、经验都极度匮乏的年代，这些劳模先进精益求精的工匠精神，不仅助力自己和其他人精进技能、实现了人生价值，还影响和鼓舞着一代又一代一汽人不断精进专业，在突破中提升工作质量。

此外，当技术出身的劳模先进在一线"冲锋陷阵"时，也有很多人在平凡的岗位上，爱岗敬业、无私奉献，在日复一日的工作中，一起建设好一汽这个大家庭，巩固好大后方。

来自一汽职工医院的护士孙桂英，在岗位上苦学医疗护理知识，始终保持艰苦奋斗、爱厂如家的工作作风，不计较个人得失，悉心照料病人，对工作尽心尽力，赢得了病人和家属的赞扬。1954 年，她被吉林省政府授予一等劳动模范称号，是一汽第一位省部级劳模。

在那个激情燃烧的岁月，一汽有很多人像孙桂英那样，带着建设新中国的满腔热情和热血，克服种种困难，为一汽这个大家庭的成员做好炊事、保育等后勤保障，让冲在一线的工人、技术人员能心无旁骛地投入工作。为了满足冬季取暖的需要，负责锅炉房的温恒德在文化水平不高也不懂技术的情况下，组织 100 多名锅炉工边学边干，吃住在锅炉房，几个月没回家，确保锅炉房正常运转，保障了建厂工期。福利处第一托儿所保育员张士珍、采购科采购员王敏福、消防队司机胡友林等，都爱厂如家，全身心投入工作中，把平凡的工作做得不平凡。

回顾 1953 年至 1978 年期间一汽榜样的事迹，也是在重温中国汽车工业和一汽的创业史。从 12 位全国劳模和 38 位省部级劳模在那片荒地上战天斗地的经历中，我们可以看到中国汽车工业从无到有，艰难起步。他们的事迹折射出那代汽车人产业报国、振兴民族工业的情怀和面对困难不怕牺牲的大无畏精神，特别是劳模精神、劳动精神、工匠精神。70年来，这种精神一直在一汽传承，影响和激励一代又一代一汽人不畏艰难、创业创新，是支持和引领一汽从无到有、从小到大、做大到强的力量源泉。

胡年荣

以首创激发共创

创造出"挖内眼管刀",提高工作效率30倍,确保解放牌汽车按时投产,1956年获得全国先进生产者称号

历史是最好的教科书，档案是真实的历史记录。我们调研、写作这本书的第一站，就是走进一汽档案馆。

在这里，从浩如烟海的各种档案资料中，我们看到了1956年的3份特殊原始文件。一是当年2月2日，一汽党委作出的《关于发动全体职工学习胡年荣劳动首创精神的决定》；二是当年2月17日，一汽党委发出的《通报》，要求切实组织学习胡年荣首创精神、先进思想、先进事迹；三是当年3月12日，一汽党委发布的《关于学习胡年荣首创精神，开展先进生产者运动的情况周报》。

在如此短的时间内，一名普通职工在一汽党委的各种文件中被频频提及，而且还要求全体职工学习，他的身上有着怎样的魅力？

循着这个问题，我们查找了当时的其他档案，还翻遍《吉林日报》和当年一汽主办的《汽车工人报》，找到了一些与胡年荣相关的原始资料片段。经过比对、考证、研究，我们将这些资料记载的时间、地点、人物、事件联系起来，真实还原出70年前一个平凡人物作出的不平凡贡献。

胡年荣于1929年出生在辽宁大连，1956年加入中国共产党。1953年9月，他被调入一汽，历任一汽机修车间车工、班长、工艺员，调度技术组组长、车间主任。1956年1月，他在机修车间当车工时，创造出"挖内眼管刀"，提高工作效率 30 倍，刀具的磨损量从 7% 降低到 1%，提前 4 天完成任务，确保了解放牌汽车按时投产，因此先后被一汽授予厂劳动模范称号、长春市政府授予劳动模范称号、吉林省政府授予模范工人称号。

当年，加入一汽仅两年多、27 岁的胡年荣，被国务院授予全国先进生产者称号，成为一汽全体职工的楷模，成为 70 年来一汽早期劳模先进工匠的代表之一。

后来，他相继担任四川汽车制造厂车间副主任、一机部工程机械军用改装车试验场车间主任，1989 年退休，2009 年去世。

正如一汽早期众多劳模、先进工匠一样，胡年荣的事迹激励着后人向榜样看齐，不断开拓创新。

提高效率 30 倍

1955 年 12 月，一汽尚在建厂关键阶段，胡年荣所在的机修车间接到一项任务：用镍铬硅钢材加工 18 根高温炉的气管。

热处理车间安装高温炉正等着用这些零件。

镍铬硅钢材是一种特殊的材料，它又软又韧。用刀车它，软软黏黏，费劲不小，还车不出多少活。而这个气管，每根又有一米半长，竖起来赶上人高；管孔还细，内孔 60 毫米，外圆 76 毫米，要求里外都要车光，尤其管坯是国内制造，对于这种材料，国内全是第一次制作，管坯的里外圆都偏歪着，不大规则，更增加了切削的困难。

车间技术科接到这批任务后，大家都摇头说"这活简直没法干"。

到 1956 年 1 月，全厂确定提前半年完成五年计划、国庆节前生产出汽车的目标以后，热处理车间不断地来催这批气管。他们说，高温炉是底盘车间急等着用的，你们必须赶快做出来。

这批活怎么做呢？车间技术科研究了好半天。后来，听说可以在刀杆后面安个衬套，使车刀稳稳往里进。他们拿着材料到胡年荣所在的工段，刚把意见说完，大伙一听觉得不行：那样车，衬套堵着，铁屑出不来；另外，衬套磨坏了，也容易出事故。

到底怎么做呢？谁也拿不出主意。有人说："像车炮筒那样，刀杆不动，车件动。"大伙儿一合计，那样做的话，刀杆最短也得两米长，但刀杆又长又细，车不动它。又有人提出用绞刀绞，但绞刀还没有这种材料硬，哪能绞得动它呢……六七种办法都被否定后，工段长对胡年荣说："老胡，这批活交给你们组干，一定要想办法做出来。"

一开始，胡年荣心里也没底，真想不接这批活。但他又一想："自己是个七级工，我要不接，让谁去接？平时嘴里常喊'克服困难，提前完成五年计划'，困难来了，往后退吗？不着急出汽车吗？"胡年荣告诉自己：我得干！

他看着管坯，琢磨来琢磨去，忽然想到："啊！'三点定一圆'——你硬，架不住刀多，安上3把刀，正好成个圆，刀顶刀，吃刀有劲，一定能车它。"

车车试试，果然行，胡年荣就干起来了。不料，干了一个星期一看，哎呀！一根气管才车一半。他一算账，车一根要用100小时，车18根，要用1800小时。一个月工作日是180小时，10个月以后，这批活才能交工。而热处理车间等着1月28日要管子呢！这从哪里说起？

胡年荣心里急躁起来。底盘车间的同志，更是一趟一趟地到他的车床旁边来问。他们说："我们车间许多零件，都等高温炉热处理。零件不能热处理，底盘总成出不来。你多久车完呀？"

胡年荣知道底盘车间当年4月要交出全部总成，耽误他们出总成，

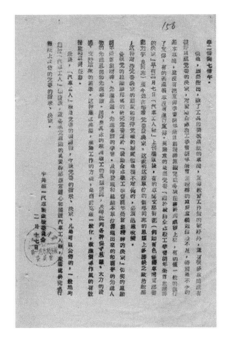

就是耽误出汽车。他们不问，胡年荣本来就挺急，一问，更是火上浇油。他开快车干，刀却直往下掉。车间技术科有人说："干脆，把它截成两段吧！要不，没办法。我也恨不得把它截成三段，越短越好干。"

心里想，不截短，那是一点办法也没有。而苏联专家认为截短影响安装质量，建议还是不要截短后车它。

不截短怎么车它呢？胡年荣想，光急躁不行，还要动脑筋。想吧，办法总是人想出来的。他认为还得在刀头上想主意——虽然三把刀，还是车完一刀又车一刀，刀具也不断碰坏。如果，让它三把刀同时车进……想到这里，他觉得做个钻头似的胎，三把刀并进一定能快，并且刀具也不容易坏。可是怎样往上安刀呢？他绞尽脑汁，想出用套管把刀套在胎上。那套管和胎要多大尺寸呢？他又想到，套管薄套不住刀，套管厚则胎细，刀又车不上活。最后有人提出，可以让套管一头粗、一头细。

于是，就诞生了"挖内眼管刀"工具，12小时就车一根。正当他高兴时，刀却掉下来了。一看，是套管裂了。于是又把套管淬了火，试验开快车，加大送力量，8小时车出一根。套管没问题后，胡年荣更来劲了，车开得更快，送力量加得更大，最后，3小时零5分钟车出一根，工作效率提高了30倍。1月24日，加工这批高温炉气管的任务提前完成。

1956年2月2日，一汽党委作出《关于发动全体职工学习胡年荣首创精神的决定》。吉林日报发表了《发挥劳动者首创精神的榜样》社论，号召向胡年荣学习，希望以胡年荣式的首创精神，以不断提高大家的生产效率、工作效率和工作质量的实际行动来投入社会主义革命高潮，使胡年荣的首创精神在全厂职工的实际行动中得以充分地发扬。

激发共创

《关于发动全体职工学习胡年荣首创精神的决案》发出后，不少车间支部根据党委指示，在全体职工中，认真、广泛地宣传了胡年荣的首创精神，大大地鼓舞了广大职工的生产积极性和劳动热情，从而有力地推动了各项工作的进行。

工具二车间支部接到党委决定后，首先研究了组织学习胡年荣首创精神的措施，在党员大会上作出学习胡年荣首创精神的决定。支部书记、车间主任亲自给工人开了3次会，学习讨论有关胡年荣改进刀具、提高工作效率的报道，并组织工人到机修车间参观学习胡年荣的先进操作经验。

通过宣传教育，激发了职工的劳动热情，不断出现提高效率的新气象。张云九工长在胡年荣首创精神的鼓舞和影响下，解决了大型"内眼磨床、不能磨小眼"的问题；机修车间经过新形势的宣传及学习胡年荣首创精神，职工学习情绪异常高涨，有 8 人改进操作方法、改进工具，提高效率 2 倍到 7 倍半。

1956 年 3 月，一汽党委又召开动员会，号召学习胡年荣精神。会后，一汽各部门都行动起来，增加了很多合理化建议，并涌现出许多提高生产工作效率的先进人物。

合理化建议方面，3 月 5 日至 8 日，提出合理化建议有 2034 件。比如，进度比较快的机修车间合理化建议达 403 件，该车间在 3 月 7 日到 8 日两天中，收到的建议有 191 件；提合理化建议的职工占职工总数的 25% 左右，且建议质量较高，70% 以上都是课题中的关键问题。其中，机修站工长臧福禄在 3 天内提了 18 件有价值的合理化建议；工具二车间机动工部 59 名职工，有半数以上提出合理化建议，职工的合理化建议对推动当时和后面的工作，起到了极其重要的作用；有色修铸工人提出一项改进吊车起吊钢水的建议，为车间解决了几个月所不能解决的生产关键问题。

提高生产工作效率的先进人物不断出现，并由于合理化建议的实现，逐渐出现提早完成任务的单位。如工具二车间的机动工部，采纳合理化建议，突破了关键，保证在 3 月份，即一个月完成两个月的任务；机修车间机工部提出提前 5 天完成 3 月份任务；变速箱车间在群众的积极努力下，保证提前一年完成五年计划的措施（过去是提前三个季度）。

吉林省工会认为，胡年荣的创举应该受到重视：这个创举本身就是反对保守思想的有力武器。只要打破了保守思想，全省一定会出现更多像胡年荣这样的职工，以首创精神完成自己的任务，从而把劳动竞赛推向一个新的高潮。

3 月 13 日，第一机电安装公司召开首届劳动模范先进生产者大会时总结说，自从全厂学习胡年荣首创精神，开展先进生产者运动后，该公司职工的积极性与创造性有了极大提高。

第一工区职工仅在 12 日一个上午就提出了 20 条合理化建议。该工区的安全技术员冯有为和电工陈凤耀经过刻苦钻研，用低压强电流铁丝加热的方法代替碳化硅棒，解决了锻工厂停工 6 个月的 1600 吨锻压机大螺丝加热的关键问题。第二工区砌炉工陈连初改进了砌炉方法，提前 9 天完成了一台冲天炉的砌砖任务。第四工区一名电工改进了"管子接地扁钢卡子"工具，提高工作效率 2 倍。

此外，会上有 15 名代表介绍了自己的工作经验。大会还奖励了 38 个模范单位、先进单位和 185 名劳动模范和先进生产者。另外还奖励了 60 名合理化建议者和技术改进者。

大会最后通过了给全公司职工的一封信。信中提到在学习胡年荣首创精神，开展争做先进生产者运动中，广大职工的劳动热情空前高涨，绝大多数单位出现了新的气象。

技术检查处在 3 月 6 日到 8 日 3 天中，12 个科室提出了 102 件合理化建议，该处底盘车间检查科在 3 天中提出了 45 件技术改进方面的建议；设计处截至 10 日，在短短的几天内提出合理化建议达 116 件，已经采纳的建议都有专人负责或在各科室推广；冲压车间在 6 日一天就提出了 10 件。总装配车间在 8 日提出了 14 件；安装车间电焊组在 9 天中也提出了 11 件；热力车间修理工部在 9 日的组长会上，大家提出了 15 件建议，经研究绝大部分可以采用；毛坯工部在 6 日提出的 13 件建议，已经实现了 9 件；木工车间 8 日到 10 日 3 天提出 137 件，相当于去年建议最多的 12 月份的 7 倍之多。

这些建议对改进工作起了很大的作用。如毛坯工部的厂先进生产者、电焊工孙荣昌提出对焊机改良的建议实行后，就解决了一年没有解决的

关键问题。安装公司第一工区领导对 2、3 月份职工提出的 104 件建议作了审定：给予奖励的 43 件、表扬的 43 件、重大创造和革新的建议需报请公司决定的 10 件，需进一步调查研究的 8 件。第四工区领导为更好地处理合理化建议，特地成立了合理化建议委员会。木工车间各工部成立了审查小组，车间成立了会审小组。

随着合理化建议增多，各单位创造和改进工具的事例又继续大量涌现。安装公司第二工区材料组段学明和油漆工人孙行显利用星期日，研究改进了喷漆工具，不仅保证了喷漆时的安全，还提高了 16 倍喷漆效率；电工第二青年突击队 3 位同志提出了以电动带丝代替人力带丝的办法，提高效率 5 倍以上；第三青年突击队队员们也都在积极改进工具，提高效率。第二工区在连接输送带过程中，缺乏工具，工区陈副主任亲自动手，创造了工具——加热器；该工区陈连初小组改进了砌砖方法，提前 9

天完成了一台冲天炉的安装任务。第一工区钳工高殿义、起重工宋立凯在为底盘车间安装清洗机时，想办法用废料铁板代替槽钢，为国家节约了财富，高殿义在附件车间安装运输链的工作中，改进了工具，效率提高2倍。

锻工车间会计科商福春550多笔账和100多张表没有发生差错，张女珠做了1200多笔账和51张表没有差错，他们提出要做到"万笔账、千张表无差错"；毛坯工部车工、厂先进生产者林云甫改进刀具，由两道工序合并为一道，他和徐天齐想办法利用多刀切削，以3秒钟突破了90秒钟的新定额，提高效率明显；锻工车间车工赵振生改进操作方法，提高效率5倍。

安装车间钳工朱永和、张印田等试制胎具成功，提高效率2倍，还节省了一个人力；该车间工部主任迟文波利用角铁做成小型胎具，提高效率3倍多。

炉仪表车间许德清老师傅提高效率6倍；模型车间改进工艺，提高效率4倍；电焊工沈绍武、高光照、范光碌改进烧焊工具，提高效率3倍；于纯朴提高了效率4倍，木模工苏光先、钳工章顺康、杨茂春、铣工姜德满、刘成福等都积极找窍门，为国家创造了财富。承担热处理车间安装工程的工人们也发挥高度的积极性，完成了该车间80%的关键性安装任务。

安装车间铆工代有君接到加工一批油盘的任务，计划工时是100小时，他决心想办法来提前完成。原来油盘上的槽钢是用"火曲"加工的，然后围成原设计所要求的角度；经他研究提出先在槽钢中间用气焊割一个口，然后改用"冷曲"操作，经试验效果良好，很快被领导采纳了，结果两个人仅用了3小时的时间就完成了这批106小时的任务，提高了工作效率34倍多。

自2月20日到3月10日为止的20天中，共提出合理化建议4069

件。当时，一汽自开展先进生产者运动，特别是传达了毛主席的指示后，提合理化建议已形成热潮。3月上旬提的件数即等于前两个月的总和。在4069件中，比较多的是：底盘车间职工提出629件，冲模车间342件，附件车间234件，机修车间365件。

这些建议绝大部分都针对生产关键问题，对提高生产，改进与扩大设备性能和降低成本都起了显著作用。工具二车间高有廉老师傅创造了在单臂龙门跑床上加工平板的刨刀，用机械代替了人工刮平板的工作，过去刮一块平板需200余个任务日，改进后3个小时就行了，而且平面和光洁度都达到二级品。朱良早提的8件合理化建议，已被采纳了5件。机修车间蒋太兴一天就提出8件合理化建议。

此外，还有很多具有代表性的案例。

喷漆工段索云兴老师傅在工作中一贯积极肯干、认真负责，在胡年荣首创精神鼓舞下，他又开动脑筋进一步改进了工作方法。过去喷汽车头时前大灯、前小灯和驾驶室门上的手把都用纸包起来，怕喷上油漆。用纸包是包不严密的，所以每当喷完之后还要用"信那水"来洗。索师傅发现这样干不好，经过他细心钻研，想出了用布套代替纸包的办法，并利用业余时间用旧布做了些布套，喷漆前套好，这样既提高了工作效率，又节省了"信那水"清洗时间。

筑炉车间管钳工段齐书声小组在制作回火炉传送带板时发挥了集体智能，创造了工具，改进了操作方法，施行了小型流水作业法，结果原计划1500块回火炉传送带板需要450小时完成，改进后只需100小时即可完成，提高工作效率近4倍。

王作周、刘廷礼老师傅在试压冲压车间的流量表管道时，克服工作中的困难，想尽办法提前完成了任务。他们试压的流量表管道工作量大，管道从一楼直通到三楼屋顶。因此，试压时一人上到管道上检查，一个在下面掌握气压，但因管道过长，上下通话联系发生了困难，他就想出用打管子的办法作为联络信号。爬上爬下浪费时间，他们就用三四根管道一起试压一起检查的办法，这样不仅完成了任务，而且效率提高1倍多。

时至今日，胡年荣精神仍然启发激励着一汽人开拓创新。

张国良

一腔热血铸"刀魂"

实现"细长轴压光刀架""深孔精密加工""花键冷挤、冷滚打"等几十个技术革新项目，是一汽建厂早期就成名的金属加工技能高手，被称为"刀具大王"，1977年获得全国先进生产者称号

"老家是真好啊！离开这么多年，我也很想回去看看，可我大半生都在长春度过，早已把这里当作老家，离开它还真有点舍不得。是一汽塑造了今天的我，我不能忘本啊！"张国良深情地说。

　　张国良连襟曾到长春，劝张国良回老家与其合作开一间刀具工厂，并答应送给他一座别墅、10多万元年薪，但张国良却十分坚定地拒绝。"择一事，终一生，不为繁华易匠心"的工匠精神，已深深嵌入他的骨子里。

　　1955年，张国良调入一汽底盘车间，历任车工、科长、厂革委会副主任、厂工会主席、厂副总工程师。他是一汽建厂早期就成名的金属加工技能高手，外号"刀具大王"。

　　20世纪五六十年代，他实现"细长轴压光刀架""深孔精密加工""花键冷挤、冷滚打"等几十个技术革新项目。"文革"前后解决各种技术关键问题320余项，帮助省内地区和单位解决56个技术关键问题，推广先进技术100余项，在换型改造中解决技术难题4000余次。20世纪70年代后，他又为换型改造、上轻轿实现技术革新几百项，实现发动机引进的英国缸盖阀座加工自动线刀具国产化，每年可节省上百万元外汇。

　　翠竹凌云仍虚心。1996年，张国良退休不退岗，凭着一名老党员的责任感，毅然地继续为一汽贡献着自己的余热。他组织一批有丰富实践经验的能工巧匠开展技术攻关，先后为一汽－大众等单位攻克30余项技术难关,3年期间,每年都研制新刀具百余把,为企业节创价值达数千万元。

一生走来,他荣誉加身。1959年至1990年间,15次被一汽授予厂劳动模范称号;1959年至1983年间,5次被长春市政府授予劳动模范称号;1979年被长春市政府授予特等劳动模范称号;1960年至1983年间,5次被吉林省政府授予先进生产者、劳动模范称号;1977年,被授予全国先进生产者称号;1992年,被全国总工会授予全国"五一劳动奖章"。他还是第四届全国人大代表,中共十一大代表。

这位闻名全国的劳动模范、"刀具大王",于高峰处仍然淡泊,逢胜利时依旧坚守,在自我提高中日臻至善,铸就不朽的匠人精神。

以千万锤铸一器

在张国良家中工作室的壁柜里,整齐摆放着他退休后研制的大大小小上百把新型刀具。透过这一件件神奇的刀具和它所产生的魔力,人们不难想象出这位老人为此花费了多少心血。

14岁时,张国良就到工厂当学徒,饱受旧社会的剥削和压迫。中华人民共和国成立后,他听说中国要建设第一个汽车制造厂,于是抱着为中国汽车工业作贡献的愿望,第一批报名来到汽车厂。

来厂后,张国良高兴之余又十分忐忑。摆在他面前的汽车厂虽然规模宏大,设备先进,但他备感压力,生怕自己那点文化发挥不了作用。

正当他发愁时,组织上给予他学习机会,学习机械识图、金属切削原理等。由于文化低跟不上课程,他就晚上借别人的笔记来抄。经过一段刻苦的学习,终于获得短训班的毕业证书。

从一无所知到人人钦佩的"刀具大王",离不开张国良的"两颗心"——

一颗为社会主义建设作贡献的雄心，一颗刻苦学习和锻炼的恒心。

对于技术水平的提高，张国良从三个方面学习和总结。

其一，在夜校学习文化。

刚来汽车厂时，张国良连简单图纸都看不懂，更谈不上画图纸。每逢看到文化比较高的同志还在努力上夜校加油充电时，他就暗暗下决心，一定要攻克文化关。于是，他从小学二年级课程开始学起，一直学到中专班。由于上班时间是三班倒，所以只能是克服困难，忙里偷闲进行学习。

通过夜以继日的学习，张国良看技术资料和搞设计革新的能力有了明显提升。根据技术资料，他成功试制内孔高光洁度、高精度的滚压工具，解决了当时不能加工长油缸和气缸的关键问题，还发明了凸轮轴花键冷挤压等新工艺。

其二，到各分厂车间学习各种机床的加工技术。

刚开始工作时，张国良操作的车床是全齿轮高速车床，他之前从未接触过这种设备，也没有高速切削的知识，所以四处碰壁。后来，张国良发现生产车间各种机床加工效率很高，经过了解才知道这些机床加工工艺是在苏联购进的机器上实现的，很多操作功能是自动化设置好的，他瞬间产生了浓厚的学习欲望。

此后一段日子中，他便把生产车间各种机床先进的切削工艺作为学习内容，利用班前班后时间去看、去学，甚至连中午吃饭后休息的半小时也不放过。

他把在生产车间看到的先进刀具角度和切削用量，用于自己的实践和试验，使自己很快掌握了先进的切削用量和加工方法。遇到难活时，他也经常到生产车间学习有关加工工序，回来后改革工具、夹具。

终日乾乾，与时偕行，张国良一点点走向成功。受发动机上的一个小支承架的启发，张国良改革成功"细长轴压光刀架"；试制东风、红旗轿车时急需一台珩磨机，没人接受此任务，张国良挺身而出，背后支撑他的是，平时所学底盘、发动机等各种珩磨机知识带来的启发。

其三，参加技协的活动。

1962年秋，省、市工会组织张国良等人去沈阳取经学习。学习后，他觉得这种活动形式很好：一方面，能提高自己的思想觉悟，锻炼革命意志；另一方面，又能向有专长特艺的同志学习，使自己更好地多作贡献。

于是，张国良串联厂劳模彭映倍、刘玉歧、王福成等有专长特艺的同志，开展研究课题和交流先进技术等活动。当时，刘玉歧了解到外国停止供应冲压润滑脂的关键，需要用滤油帆布和滤油纸冲两个大孔的机器，张国良主动用一个月的业余时间，帮其研制一台双轴气动压床，最终研究和配置试验成功。后来，他又帮助彭映倍试制成功通气塞，解决了当时生产中的难题。

1963年春，张国良等人成立技术协作委员会，组建了车工、电工、电气焊等10余个专业协助队。到"文革"前，技协已经形成一支很大的队伍，有10个专业研究队，前后为厂内外解决急难关键问题320余项，帮助省内外6个地区32个单位解决了56项技术关键问题，还推广了先进技术11种共计100多项，进行了几十次的先进技术讲座、表演等交流活动。

从那时起，张国良就与一汽技协结下了不解之缘，技协试制车间是他经常流连忘返的试验宝地，这已经成为他的第二个家。

进入20世纪70年代后，张国良又为换型改造、上轿车，实现技术革新几百项，实现发动机引进的英国缸盖阀座加工自动线刀具国产化，每年可为企业节省上百万元的外汇。

1984年9月，因牙龈癌，张国良的右下颚被切除，严重影响他的咀嚼功能。吃饭时，必须吃一些细软的东西，稍有不慎，就会闹胃病，胃疼时常折磨着他。他的衣服兜里总揣着一大袋饼干，胃病犯了，就嚼上

一口，然后依然执着地投身于刀具研究中。不知道多少寒冬酷暑，他都是在车间现场度过的。

张国良从不吝啬自己的技术，甚至为解决一个难题，终日守在车间，披星戴月，精雕细琢。一汽－大众公司发传厂建厂初期，引进了大量进口设备。为了保证产品质量，大量使用进口刀具，但由于耐用性差、消耗很大，致使单机成本居高不下。传动器车间的领导为此事心急如焚。张国良听说后，主动请缨，帮助改造刀具。他天天蹲在机器旁研究改进方案，起早贪黑地拼命工作。

振奋人心的事情是，在一年多的时间里，张国良先后攻克技术难关30余项；其中，用于汽车发动机输入轴加工的刀具革新一项，原使用进口刀片摊入成本超过人民币10元，经他改进后的刀片成本仅0.22元，降低生产成本40余倍，每年按生产5万辆整车计算，就可为该厂节约资金40余万元。

1995 年 5 月，因单缸泵车间用于切削加工活塞环槽的刀具，长时间以来消耗大、精度很难达到技术标准要求，严重影响该厂生产效率和企业效益。辽源制泵厂厂长找到张国良，请他帮助解决。张国良听完情况后，二话没说，连夜赶赴车间现场，研究改进办法。

张国良先后两次来到制泵厂，现场解决了 4 项刀具疑难顽症问题。单缸泵车间的曲轴平衡重块倒角工序，原来采用硬质合金刀片，转速慢、冲击力大，经常发生打刀现象，价值 4.6 元的刀片，每天要更换七八片。张国良提出采用高速合金钢刀片，并且用大块废旧半拉刀改制，不仅解决了问题，延长刀具使用寿命，还大大降低了刀具成本。

"把自己放在低调里，是为了让思想真正成为一种时代的高调。"张国良从不冒失炫耀自身技术，而是大辩不言，韬光晦迹。

有一次，在工具附属厂科研基地试刀时，他一连几天看到旁边工具厂小红旗支架生产线的工人们不时地去磨刀，便好奇地走上前去问："你们在忙什么？为什么会频繁更换刀具呢？"

线上的工人都很年轻，几乎没有人知道这位白发苍苍的老人就是全国著名的"刀具大王"，没人理睬他。他自己到生产线上去看。原来生产线上使用的是高速钢刀具，由于此产品生产效率低、光洁度差，刀具消耗相当严重。

弄清情况后，张国良悄无声息地回到实验室，针对这个问题制定改进方案。他一共为这个产品研制了 7 种硬质合金系列刀片。当他把这个研究成果送到车间时，车间领导激动地说："张总，我们知道您很忙，一直没敢把这个问题拿去打扰您。您竟主动为我们研制出新型刀具，这可真是雪中送炭啊！真不知道让我们说什么好。"

一个人、一辈子、一件事，以万千锤铸一器——张国良以实际行动践行工匠精神，诠释了何为匠心。

心中有责方为艺

有人说张国良是 20 世纪 50 年代的劳模、90 年代的傻子时，他总是不无感慨地说："昔日，我能从一个普通青年工人成长为高级工程师，并得到那么多殊荣，无不凝结着党和人民以及一汽父老的厚爱。退休后，更应抓紧时间回报社会。'小车不倒只管推'，只要身体允许，就应尽我所能为一汽的发展奉献余热。"

1996 年 1 月，在延聘一年后，张国良退休了。即使退休，他传承下来的工匠精神依旧存在。退休后，为了设计出更多的刀具，帮助企业解决更多的难题，张国良自费购置了一套磨削刀具的设备，安装在自己家里。接着他就像着了魔一样——有时半夜起来干活，有时干到半夜。每当试验成功时，他就像孩子获得珍宝般望着、摸着他的科研成果，直到天亮。

1997 年春节，当人们在家中品味着辞旧迎春的幸福欢乐时，张国良独自一人悄悄来到公司技协试制车间，干了整整一个假期。

退休后的张国良到底为一汽、为社会解决了多少技术难题，研制出了多少把刀具，就连他自己也讲不清楚。一直跟着他南征北战搞科研的原工具处副处长高则烈给他做了一个粗略的统计：每年研制刀具百余把，共可为企业创造效益上千万元。如果按照有偿服务计算，张国良退休 3 年，他可收入 100 多万元。可张国良分文不取，就连他一直兼任顾问的四川自贡硬质合金厂、株洲硬质合金厂等企业，每年也只是送给他一本挂历，以表心意而已。有时出差或者购买刀具材料，他还要自己掏腰包。

张国良从不在乎钱财等身外之物，而是执着于脚下的路。从张国良刚退休起，想高薪聘请他的人络绎不绝，可从来没有人打动过他的心。

世界著名刀具公司瑞士山特维克公司便是其中之一。该公司一听到张国良退休的消息，便立即派人来请他出任该公司中国市场代办。可他没等听完有关自身的报酬和待遇条款，就一口回绝。他对公司代表说："我在一汽搞了一辈子刀具国产化，怎么老了还要去推销洋货，这么做不仅否定我个人一生的成绩，而且还有损于中国的脸面。你们回去吧，希望今后也不要再来找我了。"

张国良视一汽为此生的归宿，宁可满身油泥滚打在工厂里，也不愿离开一汽寻找高薪工作。这也使得其老伴和孩子们有了意见。

有一次，一家人背着张国良商量，要以张国良名字命名，开个家庭工厂或者刀具研究所。凭张国良的名气，不出两年就会成为百万元户。哪个儿子负责设计厂房、哪个儿子负责贷款、哪个女儿负责拉客户……

整个方案都设计好了，张国良一听说此事，当场火冒三丈："你们这是胡闹！在一汽旁边开工厂，那不是和一汽抢饭碗吗？我为一汽干了一辈子，不能到老做出对不起一汽的事。我张国良就是死，也要死在一汽的生产现场上。"最终，这事儿不了了之。

对于张国良来说，即使自己变成一撮泥土，只要铺到通往汽车技术发展的大道上，让后辈大步流星冲过去，也是一种幸福。

张国良退休后，每逢公司技协举办岗位技能大赛，他都被邀请出任总顾问。可除了帮助出题、制定评分标准外，本应坐在主席台上轻松观赏赛况的张国良，一遇到监考人手不够时，就主动提出要到具体赛项中当监考，60多岁的人跟年轻人一样，一站就是一天。他说："当我看到年轻一代能够取得优异的技术成就时，甭提心里有多高兴。看到他们，就像看到一汽的希望与未来。"

55载春秋，围绕一汽，张国良奉献了很多；无数个日夜，他与一汽共成长。退休后，张国良没有赋闲回家，颐养天年，而是秉承着"甘做人梯托俊彦，但求薪火有传人"的"传帮带"精神，传授技艺。

生活中，无论是谁请教他问题，他总是不厌其烦地反复给人讲解、演示，唯恐自己说不清楚，别人听不懂。社会上很多企业遇到金属工艺难题时，也总向他讨教，不管是本地企业还是外地企业，张国良总是有求必应，耐心解答。有一次，无锡申达股份有限公司承担一项出口汽车雨刮器加工任务。具体操作时发现，原有设备刀具加工出来的零件达不到质量标准。公司领导十分焦急，情急之中他们想到"刀具大王"张国良，迅速向远在长春的张国良发出求救信号。

张国良闻讯后，一连几天昼夜工作，为该公司研制出一种新型刀具，并亲自到该公司进行现场操作指导。用张国良改进的刀具加工出来的零件，不仅达到工艺要求，而且减少了一道工序，大大提高了工作效率，公司上下对张国良十分感激。

晚年时期，除了专心投入刀具科研，张国良还积极筹备研习班，招收一些有相关专长的技术工人和干部参加，以理论与实践相结合的方式，传授技艺，把自己的知识无私地传给后人，培养出了更多的"小张国良"。

他的精神更是影响着无数未曾谋面的人奋勇向前、不断钻研。不仅如此，他还凭借着博爱与平易近人，让更多的人受到鼓励与启发，在各自的人生轨道上更加努力地前行。

他培养的徒弟已有不少成为学术界顶梁柱，个个都已是刀具专业行家里手，有的还成长为企业领导干部、大学教师。当年，跟着他一起搞革新的张振江、朱洪喜、刘景和等人，也早已成为闻名一汽和汽车行业的劳动模范、先进人物。

多年来，"刀具大王"张国良心怀责任和使命，毅然决然踏上朝圣之路——用一把修复刀、一个小锤头，一颗螺丝钉……为一汽转型和发展作出应有的贡献，像一把闪耀的"刀魂"，更像一颗启明星，在前方为大家引领道路……

姚贵升

中国汽车用钢体系创建者

中国一汽用钢领域学术带头人、中国汽车用钢体系创建者，为解放牌汽车用钢国产化立下汗马功劳，1978年获得全国先进科技工作者称号

姚贵升是中国一汽原副总工程师，中国一汽用钢领域学术带头人，更是中国汽车用钢体系创建者。

1930年，姚贵升在北京出生。1952年从唐山铁道学院材料工程系毕业后，被分配到中央财政经济委员会物资分配局。

因更愿意从事技术工作，1953年5月，姚贵升进入位于南池子76号的重工业部汽车局实验室材料部，在杨南生和支德瑜指导下工作。

为建设一汽，1953年姚贵升所在科室连人带设备一起调到长春。在一汽，姚贵升先后担任技术员、实验室主任、工艺处处长，1986年被任命为副总工程师，多次被评为厂级、市级、省级和全国劳动模范，获得国务院政府特殊津贴。

从事汽车用钢研发和材料技术管理50年，姚贵升成为中国一汽汽车用钢领域学术带头人，在载重汽车用钢的国产化、建立中国汽车用钢体系，以及合资引进轿车生产用钢国产化方面作出过突出贡献。

1990年，60岁的姚贵升已到退休年龄，因工作需要延聘5年，后又返聘5年。

在此期间，他被上海宝山钢铁集团公司聘任为汽车钢板高级顾问。主要业绩有二：

一是使宝钢生产的汽车钢板用于国内汽车工业，提高了国内汽车用钢板实际供给量。

二是提高了国外引进轿车及合资生产轿车用钢的国内自给率。

1959 年至 1990 年间，他曾 15 次被一汽授予厂劳动模范称号；1959 年至 1983 年间 5 次被长春市政府授予劳动模范称号；1979 年被长春市政府授予特等劳动模范称号；1960 年至 1983 年间，5 次被吉林省政府授予先进生产者、劳动模范称号。

1977 年，他被授予全国先进生产者称号；1992 年被全国总工会授予全国五一劳动奖章；还是第四届全国人大代表，中共十一大代表。

被"借"到一汽

姚贵升中学就读于北京育英中学（北京 25 中的前身），这是所私立学校，他家在北京海淀区，当时还是郊区，念书在灯市口，是闹市区，因为相距太远，所以选择住校。

育英中学收费很高，每年开学前，学费、住宿费和伙食费要一次性交齐。姚贵升和哥哥都在这里念书，家里压力不小。因父亲的一个朋友在学校里做会计，交学费可适当宽限，或者晚些交，或者分批交，但不能少交。

1948 年高考，姚贵升同时考取了两所大学，北京铁道学院（北京交通大学的前身）和燕京大学。新中国成立后，燕京大学被北京大学合并，但新中国成立前燕京大学是私立学校，学费很贵，姚贵升选择了北京铁道学院材料工程系。那时考大学，对专业概念不是很明白，也不知道将来会干什么，更没有想到会在汽车厂干一辈子。

大学 4 年，姚贵升经历了新中国成立前的半年和之后的三年半，换了两个地方。大四那年，赶上全国高校院系调整，姚贵升转到唐山铁道学院就读。

在北京铁道学院念大一时，学校在府右街，当时北京还没全解放，府右街归国民党管，但海淀区已经解放。从西直门到海淀要经过魏公村，魏公村有一个庙，是国民党和解放军的分界线。路两边都是庄稼地，谁也不敢乱走，怕埋着地雷什么的。姚贵升半年都没回家，直到北京和平解放，解放军进城，姚贵升才回家。

1952年大学毕业，最初姚贵升被分配到中央财政经济委员会下属的物资分配局。姚贵升和几个学工科的同学不愿意做管理，都想做技术，就多次给单位提调动工作的事。最终上面接受了意见，对他们的工作进行调整。

1953年5月，姚贵升被分配到位于北京南池子76号的重工业部汽车局实验室，在材料部实习。汽车局实验室有二三百人，从这里走出了一大批中国汽车第一代技术骨干，像吴敬业、刘经传、支德瑜等。当时搞汽车材料的有杨南生和支德瑜，都是从英国学成回来的海归。

1954年年底，他们整个科室都搬到长春。当时叫作"借"，材料部连人带设备全借给一汽，后就一直没还。因此，姚贵升到汽车局后，只在北京待了半年，就跟着到长春，这一干就是一辈子。那时也没什么条件可讲，国家让干啥就干啥。

刚搬到长春时，一汽正在建设。姚贵升一行人先在师范大楼办公，后来搬到和平大路黄楼办公，都是日本人留下来的旧房子。从办公室到宿舍路很远，全是庄稼地。生活很辛苦，每个月只有少量细粮，其他都是粗粮。但年轻人建设新中国的劲头很大，干起工作来就不觉得苦和累。

一开始姚贵升在技术处，后来又分成冶金处和工艺处。当时工厂组织结构都按照苏联模式设计。冶金处管热加工，如铸造、锻造、热处理等；

工艺处管冷加工，如切削加工、冲压加工等。冶金处跟工艺处分分合合，最后合并成工艺处。

姚贵升被分到冶金处金属实验室搞钢材，之后就一直从事汽车用钢的研发和材料技术管理工作。幸运的是，从一开始他就在从国外留学回国的杨南生和支德瑜的指导下工作，他们除给姚贵升一行人讲课外，还教导他们做研究工作的方法。

为了汽车用钢材国产化的目标，金属实验室技术员都刻苦钻研，努力学习技术和俄语。每逢周日，姚贵升等年轻人就到当时的重庆路国营食堂进餐，然后到书店各自买几本外文书回来研读。

建厂时一汽人的创业精神，伴随姚贵升走过成长岁月，成为他在汽车用钢领域深入钻研的强大动力。

解放牌汽车用钢国产化

总结起来，姚贵升在解放牌汽车用钢国产化，建立汽车用钢体系方面做出了以下业绩。

一是提高解放牌汽车用钢的国产化。

解放牌汽车投产之初，所用钢材基本都是从国外进口，国内钢材自给率只有19%。这种情况不仅制约了汽车生产，而且还要耗费国家十分紧缺的外汇资源。

为改变这种情况，1957年，冶金处金属实验室成立了一个结构钢科研小组，与国内钢厂合作，将解放牌汽车用的主要钢材技术进行研究分析，比如齿轮钢、各种轴类用钢等，让相关钢厂试制，再拿到一汽试验。

经过反复试验和试制，终于获得成功，于是更改供应厂家，改国外进口为国内厂家生产供应。汽车车身用冷轧薄钢板当时也由外国进口，直到金刚冷轧厂建成投产。很快，汽车用钢国内自给率提高到98%，基本实现汽车用钢的国内自给，摆脱了依靠进口的局面。

二是根据中国资源情况研发新钢种。

研发热轧低合金高强度钢板。解放牌汽车原设计车架纵梁和横梁分别用30Ti、08和20钢板冲压，强度低，不适合中国道路行驶条件，有的仅行驶2万公里，横梁就开始断裂。姚贵升他们与钢厂合作，先后用16MnL、10TiL和13MnTiL分别代替30Ti、08和20钢板，于1958年至1974年间投入生产，不仅解决车架寿命短的问题，而且因为新钢种强度高，钢板可以减薄，单车节约钢材35公斤。到1998年，累计节约钢材4.5万吨，节约费用1.35亿元。

开发低碳轮辋钢。轮辋是异型断面型钢，原设计钢号为B3，每车耗

用138公斤，20世纪70年代轮辋在生产过程中对焊扩张工序开裂率为8%，大量钢材被浪费并严重影响生产。

一汽技术员会同鞍钢开发低碳轮辋钢，将含碳量由B3的0.14%～0.22%降至0.08%～0.14%，纳标后牌号为12LM，使扩张开裂率显著下降。车轮总成试验时，轮辋未发生疲劳损坏，说明含碳量的降低（强度降低）不影响车轮质量和使用寿命。

采用12LM后，每车减少废品损失9.3公斤。从1988年投产到1998年，10年间生产汽车100万辆，节约钢材9300吨，节约费用约2790万元。12LM新钢种轮辋被全国汽车行业采用。

开发冷轧含磷深冲压高强度钢板。汽车车身用冷轧薄板牌号均为08AL，钢板强度低，消耗量大。1982年，姚贵升提出开展含磷冷轧钢板的开发工作，以减轻汽车自重节约钢材。

姚贵升等人成立由一汽、鞍山钢铁公司、宝山钢铁公司组成的课题组，经过钢厂的冶炼、轧制，汽车厂的冲压、焊接等工艺试验，经过整车台架和道路试验,研制不同强度级别的06ALP、O8ALP、1ALP含磷钢板系列，并于1988年转产。这项课题获得国家科技进步二等奖。

随后，按照一汽和其他汽车企业的要求，宝钢与武钢分别试制成功BP340、BP380和P370、WP390等牌号含磷钢板，代替08AL钢板后，因含磷钢板强度高，钢板可以减薄，钢材消耗可降低14%。

解放牌汽车单车使用67公斤含磷钢板代替08AL钢板，每车可节约钢材11公斤。从1992年到1998年，7年共节约钢材7700吨，节约费用2700万元。

一汽自投产以来，仅用6年时间就实现了解放牌汽车用钢材的国产化。在结合国家资源建立汽车用钢体系方面，有很多创造性做法，其中之一就是镍铬钢的代用。

解放牌汽车自20世纪50年代从苏联引进，在原苏联汽车用钢系统中，齿轮与轴类零件用钢是以镍和铬为主要合金元素的钢铁系列。镍和铬属国内稀缺金属，由于国内资源匮乏，进口又遇到国外封锁，既威胁到汽车生产，又影响到了机械制造业和冶金工业发展。国家科委多次发文，要求使用镍和铬钢材的企业开展代用镍铬研发工作，并要求有关科研院所配合。

按照解放牌汽车的设计，每辆车消耗的钢铁材料折算后为：纯镍3公斤左右，纯铬5公斤左右。到1958年，他们在节约镍方面取得突破，汽车上镍的消耗已节约99.4%，主要是取消含镍缸套、取消缸体和缸盖铸铁中的镍，并将几个镍钢制造的零件改为铬钢。

但铬的消耗量仍然很大。每生产一辆解放牌汽车，要消耗含铬钢370

公斤，折算后每车要消耗纯铬 3.8 公斤。除钢材外，还有缸体用的含铬铸铁 324 公斤，折算成纯铬约 1 公斤。

从 20 世纪 50 年代末到 60 年代初，不仅是汽车行业，国家也要求整个机械行业都要开展镍铬钢代用。大家尝试了很多方案，由于我国锰、硼元素丰富，就用锰硼钢代替镍铬钢。这成为当时的一个主要发展方向。

根据国家科委要求，一汽领导决定，在工艺处组建研发小组，有多名技术人员参加，在钢厂和科研院所参与下，开展代用镍铬钢材研究工作，针对两种用量最大的钢——18CrMnTi 钢和 40Cr 钢进行试验。

经过实验室试验、小批量生产和制成零件的装车试验，他们从多个试验方案中筛选出一个方案，确定用 40MnB（45MnB）钢代替 40Cr 钢，用 20Mn2TiB 钢代替 18CrMnTi 钢。

方案确定后，就要进行大规模试验，比如生产 500 辆车进行道路试验，这就需要钢厂供应 200 吨钢材。1960 年正是国民经济困难时期，钢厂无力完成，试验钢材很难拿到。

当时一机部六局（汽车局）主管轴承和汽车，一汽就给六局打报告，表示要试验代用钢，需要国家给 200 吨钢做试验。这个报告由六局上报给国家科委，引起聂荣臻副总理的关注。

1960 年 12 月，聂荣臻同志给李富春、薄一波、王鹤寿和段君毅等同志的信中写道："我国镍、铬都不足，需用铬钢之处甚多，不限于汽车一个行业，以锰硼钢来代替铬钢是一件大好事……在我看来，以硼钢代替铬钢的试验很重要，是我国建立自己的合金钢体系的一个方面，拟请一机部组织试验，冶金部在材料上予以支持，最好能列入明年的计划中，使试验得到保证。至于制造出多少辆样品车来试验，请一机部决定。"

有了聂荣臻副总理的批示信，到钢厂订货就等于有了保证。一汽多次派姚贵升去钢厂联系锰硼钢生产。困难时期，乘车和住宿都不方便，去抚顺钢厂和本溪钢厂需要中途在沈阳转车，姚贵升经常住有十几个人一个大炕的"大车店"和小旅馆。到车间了解锰硼钢冶炼情况时，钢厂安排夜班试验，姚贵升经常深夜从招待所步行到钢厂。

经过两年努力，1962年底，一汽从钢厂得到了试验需要的200吨钢材。起初，试验开始十分艰难，试验零件改用20Mn2TiB钢和40MnB钢制造，每种零件只做200份。这200份要在大生产线上生产，为防止与现生产零件混淆，锻造工人必须在锻模上做出标记，印刻在试验零件上，便于把新钢种零件和现生产零件区分开来。

如何区分？在零件模子上刻字做标记，凡带字的零件就是试验零件。一辆车的试验零件大概有四五十种，都得这么做。如果锻造厂夜班打这个零件，试验员就得跟着上夜班。

200份零件打完后，到冷加工进行切削加工时，标记会被车掉，加工完后再把标记打上。装车时还得把各种零件拿出来，按要求装到车上，总成和整车也要做标记。

把200份零件先后装到500辆车上，需要把做试验的轴类零件，全部换成新钢。从新钢零部件的生产、装配到跟踪，都需要试验员跟进，所以做试验的同志很辛苦。零件生产过程需要和车间配合，但主要还是姚贵升和同事在跟。

装有试验零件的新车发出去后，他们还得记住这些车发到哪些单位，以后再到那个单位去调查。比如发到兰州某部队，就得调查跟踪这辆车，看它跑了多少公里。如果没有问题，就可以下结论。

1963年初，一汽用锰硼钢代替镍铬钢生产出500辆试验车，这些车分别发往青海、云南、四川、广东等地进行使用试验。经过3年多行驶试验和使用调查证明，一般里程达到15万~20万公里，有的已超过20万公里，试验零部件仍可继续使用，证明锰硼钢完全可以代替镍铬钢。

钢厂也基本掌握了锰硼钢的冶炼工艺。

1965 年年底，冶金部和一机部联合召开锰硼钢鉴定转产会，宣布试验成功，正式投产并列入冶金部标准。当时镍铬钢供应紧张局面得到解决，为一汽以及其他机械制造业生产创造了条件。

1966 年，一汽将 20Mn2TiB 钢和 40MnB 钢投入生产，汽车用镍量减少到原设计的 1%，用铬量减少 30%。

以上新钢种研制成功并投入生产，使解放牌汽车用钢情况发生显著变化，载重汽车用钢走出适合我国资源情况的汽车用钢体系。但后来由于进口和国内生产情况的变化，铬钢仍在继续生产供应。

可借鉴的经验

姚贵升在一汽研究汽车用钢 50 年，从技术员一步一步走上一汽副总工程师岗位，多次被评为厂级、市级、省级和全国劳动模范，获得国务院政府特殊津贴。

这些荣誉中，让姚贵升自豪的有两个。一是 1966 年被评为一汽五好标兵，实际就是第一代厂级劳模。紧接着就是"文化大革命"，因为是劳模，姚贵升一下成为受冲击对象，好在历史没问题，没受什么大冲击。

二是 1978 年全国科学大会。一汽有两个人参加，张国良和姚贵升。张国良是八级工，管刀具研究。姚贵升因为在汽车钢材上作出成绩，获得全国先进科技工作者称号。

从 1953 年一汽建厂算起，有许多像姚贵升一样的技术员加入一汽，为一汽发展壮大作出贡献。姚贵升等人之所以能在一汽成长，得益于几个条件。

其一，有适合年轻人的土壤。

姚贵升刚来一汽时，还处于建厂阶段，工作和生活条件十分艰苦，但学习气氛非常浓厚。几乎每天晚上，办公室都灯火通明。大家抓紧一切时间学习，甚至在用餐排队时，手里还拿着小卡片背诵俄文单词。

其二，搭建业务平台。

新钢材研发工作，试验开始时只用几十公斤钢材进行室内性能和少量零件的台架试验。而钢厂一炼钢，电炉一般是几十吨，转炉则是上百吨。在一汽领导支持下，试验多余的钢材在工厂内通过正常生产加以利用，避免了浪费。如果没有这样的条件，他们的研发工作不可能进行下去。

其三，倡导团队协作精神。

在新钢材研发中，往往是汽车厂和钢厂技术人员组成合作团队，共同拟定试验方案，分析试验结果，组织转产鉴定，制定标准并投入大量生产。

工厂内部实验室与车间技术人员和生产工人同样是一个协作团队，除试验过程中的互相配合外，对试验结果，车间提出零件的加工性能，设计人员给出零件台架试验和整车性能的结论，技术人员和生产工人围绕共同目标紧密协作。

其四，提供大有作为的机遇。

以钢材技术为例，一汽开始投产时，提高国内钢材自给率是机遇。镍和铬元素供给紧张时，研究代用钢种是机遇。引进轿车后，开发轿车用钢是机遇。现在，一汽自主开发新能源和节能减排，也是一个千载难逢的机遇。

这几十年来，一汽用钢研发和应用始终走在行业前列，除历史因素外，姚贵升认为还有以下经验可供行业借鉴。

第一，在钢材料研究方面，应该有专业队伍和带头人。

一些规模较大的机械制造企业尽管也有技术中心，但没有专门搞钢材研究的队伍，没有业务带头人。在这方面，一汽和二汽做得比较好。一汽钢材研究带头人最早是支德瑜，他长期从事材料方面研究，也是这方面的专家。

第二，生产厂和钢厂必须密切协作。

任何一个钢种，无论研究也好，试验也罢，不能单独靠汽车厂或者钢厂，双方必须结合起来。在钢板方面，一汽跟宝钢联系非常紧密；在齿轮钢和轴承钢方面，跟特钢企业合作密切。

第三，进行钢材试验必须依托大厂支持。

要研发一种新钢，钢厂转炉炼一炉就是几百吨，但试验时只能用几十公斤钢材做样品。除试验用外，余下的大量钢材要有能力消化，不能当废料浪费，有的做计划外钢材处理，有的汽车厂以代用方式投入生产，都会给双方生产管理带来很多麻烦。这就需要双方配合形成共同的工作平台，使研发和试生产顺利进行。

沈维全

不畏艰苦的"铁老沈"

利用废材做成钢材流动架，创造人吊合装操作法，减轻装卸工劳动强度，使工作效率提高1倍。不怕艰苦、勇于挑重担，人称一汽"铁老沈"，1957年获得吉林省先进生产者称号毛泽东主席说："吃苦在别人前头，享受在别人后头。这样的同志就是好同志。"沈维全就是这样的人——他在工作上向高标准看齐，在生活上向低标准看齐。

多年来，沈维全一直住在小土房里，组织上曾多次分给他"标准宿舍"，他都不要。他当了干部以后，不论严寒酷暑、刮风下雨，都坚持跟班劳动，哪个活累，就干哪个，哪里困难大，就出现在哪里。

建厂初期，厂基建安装在运输中遇到 30 吨至 165 吨的重型机器，难装难卸，他刻苦钻研，提出利用油压千斤打欠的办法，使一台台庞然大物按部就"位"，解决了厂重型机件安装运输的急难关键项目。

他还为实现机械化装卸献计献策，亲自动手革新技术，利用废材做成钢材流动架，创造了人吊合装的作业操作法，大大减轻了装卸工的劳动强度，又使工作效率提高一倍。

1957 年至 1976 年间，沈维全 10 次被一汽授予厂劳动模范称号；1957 年至 1963 年，7 次被长春市政府授予市劳动模范称号；1958 年被吉林省政府授予劳动模范称号；1957 年至 1963 年间，4 次被吉林省政府授予先进生产者称号。

"铁老沈"是运输处铁路车间职工给共产党员、当时的值班主任沈维全送的称号，后来他还担任过一汽运输处副队长等职。他不为钱，不为名，不怕苦，不怕累，一心一意为革命，有着"王铁人"般可贵的革命精神。

革命的螺丝钉

1953年，沈维全由某运输社介绍到汽车厂。那时刚开始建厂，工地上人山人海，呈现着一片繁忙的建设景象，他看到这些，打从心里感到激动和兴奋。当组织分配他到装卸队里当工人时，他高兴地接受了任务，并下定决心当个好工人。

他有着高度的事业心，表现在他对工作极其负责任。他十多年如一日地早出晚归，不畏辛苦，兢兢业业，"公"字当头。在他的心目中没有"我"字，没有"钱"字，没有"难"字，只有集体、工厂的事情。

1965年，沈维全当装卸组长时，车身厂从国外买来一台重达300多吨的大型机器（分为三大部分），当时卸车运到现场都很困难。按照苏联专家的想法，必须在他们国家订购一台特种吊车，还得用上一个月时间才能运完。为了祖国早日出汽车，他和工友们决心要在困难面前闯出一条路来。

他一连几昼夜没离开现场，废寝忘食，苦心思索，也未得出结果。于是就去找同事们商量，大家提出许多办法，尤其是郝文涛的意见对他启发很大。最终，依靠了群众的智慧和力量，想出了吊、顶、滚、拉的联合方法，只用一周多的时间就把机器从车上卸下来并运至安装地点。在场的苏联专家感到十分震惊，不由得竖起了大拇指表示敬佩。

他爱工厂胜过自己的家，平时很注意节约，他珍惜厂里的每一根铁丝、一个钉子。在发运汽车时，见到捆绑汽车用的铁丝被随手丢弃有些浪费，他感到很痛心，于是动脑筋，想办法，提出了建议，结果运一辆汽车节约一两铁丝；仅在 1956 年，就为国家节约了 3500 多斤铁丝。

1963 年，他见到在铁路两旁放了许多煤，多年无人管，风吹雨淋，已开始风化，感到很痛心，就带动大家收回了 300 多吨，给国家减少了损失。

他很少在家，几乎是吃在车间、睡在车间和工作在车间，节假日里也很少在家休息。他担任装卸队队长时都是日勤，白天工作了一天，有时晚上还要跟夜班工人劳动。赶上忙碌或有具体困难时，他几乎不分白天黑夜，回到家里心里还是惦念工厂。

有一次白班快下班时，车站运来一车刹车片，当时天气是晴朗的，没做防雨准备。夜里，他躺在炕上正酣睡着，忽然被一阵大风惊醒，爬起来一看，天快放亮了，满天浮云像要下雨。想到昨晚运来刹车片还在外边放着，他就从家里急急忙忙朝车间跑去，马上组织夜班的工人做了防雨准备。

他总是把自己看作是革命事业中的一颗小小的螺丝钉，这颗螺丝钉钉在哪里，就在哪里闪闪发亮。他先后当过装卸工人、装卸组组长、装卸队队长、农园管理员和值班主任等职，只要革命需要，干啥都行，干一行，爱一行，行行都干得出色。群众称赞地说：老沈真是好样的，干啥爱啥，真不愧为一个劳动模范。

在困难时期，组织叫他管菜窖，他想到这是对他的最大信任，也是关系到全处上千职工的生活大事。所以，他调到菜窖后，就主动去市内学习先进经验，精心管理；星期天不休息，到车厢的废木材堆里挑板条，把菜一层层隔开，保证通风透气，没有使菜受到损失。职工住房紧张，领导让他组织群众盖房子，他又愉快地接受了任务。这项工作是比较艰巨的，一没经验，二没材料、工具等，他领导大家发扬自力更生的精神，

全国劳动模范张国良在现场传授技艺

"铁人"王进喜与劳动模范沈维全(铁老沈)交谈

到处捡砖头、找废料，克服种种困难，终于完成了党交给的任务。

叫他到农园，他就一心把地种好。他想：种地不下粪，等于瞎胡混。因此，春天刚到他就积极带领大家起粪、送粪。有一次，他帮助拉粪的人往地里送粪，由于马被惊，把车拉得飞跑，有的人吓得躲在一旁，而他担心撞着人，就冒着生命危险，赶忙骑上自行车去追，追出不远，车就翻了，马也跑了一匹。这时他想：马跑丢了，公家要受损失。于是他放下自己的自行车，骑上辕马又继续去追找那匹马。冒了好大的险，费了好大的劲，才把马抓住了。当回到大车前一看，自己的自行车早不见了。

他不光在劳动岗位上干得出色，在别的工作岗位上也同样干得出色。组织为了让他更好地成长，1961年送他到文化学校脱产学习一年，他认为：这是组织在培养自己，让自己增加一双新的眼睛。于是，他努力学习，刻苦钻研，结业时取得了圆满的学习成绩，被评为优秀学员。

在工作上，每当碰到困难，他就想到：工作就是斗争，就是解决困难，每解决一个困难，工作就前进一步。他就是以这种革命者的战斗姿态，敢打敢冲，敢冒风险，像铁人似的迎着困难前进！

永远冲在最前线

1959 年，老沈当了干部，领导整个装卸队的工作。

1965 年，他又担任铁路车间值班主任。不管当队长也好，值班主任也好，他都把自己看成是群众的勤务员，把热爱劳动看成是无产阶级的美德。他以普通劳动者的姿态，经常自觉地跟工人一起参加劳动，保持着劳动人民的本色。在工人的心目中，总认为他是个工人，很少听到有人叫他队长或主任，都亲切地称他"老沈"或"铁老沈"。

无论值日勤，还是做夜班，也不论酷暑严冬，还是刮风下雨，他很少在办公室，总是在现场跟工人们一起劳动，装车、卸货、抬抬扛扛他都是把好手。哪个活累，就干哪个，哪里任务重，就到哪里去，哪里困难大，就出现在哪里。在人们心中，他是一个专门挑重担，抢困难，迎着困难走的人。

1956 年秋的一天，他患了感冒也不休息，带病值日勤，夜班接班时他听说有人缺了勤，这天晚上在 38 线卸煤的任务很重，他不顾自己的病情，不声不响地顶上去跟工人一起抢开大铁锹去卸煤。有的同志知道他有病，就劝他回去休息。他说："任务这样紧回去也休息不好。不要紧，出点汗就好了。"就这样，他一直坚持到深夜。

还有一次，下班后，他沿着铁路往家走，看见当班工人个个汗流浃背在卸车，他放下饭盒就去帮忙。同志们都关心他的身体，关切地对他说："老沈哪，你白天黑夜地干，就是铁人也得磨亮了。"

每次接班前，他都围着现场和线路遛一趟，发现问题就及时提出来。

有一次，他见到车与货位的距离不合适，他当时就想：我当过装卸工，吃过货位不正的苦头，我当值班主任后，可不能再叫工人多受累呀！于是，他就去找运行工人重新调整货位。每当刮大风，影响起吊大件时，他总是先爬到高处试验风力、风向，和大家一起研究，采取安全措施，并以身作则，带动大家一起完成任务。

他这种与工人同劳动共甘苦的革命精神，受到了工人们的一致好评。他们很感动地说："老沈没有一点干部架子，和我们一样，我们身上有多少土，老沈身上有多少土，我们流多少汗，他就流多少汗，这一点就够我们学几年了！"

他还时时处处关心同志。

比如工人范芳清以前因家里的火炕不好烧，跟爱人闹意见，老沈知道了这件事后，当天下了夜班没顾得回家休息，直接来到相距 5 里之远的范芳清家。正赶上老范的爱人在烧火，满屋都是烟气，老范爱人守在灶坑前正嘀咕着。老沈见到这种情况，早已忘记了疲倦，他瞅瞅炕的位置，又到外边瞧瞧烟囱，琢磨了一下，就跟老范夫妻俩说："准备工具，我来帮你们修修。"说着就挽起衣袖和老范一起干了起来。经过改修，炕比以前好烧了，夫妻也不吵架了。后来老范搬了家，老沈又主动去帮助搭了一铺新火炕。

工人李凤武家住在市郊的百家屯，房子坏得很严重，打算重新翻盖，因缺少人手，一直未动工。老沈知道后，把此事跟装卸队的同志们一五一十地讲了，大家都愿意帮忙。利用倒班休息时间，老沈先后带领各班同志一把水一把泥地帮助李凤武美化了三间房。

还有一次，他利用自己休息时间到邮局给去外地疗养的同志汇钱、邮粮票，碰上了本单位一个老师傅，这位老工人说："休息时间你也不闲着，还帮助办这些事？"老沈笑着回答说："咱们是同事，应当互相照顾，互相帮助。"老沈就是这样想的，也是这样做的。

　　沈维全平时生活很俭朴，从不乱花钱。可是，他见到同志们有困难，就千方百计帮助解决。车间发给他的奖金，他都放到互助会里，借给生活困难的同志；看到工人喝水时没有碗，他就掏自己的腰包，给他们买了16个碗。

　　他不仅把自己分内的事干好，还经常帮助别人把分外的事也干好；不仅关心本单位的同事，还关心那些素不相识的有困难的同志。他时时处处助人为乐，走到哪里，就把好事做到哪里。

　　很多人都说："老沈在雷锋、王杰的事迹没有发表以前就做了不少好事，当雷锋、王杰的事迹发表后，好事做得就更多了。他真是一个毫不利己的人。"

　　有一次，沈维全值夜班，发送站缺4个灯泡，照明不足影响作业。机动科的电工李延海那里只剩下两个，不知怎么办才好。正急得直打转转时，被老沈知道了，就把自己办公室的灯泡卸下来一个送给小李。小李接过灯泡感动地说："你能把办公室的灯泡卸下来用，我为啥不能把我们工作间的也卸来呢！"于是，小李又把工作间的灯泡卸下来一个。

　　到现场安装时没找到梯子，这时老沈就拍着自己的肩膀对小李说："来，用这个办法。"

　　小李明白了，这是让踩着他的双肩去安灯泡。但小李觉得老沈是铁路车间的值班主任，自己是机动科的工人，虽说以前就认识，总不是很熟，就有点不好意思。老沈瞧透他的心思，就马上蹲下拉着小李，小李只好踏着老沈的双肩把灯泡安上。

困难时期，副食品商店有时按居民组发放白菜、豆腐等，有些家属因孩子多出不去门，他就利用自己的休班时间帮助买帮助分。买时用大秤一次付给，回来时用小秤零分，有时掉了分量，老沈就不声不响地算在自己身上。

沈维全关心同志、热爱集体、助人为乐的事例何止这些。在日常生活和工作中，时时刻刻都体现着。

在俱乐部里，别人把小孩丢了，他就抱着小孩帮助找大人；有的职工亲属来探亲，找不到亲人，他就用自己的钱去食堂给买饭买菜，像对待自己的亲属一样；邻居的小孩有了急病，他夜里奔波给联系救护车，有了车他又把小患者送到医院；星期天在厂内干活，他看见哪个车间的大门没关或没关严，就主动关好……

正像工人同志说的那样："老沈的职责范围是有限的，但他助人为乐却是无限的。"

他把帮助同志进步看成是自己义不容辞的义务，把帮助一个后进人的转变看成是为社会主义增加一份力量，他希望有更多的人赶上先进，超过先进。铁路车间有不少同志，在老沈的帮助和带动下，进步很快，有的是先进更先进，有的是后进变先进，有的成了小组的主要骨干。

"铁老沈"在组织的培养和同事的帮助下，为人民作了许多贡献，但他却认为，个人不过是大海中的一滴水珠，离开了组织，离开了集体，就会立刻干枯。

（改编自《第一汽车集团报》，1966 年 2 月 23 日）

过仲珏

在创业中成长的研发人

　　为解放牌汽车投产自制简易设备，完成上百种汽车电器试验、鉴定。组建了当时具有国内先进水平的电器度实验室，完成了我国第一辆高级轿车及各种车型的电器总成设计、试验任务，1957年获得吉林省先进生产者称号

解放前，在祖国辽阔的土地上行驶的全是五花八门的外国汽车，中国被讥笑为"万国汽车展览馆"。然而，新中国成立后短暂几年里，前辈们就建设起现代化的汽车工厂，结束了我国不能制造汽车的历史。

一汽建厂初期，一些汽车行业的老专家为了实现多年来制造国产汽车的夙愿，放弃了舒适的生活，从国外、从南方大城市，不远千里、万里来到长春，贡献自己的技术专长，培养年轻一代技术人员。大批刚出校门不久的大学生，以能参加祖国第一个汽车工业基地的创业而感到自豪，立志在这里干一番事业。

1930年出生的过仲珏，就是这些大学生中的一员，在那激情燃烧的岁月里，她为一汽、为中国汽车工业献出了自己的青春。

1948年夏天，过仲珏考取了北京医学院、燕京大学和同济大学三所学校，最后被安排在同济大学。解放前，她是一名地下党组织的成员，在大学里通过组织社团活动，开展群众工作。

大学毕业后，过仲珏到长春支援一汽建设，成为一汽首批创业主力中的一员。她曾担任设计处电器实验室科长、机械化自动化室主任、工具分厂副厂长、汽车研究所党委书记等职务。

1953—1956年，在没有试验手段的情况下，她带领全室技术人员，自制简易设备，完成上百种汽车电器试验、鉴定，为解放牌汽车早日投产作出重大贡献。

之后，她又带头组建了当时具有国内先进水平的电器度实验室，完成了我国第一辆高级轿车及各种车型的电器总成设计、试验任务。任工具厂技术副厂长时，她狠抓技术革新和技术改造，完成项目410项，名列全厂榜首。

她还组织工人和专业设计人员，出色地完成了300辆红旗轿车工装设计任务。在任一汽学大庆办公室副主任时，她组织全厂打工装翻身仗，使工装技术状态升级达标；在任汽车研究所党委书记时，她努力抓好党的建设，紧密结合产品换型开展思想政治工作，使汽研所连续三年被评为"三好"和先进单位。她多次荣获吉林省、长春市和一汽颁发的各种荣誉，1957年被吉林省政府授予先进生产者称号。

从过仲珏的几份口述资料中，可以看到包括她在内的第一代中国汽车研发人，如何在艰苦的环境中"荒原起大幕"，打造了中国汽车工业的开端。

在艰苦中学习

过仲珏刚到一汽时，条件十分艰苦。她所在的产品设计处（前身是技术处设计科）在师范大楼上班。那时，职工宿舍尚未建成，她们住在七联或绿园的平房里——地面潮湿，缝隙里长着青草，放在木板床铺下的衣箱，打开时总是有一股霉味。在师范大楼和绿园、七联之间是一片荒野，为防坏人或野兽侵袭，夜晚需要结伴而行。

生活条件很差，但没有人叫苦，年轻人把自己比作苏联小说《远离莫斯科的地方》中建设共青城的创业者，并以此为荣。

1954年成立产品设计处。当时工程大楼尚未动工，只能先后搬到黄楼、伪皇宫（伪满皇宫博物院）去办公。男同志二三十人合住在一个大房间，开始没有床，只能打地铺。女同志受到优待，住在仅有的几间小房间内，而且还有床。这里较偏僻，远离厂区，有时到厂部去开会，经常晚上10点钟以后才能回来，赶不上末班电车，就得走着回来。

那时，厂里号召：必须学会自己不会的东西，这是能否成功建设汽车工业的关键。全厂掀起了学习高潮，从厂长到工人都以非凡的毅力学习文化、技术和俄语。1953年冬天，过仲珏等年轻人在师范大楼俄文班突击学习一个月以后，工作之余日夜背诵汽车专业俄文单词，每日三餐在食堂排队的时间也不放过，经常带着词条，走到哪里，念到哪里。

在老工程师的带领下，她们先把1952年版的苏联产品图纸翻译一遍，作为练兵。开始时连"飞边""毛刺"等名词都搞不清，边琢磨边翻译。日夜苦干，深夜困了就睡在办公室，天一亮再接着干。正是由于这样的勤学苦练，在苏联为一汽制作的新版产品图纸和技术条件于1954年4月到达后，她们才能较为顺利地翻译和消化吸收。

1953—1965年，过仲珏的工作主要在设计处围绕汽车电气展开。

在做汽车电气的12年实践中，她掌握了有关专业的理论和生产知识、国内外技术标准和发展情况、产品试验方法和试验设备、产品技术文件的制订和管理等。并主持和参与了解放、越野、东风、红旗等多种车型汽车电气的试验定型、设计选型和研究改进工作。

过仲珏学的是大型电机制造，到厂后迅速成为汽车电气方面的专业骨干。一方面有老工程师教汽车构造和汽车发动机原理的课，另一方面她又自学了国内外有关汽车电气设备的十几本理论书籍，熟悉了汽车电气技术方面的大量资料。后来，她多次带队去上海、南京、北京、博山、沈阳、哈尔滨等地的汽车电气生产厂参观实习和观察了解生产情况以及

检验手段。这些经历，使她很快掌握了汽车电气设备的理论和生产知识。

为了让解放牌汽车早日投产，过仲珏等人在实验室尚未建成的情况下，克服困难，自制简易设备并外出试验，对几十种电气总成进行了第一次鉴定，并同时自行设计制造试验设备，装备了一台在当时来说具有国内先进水平的汽车电气实验室，使他们能够按照苏联技术条件，对电气产品进行全面的性能试验和寿命试验。

在试制国内第一辆轿车"东风""红旗"中，她和全科同志克服困难，测绘了外国样本，和工具厂、机动处及外厂的老师傅、专家们结合，研究测定样品的性能参数，自行设计试制了复杂的轿车电气并投入生产。她还相继测绘、设计、试制过农用万能汽车和30G军用通信车电气设备，30G是她单独承担的项目。通过这些实践，使她对多种不同车型和品种的汽车电气有了广泛的了解。

在解放、越野、红旗投产前，她和同志们对电气技术产品进行过多批次的试验稳定工作，以保证合格装车。在稳定生产后，针对汽车电气存在的缺陷，她又主持了汽车电气改进的试验研究工作，组织和参与了试验大纲的制订、试验方法的研究、试验结果的分析和试验报告的修改审核。全科写出了20多篇改进汽车电气的试验研究报告，对促进国内汽车电气技术的发展起了一些作用。

转向另一专业领域

除了汽车电气方面，过仲珏在一汽还做过另一项专业技术工作——工艺装备。那是在1965年到1980年间，她先后担任机械化自动化设计室、工装设计室和工具厂的领导工作，主要是熟悉了有关工艺装备设计、制造、生产准备和管理的知识，出色地完成厂交给的各项任务。

1965年9月，过仲珏担任机械化自动化设计室副主任。当时，沈尧中主任在国外考察，由她代为主持工作。她在完成该室的组建后，按总厂指示，为解放6万辆生产开展设计工作革命化做了很多工作，比如总结交流了发动机花键轴套小分队三结合搞试验，改刀具、改工艺，提高产品质量的典型经验，组织技术工作小分队深入生产现场，开展三结合质量攻关活动等。

1969年年底到1972年2月，过仲珏又到工具厂夹具车间下放劳动，参与包建二汽的紧张任务，这对她熟悉工具生产很有帮助。

1972年3月到1973年10月，她担任工装设计室主任，在工作中熟悉了各类工艺装备的设计管理知识。根据广大设计人员整顿管理的意见，她重新制定了《工具一览表管理制度》《工艺装备申请设计及订货管理

制度》《工艺装备图纸管理制度》《工艺装备设计职责分工条例》《工艺装备标准化管理试行条例》等规章制度，为全厂工装管理的整顿做了有益的工作。

1973年10月至1977年3月，过仲珏调任工具厂副厂长，主要分管技术工作。工具厂的生产和管理是很复杂的，各类工装的生产具有不同的特点和很强的专业性。她结合工作努力学习，到刀具、辅具车间蹲点劳动，请生产科科长给她讲生产知识，经常向专家和老师傅请教，并依靠这些知识大胆开展工作。

在这三年半的实践中，她主要抓了两方面工作：一是充分调动科技人员和老师傅的积极性，提高队伍素质；二是着重抓技术改造和技术革新，促进技术发展。

她积极主办了工具厂的七○二一大学，选年轻优秀工人脱产学习，请专家根据工具生产需要自编教材并由他们讲课。在七○二一结业的几十名学员后来都成了各专业的骨干。

在为红旗轿车"300 辆"生产准备的大会战中，工装设计和制造任务很多，时间又紧迫。

仅以冲模为例，设计套数 515 套，5 万多工时，靠设计科力量两年也画不完设计图纸。经过调查分析，一方面充分发挥专业设计队伍的作用，下车间三结合审查产品设计与工艺设计，把问题消灭在模具设计之前，一方面抽调一批有实际经验又懂设计知识的老师傅和优秀青年组成设计小分队脱产搞设计，承担一大批中、小型冲模设计任务。她还发动了一些钳工、调整工老师傅利用业余时间搞小型模具设计，供专业设计力量集中搞复杂的大型冲核，既加快了设计进度，又密切了设计和制造的联系。同时，她改变设计和生产准备的分段制，采取交叉进行，设计完一套即投入生产准备，缩短了生产准备周期。她出色地完成了总厂下达的几百套冲核、机夹、焊夹、镇模和专用工装的设计制造任务，并在全厂交流了经验。

在抓工具厂技术改造规划的实施中，过仲珏特别重视发扬工具厂的优良传统，大力开展技术革新活动。

工具厂的 5 年技术改造规划，都是依靠专家们花费无数心血调研制订的，过仲珏主要抓其中可在近期实现和投产的项目，统一给予支持，为他们创造条件，解决困难，如镇模电解、机夹不重磨刀具、组合夹具、辅具电解磨削等项目的投产，对发展工具生产和提高质量都起了很好的作用。

她还发动和组织在新技术、新材料、工艺改进、设备改进、产品改进等方面的技术革新项目，每年都进行技术革新演示和交流。在过仲珏和广大科技人员、工人的共同努力下，工具厂的技术革新项目由 1971 年、

1972 年的 19 ~ 20 项（全厂 669 ~ 765 项）发展到了 1973 年的 410 项（全厂 1125 项），1974 年则达到了 198 项（全厂 961 项），在全厂名列榜首。

1977 年 3 月至 1980 年 2 月，总厂抽调过仲珏到学大庆办公室任副主任，主要分工抓工艺装备的整顿工作。按总厂领导指示，首先要查清全厂工艺装备的使用管理情况。她和孔德禄、陈家彬两位同志一起进行调查，她们于 2 月 10 日到 5 月初到全厂 21 个单位，开了 19 次调查会，共 120 多人次参加。

在孔、陈两位同志帮助整理调查记录的基础上，过仲珏写了 3 万多字的调查报告，对全厂工具消耗、工装技术状态、工具管理、工具供应方面存在的问题提出了大量的数据和典型事例，进行了原因分析，提出了召开有总厂领导和分厂领导参加的全厂工具系统会议。她部署大打工装翻身仗，要求在工艺查完的同时按标准补查工装的技术状态、弄清影响产品质量的工装缺陷、制订和落实抢修缺陷和使工装技术状态升级的措施进度；基层、打基础、练基本功，达到工具管理整顿验收的 8 条标准；开展一个工具管理指标尽快达到历史最高水平的竞赛；以及逐步解决体制机构不合理不健全的问题，建立规章制度，加强后方扩大生产能力等建议措施。厂领导采纳了这一调查报告，把上述建议的大部分都纳入工装翻身仗的内容，并确定过仲珏参加厂设备工装翻身仗指挥部，分工组织这方面的工作。

在整顿工装的翻身仗中，全厂的工装失修情况得到解决，技术状态有了很大的改善，机械体制规章制度也得到了健全和建立。而过仲珏本人在这一段实践中，既出色完成了工装整顿任务，也增长了才干。

1980 年 2 月至 1986 年初，过仲珏被调任工具厂、汽车研究所党委书记。她参与研究阶段性、专题性的工作部署和重大决策，特别在汽研所工作的三年半，正是一汽产品换型关键时刻，也是汽研的产品、科研试制任务十分繁重的时候。她参与研究 CA141 质量攻关和上水平项目，还有 6102 试验使用中暴露的质量问题和攻关项目、科研重复课题计划和科研体制改革等许多重大技术和管理问题，多次到设计现场、6102、485 及 6110 试验现场，以及整合、整机试制装配现场，参与解决困难。

1984 年 5—6 月，过仲珏带队去沈阳铸造研究所、密云机床研究所、株洲电子研究所、上海材料研究所及工艺研究所等改革取得成效的先进单位学习，主持讨论改革方案，确定汽研所的改革要和建设性整顿结合起来，拟订和实施了汽研所管理改革的第一步方案。

她在汽研所这 3 年中，该所连续被评为先进、三好单位等，她也参与了产品和科研管理的实践，被评为换型一等功。

过仲珏作为新中国第一代年轻汽车研发人员的典型之一，她的事迹展示了那一代研发人的担当和奉献。他们在生活上以苦为荣，在学习上如饥似渴，在工作上克服困难，艰苦奋斗，不断创新——这种精神永远值得学习。

陈岱山

"我为祖国做了什么"

1971年，他在工厂一次灭火战斗中，奋不顾身抢救国家财产，光荣牺牲，被中共吉林省委授予"革命烈士"称号

1971 年 12 月 25 日，一汽底盘厂装配车间装配工陈岱山和同事一起，为超额完成汽车生产任务而紧张地工作着。

　　晚上 9 点多，突然，总装配线的喷漆室起火，严重威胁厂房安全。陈岱山看到后，扛起两个灭火器，飞速向火场跑去。在同烈火的近战中，他猛然发现火焰正接近喷漆室旁边的几十桶油漆。那是一级易燃品。他不顾漆桶随时可能爆炸的危险，抱起近 20 公斤重的漆桶，一次又一次地往外抢救。

　　就在他搬到第七桶时，意外发生了，"砰"的一声，滚烫的油漆喷了他一身，顿时，陈岱山变成了一个火人。

　　旁边的同志迅速将他救了出来，这时陈岱山全身已经烧焦，昏了过去，人们迅速将他送往医院抢救。

　　为了抢救陈岱山等 8 名在那次灭火中负伤的同志，医院立即集中全院最好的医务人员，组成抢救小组。

　　吉林省内外许多医疗卫生部门和解放军派来了有经验的医生，送来了急需的药品。一汽全厂几千名工人、干部、技术人员、医务人员和驻厂解放军指战员纷纷报名献血献皮。

　　但是，因伤势过重，抢救无效，陈岱山于 1972 年 2 月 9 日去世。

　　此前，在 3 年多的工作中，陈岱山时刻以"我为祖国做了什么"来激励、鞭策自己，在平凡的工作岗位上作出了不平凡的贡献，去世时年仅23岁。他以短暂光辉的一生谱写了一曲感人的壮丽诗篇。

他的事迹经新闻单位宣传报道后，一股学英雄、做英雄式人物的热潮席卷祖国大地。

当时的一汽厂党委、长春市委、吉林省委相继召开命名和学习动员大会。厂党委决定追认陈岱山同志为中国共产党党员、授予陈岱山"模范共青团员"光荣称号，并追记一等功。中共吉林省委授予陈岱山"革命烈士"称号，并发布向优秀青年工人陈岱山同志学习的决定，号召全省干部群众特别是共青团员和青年向他学习。

"甘当一辈子装配工"

1968年9月，21岁的陈岱山从长春第十一中学毕业，被分配到第一汽车制造厂工作。

报到当天，他来到工厂大门口，迎面看到"第一汽车制造厂"7个大字，想到自己就要成为一名光荣的汽车工人，抑制不住激动的心情。他暗暗对自己说："今天，是我为祖国贡献力量的时候了。"

陈岱山和几个同学被分到底盘分厂当装配工人。他第一天来到装配车间时，立刻被那火热的劳动场面吸引住了：成百上千个零件，在工人灵巧的手里转瞬间组成了一个又一个的前桥和后桥；挂满各式各样部件的运输链，源源不断地流向总装配线。

想到在这里装配成的汽车很快就要奔向祖国各地时，陈岱山高兴得手都直痒痒，恨不得一下子就掌握装配技术，为社会主义建设服务。

陈岱山到了六班，主动申请到全车间最紧张的拉杆工位去工作。拉杆工位要求技术高、动作快，需要在两分钟多一点的时间里完成 18 个零件的装配和调整任务。特别是装球头螺帽，操作技术比较复杂，如果装不好，汽车就会出现"摆头"现象。

陈岱山细心观察老师傅的每一个动作，认真琢磨每一个操作要领。下班了，他还在那里埋头苦练，几十次、几百次地重复着一个单调的动作。有时夜深人静，陈岱山还一个人站在自己的工位前，左手拧着球头螺帽，右手拿着扳手不停地敲打着，身上的那件小背心都被汗水湿透了，肿起的左手食指也磨破了皮。

有的青年工人对他说："装配技术很简单，一天生、两天熟、三天就出徒，还用得着练？"陈岱山回答："有些工作看起来简单，掌握它的规律可不容易，不下一番苦功夫是不行的。我们不但要有为人民服务的愿望，还要掌握为人民服务的本领。"陈岱山就是这样勤学苦练，只用一个星期时间，就熟悉了本来需要一个多月才能掌握的操作技术。

为了掌握技术知识，陈岱山从生产部门借来工艺卡，详细了解拉杆工位的每一项技术要求和操作规程，还买来技术书，刻苦钻研汽车构造的一些基本原理。经过坚持不懈的努力，他的技术水平迅速提高，按规定需要两分零四秒干完的活，他只用一分二十五秒就完成了，创造了装拉杆的最高纪录。

装配工作是流水作业，需要互相协作。陈岱山决心练成多面手，哪里需要就能帮助哪里。只要有空，他就一个工位一个工位地练习。

当练到刹车器工位时，他遇到了难关。这个工位的工作台比较高，要把 40 多斤重的刹车器往运输链上挂，需要很大的臂力，这对个子小、体力差的陈岱山来说，是很吃力的。有人劝他："你的身体不适合干这个，这工位你就别练了。"陈岱山坚定地回答："不能让工作适应自己的身体，要让自己的身体去适应各种艰苦的工作。"

他从同学那里借来一对哑铃，从此，陈岱山每天的作息表上增加了一项新科目。妈妈问他："你一天上班够累了，回来还练这个干啥？是想当运动员咋的？"陈岱山笑笑说："我们车间里个个都是五大三粗的，我不锻炼行吗？"经过一段时间锻炼，他的体力显著增强，很快适应了各个工位的需要。不到一年时间，全班16个工位他都能操作了。大家提起陈岱山，都说这个小伙子"一天到晚闲不住，工作起来没个够"。

陈岱山热爱自己的装配工作，曾多次表示：只要党需要，他愿意当一辈子装配工，上好每一个螺栓，拧紧每一个螺帽。他经常给自己提出这样的问题："我为祖国做了些什么？"他说，在工作上应当要求自己是一个永不满足的人。3年多来他装配的几万根拉杆，根根合格，没有出现过一次质量问题。

他还注意了解各个工序的质量要求，什么地方出了问题，就去帮助解决。有一次下夜班时，他听说轮毂工位多出了一个锁紧螺母，肯定是有一个前桥上漏装了。他想，漏装锁紧螺母，汽车开动起来，就会轮子脱落，"甩大饼子"，今天夜里无论如何要把它查出来！

陈岱山拿起扳子，和班长杨长生攀上了悬在半空中的防护网里，沿着运输链仔细检查。运输链在不停地运转，脚下的防护网忽悠忽悠地颤动，他俩满头大汗，查遍了底盘分厂500多米长的空中运输链，没有结果。最后，又跑到总装配分厂去查，终于查到了那个漏装锁紧螺母的前桥，把螺母装了上去。

此时已经是凌晨3点多了。陈岱山和杨长生坐在总装配线旁边，望着那滚滚向前的流水线上一辆辆装配好的汽车，心里有说不出的高兴。望着望着，两个人肩并肩、头挨头，渐渐进入了梦乡……

"不学习怎么行"

1948 年 9 月，陈岱山出生在一个苦大仇深的工人家庭里。吃人的旧社会，一连夺去了他爷爷、奶奶、小姑、小叔等 4 条命；爸爸拉洋车，受尽了打骂和欺凌，到老身上还留着伤疤；妈妈 14 岁进烟厂当童工，长年的烟熏火烤，弄瞎了一只眼睛……

血泪斑斑的家史，在他幼小的心灵里打上了深深的烙印。他含着眼泪把家史详详细细地记录在笔记本里，告诉妹妹："我们是工人阶级的后代，不能忘记过去的血泪账！"

陈岱山把妈妈给的零用钱一分一分攒起来，都用来买毛主席著作和歌颂英雄人物的书。在中学时，他和同学们组织学习小组，一起学习了《青年运动的方向》和《共产党宣言》等著作。董存瑞、黄继光、雷锋、王杰、欧阳海等，都是他心目中学习的榜样。学校开展向雷锋学习的运动，他学习雷锋全心全意为人民服务的精神，每逢节假日，不是帮助烈士军属挑水、买煤，就是到火车站、电影院去维持秩序，扶老携幼。他积极向上，勤奋好学，入中学不久就加入了共青团。

进厂以后，陈岱山要求上进的心情更加迫切，学习的自觉性也更高了。他发扬雷锋"钉子"精神，班前班后、来回路上，能挤一点时间就学习一点。几年来，他以坚强的毅力，通读了《毛泽东选集》一至四卷和《国家与革命》《法兰西内战》等著作。

一天傍晚，陈岱山像往常一样，一面吃饭，一面读一篇关于学习《法兰西内战》体会的文章。吃着吃着，妈妈发现菜已经凉了，便把菜盘子端走了。当她热好菜推门进屋时，只见陈岱山侧着头，全神贯注地盯着那篇文章，右手拿着筷子正朝桌子上乱捣。妈妈又好气又好笑地说："你往那儿捣捣啥？也不瞧瞧还有菜在那里吗？往后啊，我也别给你弄菜了，你干脆就着书就着报纸吃得啦！"

多少个夜晚，左邻右舍的灯光一个一个都熄灭了，只有陈岱山的窗户总是亮到深夜。陈岱山常常对青年工人说："我们虽然穿上了工作服，但并不等于就有了工人阶级的先进思想。"进厂以后，他总是像小学生一样，恭恭敬敬地向老工人学习。老工人的好思想、好作风、好传统，班里每一个同志的长处，他都看在眼里，记在心上，一点一滴地吸取过来。共产党员、老工人傅长文，十几年如一日，兢兢业业工作在装配线上。陈岱山常在假日到他家里去谈思想，征求意见，接受他的帮助。傅长文看到这个新来的小伙子上进心这么强，打心眼里高兴，赞扬说："有这样的接班人，我们就放心啦！"车间党支部看他是一棵好苗子，很重视对他的培养。

陈岱山不仅自己学习上进，还带动身边的青年工人。1970 年 9 月，六班来了个名叫李国伟的新工人，是名共青团员。他刚来时表现挺不错，可是后来思想渐渐发生了变化。担任六班团小组组长和车间团支部委员的陈岱山，看到小李的变化，联想起了车间里当时出现的一些不寻常现象，认为团支部一定要教育团员和青年。在他的建议下，召开团支委会，详细研究了这一工作。

根据团支委会的分工，陈岱山主动接近李国伟，上下班一路同行，吃饭时促膝谈心，对小李进行耐心的帮助。他严肃地说："讲吃讲穿，可不是工人阶级的理想。一个人要生活得有意义，就要时刻想着为社会主义、为祖国做些什么。我们都很年轻，应当把充沛的精力用于革命事业！"一席话，说得小李心里热乎乎的，他觉得陈岱山是在真正地关心他。从此，李国伟处处以陈岱山为榜样，严格要求自己，进步很快。

李国伟的转变，给陈岱山一个很大的启示。他想到，要让青年都能成为可靠的接班人，今后新工人进厂，团组织应该认真地负起责任，热情地帮助他们，教育他们。他向团支部提出了 3 条建议：用建厂以来本车间、本班组的经历教育青年；对青年加强革命理想和前途的教育；还要逐个做过细的思想政治工作。为了达到这一目的，陈岱山一个一个地找车间的团员和青年谈心，一次一次地到他们家里访问。对出身不好的，他不歧视；对犯过错误的，他不嫌弃，总是以火一样的热情关怀着每一个同志的进步。

一个星期天，几名青年工人在陈岱山家聚会，探讨什么叫理想、怎样把远大理想和实际工作结合起来。这个题目引起了大家热烈的讨论。一名青年说："装配工整天不是拧螺帽，就是搬大铁，这和共产主义理想怎么挨得上？"陈岱山说："有一位老师傅曾经对我讲过这样一段话：一辆汽车有成千上万个零件，少了哪一个也不行；生产线上有许许多多的工序，缺了哪一道也造不出汽车来。一个小小的零件，一道简单的工序，都和建设社会主义紧紧相连。老师傅这话说得多好啊！伟大祖国的各条战线，条条连着共产主义理想；社会主义建设的每个岗位，个个都有我们的前途。我觉得，工厂就是我们的大学，在这里有多少值得我们学习的东西呀！"

"一根火柴可以点燃熊熊大火"

1971 年年底，一汽职工都在为完成和超额完成全年国家计划而忘我劳动，全厂一片繁忙景象。12 月 25 日，离年终只剩下最后几天了。在这紧张时刻，陈岱山感到有许多工作等待着自己去做。这天上班前，他告诉妈妈："最近几天厂里很忙，要是太晚，就不一定回来了，您别惦记着。"

妈妈瞅着他通红的两颊和布满血丝的眼睛，想到他发低烧已经两个多月了，心疼地把他送出了大门。

晚上9点多，陈岱山正利用夜餐时间，向班长征求对教育计划的意见，突然，火光大闪——总装配线喷漆室起火了。他扛起两个灭火器，就朝火场奔去，边跑边喊："同志们，快去救火！"

这时，人们从四面八方纷纷赶来，迅速组成了一支灭火大军。火舌舔舐着厚厚的漆垢，蹿出10多米高，周围的钢梁和运输链都被烧得通红。离火区约20米，就感到一股炙人的热浪直扑过来。

陈岱山冲在救火人群的前面，英勇地同烈火搏斗。猛然，透过火光，他发现火焰正向喷漆室旁的几十个漆桶蔓延。漆，是一级易燃品，如果被火烧着，就会造成更大损失。他大喊一声："快抢漆桶！"自己一个箭步冲进了火海。

他不顾烤热的漆桶随时有爆炸的危险，一次又一次地抱起近20公斤重的漆桶往外转移。衣边冒烟了，裤脚烧着了，他还是一个劲地往外搬，一桶，两桶，三桶……就在他搬运第七桶时，"砰"的一声，紧紧抱在他怀里的漆桶炸裂了，滚烫的油漆喷了他一身，顿时陈岱山变成了一个火人。同志们把他按倒在地，给他扑灭身上的火。他用尽全身力气，挣扎着要站起来："我……要……救火……去，救火……要紧……"话没说完，就昏倒在同志们的怀抱里。

进医院的第二天，陈岱山刚刚苏醒过来，就问："这是在哪儿？"护士告诉他在医院里。陈岱山急着要起来，说："在医院？不行！我得回工厂去。"可是身不由己，他哪里动弹得了。他的伤势很重，烧伤面积超过85%，难忍的剧痛时时折磨着他。每次换药，医务人员不忍下手，陈岱山鼓励他们："大胆换吧，我挺得住。"就这样，他同伤痛顽强搏斗了整整46天。医务人员都为他这种惊人的坚强意志所感动，问他："为什么你能忍受这么大的痛苦？"陈岱山坚定地回答："为了重返战斗岗位！"

陈岱山为拯救国家财产舍生忘死的英雄事迹迅速传遍全厂，一汽党委号召广大职工向他学习。一天，厂报记者到医院访问陈岱山，说他是个英雄，要好好向他学习。陈岱山连连摇头："我哪里算得上英雄！这些天来，党和人民给了我许多荣誉和关怀，可是，我反复扪心自问，自己究竟为祖国做了些什么？我做的离党的要求和期望相差实在太远了。"

不久，陈岱山的病情突然恶化，医院采取各种紧急措施全力抢救。就在这时，和他一起烧伤的姜文学去看望他。陈岱山在一阵长时间的昏迷之后苏醒过来，他睁开双眼，凝望着小姜，嘴唇微微颤动，似乎想要说些什么。小姜俯身凑近陈岱山，只听他用微弱声音说出了厂里一个同志的名字："他有点思想疙瘩……没解开……等病好了……我一定要……找他唠唠……"谁能想到，这竟是陈岱山留给同志们的最后一句话。

在他生命的最后时刻，班里同志们打开他的更衣箱，发现里面整整齐齐地放着一部《毛泽东选集》和几本描写英雄人物的书、一沓他自己写的文章和黑板报手稿，还有夹在本子里、没有交给组织的 8 张假条，上面写着"低烧，休息一天""低烧，休息两天"……看到这一切，就连那些平时很少流泪的同志，都再也控制不住自己的感情……

陈岱山牺牲后，人们在他的笔记本里看到这样一段话："一根火柴，它自己熄灭了，却把别人点燃起来，引起了比自己大十倍、百倍、千倍以至数万倍的熊熊大火。我愿意做点燃社会主义熊熊大火的火柴。这才是真正的人，纯粹的人。"

陈岱山生前曾要求自己成为一根这样的火柴。虽然这根火柴熄灭了，却为人们留下了不灭的火种。

（据新华社长春 1972 年 8 月 24 日电）

张连仲

一颗富有生命力的种子

设计和制造30多种设备，在节省人力、改善劳动条件、提高产品质量等方面作出了重大贡献，1979年获得吉林省劳动模范称号张连仲曾任一汽热电厂机修车间主任。任职期间，张连仲工作兢兢业业，以厂为家。他技术全面，刻苦钻研，大搞革新，为保证车间生产任务作出了突出贡献。

　　他先后设计和制造了7吨液压机、5吨液压机、打浆机、搅拌机、半自动上料电动木屑筛子、烘干设备、通风设备、工艺车等累计30多种设备，为国家节约了大量资金。同时，在节省人力、改善劳动条件、提高产品质量等方面均作出了重大贡献。

　　1904年，张连仲出生于一个贫农家庭，从小在苦水里泡大，14岁当学徒，4年半出师就失了业。他蹲过破庙，做过苦力，拉过洋车。苦和甜，爱和憎，在张连仲心目中非常分明。他热爱党、热爱毛主席。他豁出心血去培养青年工人，使他们成为可靠的接班人。

　　1955年至1978年间，他4次被一汽授予厂劳动模范称号，1955年被长春市政府授予劳动模范称号，1956年、1979年被吉林省政府授予模范管理人员、劳动模范称号，1983年被一汽授予建厂功臣称号。

"有困难找张连仲"

　　解放初期，一汽热电厂动力分厂机修车间只有35个工人，1个干部，

12台机床，担负着全分厂8个车间成百上千件备品配件的加工、维修任务。工作一来就是紧急的、关键的，什么时候来，就得什么时候干；什么时候要，就得什么时候交，稍有迟缓，就可能影响全厂汽车生产。这就需要有一个不怕任务多、不怕担子重、不怕连轴转、能打硬仗、能打恶仗的班子。

谁来领导这个班子呢？一汽把这个担子交给了张连仲，派他担任车间主任。

作为车间主任，张连仲每年都参加劳动生产，一年有大半时间都在劳动。这时候，按照相关条例，以他的身体和年纪来看，可以免掉劳动生产任务，但他从不休息。分厂领导多次和他沟通此事，他总说："我14岁当学徒，干惯了。"

平日里，除了上级开会、干部学习、接待来访，张连仲很少待在车间办公室，而是整天和工人一起参加生产劳动。

为此，张连仲的老伴常常嘀咕："看你身上油渍麻花，像个炸大馃子。你岁数这么大了，少干点不行吗？"他说："工人们加班苦干，主任却在家舒舒服服地哄孙子，像话吗？"曾有朋友对他说："你整天和工人一样干活，看你的穿戴，哪有一点主任的样子。"他却说："党叫我当主任，又不是做官当老爷，领导工人搞好生产不能光靠一张嘴。"

他和普通劳动者一样，工人加班他也加班，哪怕只有一个人加班，他也不肯先回家。他的行动深深感动了青年工人，他们说，你放心回去睡吧，我们一定能完成任务。可张连仲说啥也不回去。

1959年，锅炉球磨机缺少钢球，不能及时采购到，情况紧急，球磨机效率急剧下降，威胁着安全发电。为安装压球机，张连仲和工人苦干了一个多月。工人怕他身体吃不消，硬把他送回家休息，可是他心里有事睡不着，躺在床上叨叨咕咕把老伴弄醒了。

就在这天夜里，试验压钢球机因压力小，钢球总是压不圆。大家正在焦急的时候，张连仲突然又出现了，和工人们商量研究，很快解决了难题。

"参加生产才能更好领导生产"，对于这句话，张连仲有深切体会。张连仲由于一直坚持参加劳动，看见了别人看不见的方面，想到了别人想不到的点子。

1963年，热机车间要定做500个螺丝，他看见锻工用锤一个个地打，一天才打10余个，效率很低。他马上和钳工一起做了个简易冲模，3分钟打一个，两天就完成了。

他每年参加生产劳动的时间超过6个月，不仅没有影响他领导工作，相反还促进了车间工作的全面开展。

在领导生产方面，上级下达任务后，他先看好图纸，估好工时，再找到骨干一起商量问题，通过班长和工人调度员把任务安排下去。

早晨不到7点，他来到车间，打开门锁，换上工作服，到现场看看前一天的生产情况：完成了多少，质量怎样，哪里有问题，哪里有关键，哪里缺人，哪里需要配床子……张连仲心中都有数。

上班铃一响，他就出现在工人身边，有问题解决问题，没问题就和工人一起生产。他的情况抓得非常准。有一次，他发觉夜班工人干的活不多，知道有问题却没有马上批评，而是问他们有什么困难，几个工人很惭愧，承认夜里打了扑克。

遇到突击任务时，张连仲总是雷厉风行，领着骨干冲在前面，从不叫苦。安排好任务后，他一边指挥，一边补空。焊工不在场，他就操起焊枪；车间缺少铣工，他就开铣床；不论什么工作，他都愿干，哪里有困难、有关键，他就顶在哪里，一直顶到底。

1961年，电气车间发电机转子滑环磨损得比较严重，运行中经常冒火花，不仅对设备寿命有影响，还容易造成事故。

要解决这个问题，必须将滑环车光磨圆。可是转子重 10 余吨，机修车间没有这么大的床子，送出去加工时间又长，影响发电。经分厂研究，这个重担又落在张连仲的肩上。他二话没说，把老工人召集在一起讨论，三番五次深入现场和工人商量，最后用蚂蚁啃骨头的办法啃掉了这块大骨头。

在领导生产过程中，张连仲有股宁折不弯的硬骨头劲，在困难面前从来没有低过头。他常说："打仗炸碉堡，共产党员先上，建设有困难，共产党员更要先上，解放军不怕死，咱们还怕困难？"不管交给机修车间什么活儿，他从不看重利益，只知道拣重担子挑。

1960 年，煤气炉发生烧劣质煤情况，导致发热量低，而炉子因年久失修，炉裙、炉箅子烧损得很严重，必须更换。炉裙、炉箅子毛坯整 3 吨重，过去都是委托富拉尔基和太原重型机械厂加工，这次大修时间紧迫，送去加工来不及。

大家正在为这件事发愁时，张连仲主动提出要用土机床自己干。领导很支持，但车间不少人缺乏信心，说他不应该乱揽活。为了说服大家，他与生产骨干们算了笔经济账和政治账。他说："送外厂加工一个钟头要 40 来元，加上运费钱，成本更高；再者，运输来回最快也得两个月，那就要影响汽车的生产，影响国家计划完成。咱们干，有困难是真的，可办法是人想出来的，我们就一点办法没有吗？"这些话鼓起了大家的劲头，车工刘积恕说："主任不怕我们怕啥？"

但到底怎么干，大家心中还没底。有个老师傅接连找张连仲三次，说："这大家伙，光放上去就能把土机床给压塌了。"可张连仲没有动摇，他寸步不离工人，发动大家共同想办法。

炉裙毛坯太大，车间门进不来，那就把墙扒了；没有吊车，就用滚杠连推带拉；没有起重工，张连仲亲自指挥，用千斤顶等工具，连吊带顶，干了半天才把炉裙放在土机床上；毛坯过大卡不住，就把它焊在床面上。刚一试车，刀崩了，换上一把刀，又崩了，于是他们又加固平衡机床，改进车刀角度。苦战两天三夜，终于完成任务。

多年来，无论是多困难的任务，无论是不是分内之事，只要张连仲团队有可能干出来，他们就主动干，从来不推托。受此影响，人们遇到难题乐意找他。有同事表示："我们有困难就愿意找张连仲，他总是想办法去克服。"

1963 年，煤气车间的锁气器只剩下两道键槽没加工出来，机电分厂干不了，转给工具分厂又费周折，时间只有五天，大家都很着急。

张连仲看到这种情况，就挺身而出，主动接下任务。这两道键槽又长又宽，加工非常困难，铲够不着铲，锉够不着锉，要拉没有拉床，可是他说："我用手指抠也要把两道槽抠出来。"他组织几个人，从铸造分厂的废料堆找来一个废车架，做了一台土拉床，连续苦干一天一宿，终于提前抠出两道槽。

参加生产、领导生产，成为张连仲的一种习惯，他对党中央号召干部参加生产劳动特别赞成。他说："咱们基层领导不能老坐办公室，只有下去劳动，才能看到、听到、做到，生产才能搞好。"

培养年轻一代

张连仲和工人同劳动，谁有什么心事也逃不过他的眼睛。他关怀年轻一代的成长，经常以自身经历教导下一辈青年职工。

1958 年，杨华松从部队转业来一汽工厂，在张连仲团队里做车工。有段时间，他因家里琐事而在工作上分心。张连仲知道后，启发他说："你

是个共产党员，应该想想，老红军二万五千里长征是怎样走过来的？在那个年月里是怎样干革命的？他们缺吃少穿，还日夜作战，随时准备牺牲。我们家里有点事就顶不住了，这样做对吗？"谈过话，他又亲自给杨华松解决家里问题。

1963 年，杨华松上厂党校学习，回分厂食堂吃饭路太远，到外面吃又太贵，张连仲看出他的心思，把他安排到自己家里，一天三顿，吃了近两个月，只收 30 斤粮票，让他把节余的伙食钱寄回家解决困难。每天晚饭后，张连仲还要问问学得怎样，有什么问题。在张连仲的关怀下，杨华松逐渐认识到自己的态度，鼓起了生产的劲头。

在技术上，张连仲恨不得把磨炼了40余年的手艺全都传给青年工人。他常说："我年纪大了，社会主义建设的担子要你们来挑，你们可要好好地学。"他一天到晚忙工作，回到家深更半夜还戴上老花镜备课，不到6点起床，到车间给工人上课。在他的精心培养下，机修车间的青年工人技术进步很快。工人李桂贤在1958年进厂，到1964年已成为能铣能刨能划线的多面手。

在生活上，张连仲也十分关怀工人。大家都管张连仲的家叫作"客店"。有一次，青年工人王淑英的爱人来厂里探亲，但找不到住处，张连仲马上回家叫老伴到邻居家找个地方睡，自己搬到车间，把房子腾给王淑英。以后，多位工人的家人来探亲，都是吃住在他家。从此，"客店"的名字就传开了。

张连仲关心大伙，大家更关心他，把他当作自己的亲人，亲切地称他"张师傅"。每次开会晚了，或天气不好，总有工人悄悄地等着他，把他护送回家。

以身作则，模范带头

张连仲把自己的心血全放在工厂里，认识他的人都说他"人在家里心在厂里"。

有一次，他在睡梦中忽然听到消防车响，爬起来就往工厂跑，走到半路一打听，不是厂里失火，而且火已经救灭了，他才松了口气回家睡觉。

还有一次夜里12点左右，外面正刮风下雪，他刚刚躺在床上，忽然想起电焊机的电源似乎没拉。他冒着刺骨的寒风一口气跑到车间，发现原来虚惊一场。他回到家里，老伴跟他开玩笑说："你这样苦心，将来退休车间得分给你一半。"他笑着说："我才不稀罕那一半，我是整个汽车厂、整个国家的一分子。"

他看见车间门口有堆焦炭被风刮散，他弯下腰一块一块地捡起来。有青年工人看见此景，也就不声不响地跟着他捡起来。他看见大油桶滴答油，很心痛，默默地做了一个小油桶，把一滴滴油珠接起来。工人们看老主任这样，也就照样学起来。

在车间里，人们找不到材料问他，找不到胎具问他，废铁堆里有些什么宝贝，他比谁都清楚。

机修车间设备少，种类也不齐全，只有一台卧铣，做不了立铣活，加工空气压缩机活塞槽时有困难，有人主张趁这机会打个报告要一台万能铣。他说："我们不能老伸手向国家要东西，咱们要一台，国家就少一台，不少条件不如咱们的单位可能正等着要。"接着，他就和工人们做了立铣头，解决立铣活；又做了一个铣涡轮的胎具，也可以铣涡轮。

20 世纪 50 年代末期，人民经济生活比较困难。那时，张连仲每月定量 28 斤粮，但仍坚持参加生产劳动。他看见老工人张培恩粮食不够吃，还挪出 10 斤救济老工人。

多年来，他坚持参加生产，但从没领过新工作服。一件破工作服穿了七八年，上面补丁摞补丁实在不能穿了，才又换了一件旧的。他经常和工人一起加班，工人加班他记得清清楚楚，自己却从来不调休。张连仲的行为感动了青年工人，他们说："张师傅年纪那么大还不调休，咱们年纪轻轻的干点怕啥？"

作为车间主任，张连仲非常注意贯彻党支部的决议。他文化低认不了几个字，但对党的方针政策和上级党的指示，总是认真学习。看不懂就请党支部书记给他念，一遍不懂两遍。他从不一个人决定重大问题，总是先同工人和书记商量，由支部委员会或支部大会作出决定，而后他去执行。

张连仲的模范行为，像一颗富有生命力的种子，在机修车间的工人中开花结果。多年来，他们36个人拧成一股绳，年年出色完成上级交给的一切任务。1963年，他们平均每月超额完成任务，幅度超过20%。他们千方百计战胜困难，针对生产关键大搞技术革新。20世纪60年代初，他们先后制成土设备9台，胎具21套，完成重大技术革新32项，其中土设备5台已经"落了户"。他们养成了爱护国家财产、勤俭节约的习惯，经常开展捡废料活动，车间里的土设备几乎都是利用废料做成。

张连仲忠心耿耿、兢兢业业地为党为人民工作，获得了广大职工对他深切的爱戴。他先后12次被评为长春市劳动模范，吉林省、东北地区电业系统劳动模范，并于1956年出席全国机械工业系统群英会，见到了毛主席。1963年还被选为一汽"五好"干部。

对于荣誉，他十分谦虚地说："成绩是大家的，我一个人的巴掌再大也遮不住天。老红军万里长征流血牺牲，我们搞社会主义建设，多流点汗算得了啥。"

（改编自《第一汽车集团报》，1964年4月25日）

第二篇

改革转型

（1978—2012）

2000 年"五一"前夕，全国劳模表彰大会在北京人民大会堂举行。一位身穿工服的劳模，代表全国劳动模范和先进工作者，在主席台上宣读了《全国劳动模范和先进工作者倡议书》，并从国家领导人手中接过奖章和证书。

这名劳模是中国第一汽车集团公司第二铸造厂的工人李黄玺。时年 50 岁的李黄玺，从一名只有初中文化程度的工人，通过持续学习，成长为一名掌握高精尖技术、驾驭世界最精良设备的高级技师。

李黄玺是科技创新成为中国社会经济发展主要驱动力时代的产业工人代表。他所处的时代，是一汽面对世界汽车工业新技术挑战、开启新的创业旅程的发展新阶段。

1978 年 12 月 18 日至 22 日，党的十一届三中全会召开，作出了把党和国家工作中心转移到经济建设上来、实行改革开放的历史性决策。正是靠着改革开放，不断打破束缚思想的桎梏、扫除阻碍发展的藩篱，中国开启了新的壮阔征程，开创了新的前进道路，开辟了新的发展空间，古老而又年轻的中国走向充满希望、充满生机的新天地。

乘着改革开放的春风，一汽先后开启了"换型改造、工厂改造、垂直转产""上轻轿，实现体制、产品和市场结构转变""干自主，做大做强一汽自主事业"等多次攻坚战。到 2012 年党的十八大召开前，一汽用 33 年的艰苦努力，脱胎换骨、涅槃重生，完成了对自我的重塑。

在产品结构上，一汽甩掉了"老解放 30 年一贯制"的落后帽子，从单一卡车转向"中、重、轻、轿、微、客"并举，诞生了 J6 这样的第一款自主创新、代表中国走出国门的高端商用车，号称"一代神车"；市场格局上，一汽产品出口到 70 多个国家和地区，抢占国内、国际两个市场；在企业结构上，实现了由单一工厂体制向集团公司体制转变，走出了一条自筹资金、盘活存量、内涵扩大经济规模的路子；在资本结构上，由单一国有资产转变为多元资产结构。其间，一汽进入世界 500 强，2012 年居第 165 位。

1978—2012 年是一汽学习创新、勇创新业的时期。在这 33 年里，一汽涌现出了一大批像李黄玺这样的劳动模范和先进工作者，比如中国汽车行业传奇人物耿昭杰，在金属雕刻上做到"人刀合一"的李凯军，带领一汽无锡柴油机厂走出低谷走向辉煌的蒋彬洪，"先进生产力的代表、时代最可爱的人"于永来……

在这个阶段，劳模精神、劳动精神、工匠精神在一汽得到发展，一大批劳动模范和先进工作者积极投身一汽的学习创新、勇创新业中，为一汽发展作出了重大贡献。初步统计，在 1979 年到 2012 年间，一汽集团产生了 17 位全国劳动模范。

从年龄看，他们在获得该荣誉时，大多处于四五十岁这个年富力强的阶段。其中，最年轻的全国劳模为时任一汽董事长、总经理、党委副书记竺延风，他在 2000 年 39 岁时当选全国劳模；最年长者为时任一汽解放公司无锡柴油机分公司总经理、党委书记蒋彬洪，2005 年当选全国劳模时 61 岁。从职务看，这 17 位全国劳模大多来自管理岗位，代表人物有一汽集团原董事长、总经理、党委书记耿昭杰，一汽股份有限公司原总经理、后任集团总经理的许宪平等；也有一批来自技术岗位，如一汽集团高级专家潘春胜，铸造二厂工人、高级技师李黄玺等。

这一阶段，还有 35 人次获得全国五一劳动奖章、有 194 人次获得省部级劳动模范称号，他们大多数是在一线成长起来的技术尖兵和管理精英。

以这些技术过硬、综合能力强的劳模先进为代表，在他们的劳模精神、劳动精神、工匠精神的激励和感召下，一汽人在 33 年的学习创新、勇创新业时期里，克服技术不足、资金匮乏等重重困难，在改革浪潮中迎头而上，勇争第一，掀开了一个又一个发展新篇章。

知识型工人把技术掌握在自己手里

1991 年，一汽铸造二厂即将迎来全部生产线开工剪彩仪式。仪式半个月前，车间 2 号造型线出现主机和精密带不同步现象，国外专家远程诊断，但问题一直无法解决。最后，车间工人李黄玺对照图纸连续工作 3 个晚上，找出了故障原因，工厂得以如期剪彩开工。

2003 年，一汽铸造厂接到一项"硬任务"——打造一套用来生产重型汽车变速箱中壳的模具。这是一汽首次自主研发制造的模具，质量要求高、工艺超复杂、工期短，无论是复杂度还是难度，都是当时国内最大的。33 岁的模具工人李凯军大胆创新 20 多种操作方法，成功破解了难题……

一汽的学习创新、勇创新业时期，正是我们开始进入知识经济的时代，科技、知识和人才开始成为推动发展的关键，企业对劳动者素质要求越来越高。这一时期的一汽，以李黄玺、李凯军、潘春胜、罗笔辉、杨桂江等为代表的新型知识产业工人，敢于创新和挑战技术权威，在关键节点上突破核心技术，推动企业实现转型，迎来新发展。高素质人才是一汽在这一时期打赢一场又一场攻坚战的关键。因此，这一时期的全国和省部级劳模先进人物，有很多是知识型专家和高技能人才，他们勤于学习、善用知识武装自己。

其中，有一部分专家是科班出身，从高等院校毕业后进入一汽，如集团高级专家潘春胜毕业于长春机械工业学校；集团原副总工程师兼技术中心主任李骏为吉林工业大学汽车系内燃机专业学士，1989 年获得博士学位。也有部分劳模没有接受高等教育，在工作后通过业余学习，成长为知识型技术专家。此中最典型的是李黄玺。还有如模具设备厂的李凯军，他从一汽技工学校毕业后，自学了本科，成长为吉林省首个工人出身的高级专家。

在一汽的多次转型中，面临着来自国内外汽车制造企业的竞争和挑战，而企业之间的竞争说到底是科技和人才的竞争。正是以李黄玺、李凯军、李骏为代表的大批技术专家，不断攻克技术上的重重难关，使一汽产品实现大跨越，提升了市场竞争力。

全能型管理者引领学习创新、勇创新业

相比创业成长阶段，一汽在这一阶段面临更为复杂的竞争环境，对管理者的要求更高，既需要有国际化的前瞻视野、管理学家的雄才谋略，更需要敢为天下先的魄力和勇气，还需要在员工中有号召力和影响力。只有具备这一切，才能掌好一汽这艘大船的舵，在大风大浪中闯出来。事实是，一汽的管理者经受住了挑战，因此在这个阶段的劳模先进中，从集团到分子公司的管理者占了一定的比例，这是与创业成长阶段相比

的另一个不同点。

例如，集团原董事长、总经理、党委书记耿昭杰，这位一汽的标杆性人物，在 20 世纪 80 年代顶着巨大的压力，带领一汽在不停产、不减收的情况下，毅然采取单轨换型、垂直转产的做法，成功完成换型改造。他提出"从中高级轿车起步、轻轿结合、挡住进口、一次规划、分期实施，最终达到 30 万辆经济规模"的发展战略。耿昭杰执掌一汽 14 年，以敢为天下先的勇气和前瞻的布局谋略，带领一汽人在产品结构、市场结构、企业结构等方面转型，成为全面发展的特大型汽车生产企业集团，还扩大解放牌卡车制造基地，建立捷达、奥迪、红旗生产基地，进一步强化了一汽是汽车工业"老大哥"的地位。

汽车市场风云诡谲，企业之间的竞争是多维度的，既要有符合市场需求的产品，还要有与之配套的管理机制，这对企业管理者的能力提出了更多更高的要求。继耿昭杰之后，竺延风接过接力棒，一汽在这位战略型管理者的接力引领下，顺利完成新的转型，实现涅槃重生。

发扬主人翁精神，心系一汽

由工厂体制转向公司体制，一汽人保持了"心系一汽""爱厂如家"等价值理念。许多劳模先进把这个理念发扬光大，以企业发展为己任，将自我价值与一汽发展联系在一起，"厂兴我荣，厂衰我耻"，几十年如一日，在平凡岗位上发扬主人翁精神。

例如，原专用机床厂大件车间镗工一班班长郑荣春，年近花甲，身患严重腿部静脉曲张，仍坚持每天早到晚退，一天工作 10 多个小时，1987 年献工 781 小时，完成工时 7046.5 小时，相当于一年干了 3 年的工作量，被称为"不知疲倦的老黄牛"。在物流、幼儿园、仓库、高专等部门，还有一些省部级劳模先进人物像郑荣春这样长期兢兢业业。

这个阶段的榜样中，还有勤勤恳恳维护公司利益的一汽职工。供应处采购员李德奎在担任钢材采购工作20年里，每年都为一汽采购催回几万吨钢材，节省采购资金数千万元。热电厂原厂长王金歧积极提出合理化建议，仅1986年就节煤1万多吨、节电300万度、节水16万吨，价值达300多万元。在铸造厂、解放公司、动能等单位，还有一些类似对工作精益求精、一心为公司谋利的劳模先进。

这是老一代建设者传承下来的优良传统和作风，一代代一汽人在耳濡目染中受到熏陶，在工作中自觉把自己当作企业的主人翁，与一汽共进退。

与前25年那段激情燃烧的岁月相比，1978—2012年的一汽，经历了从大到强、从传统企业向现代化企业的转型，靠的是理性战略、全面布局、资源整合。回顾这一时期各劳模先进的事迹，也是在重温那段打破自我重新出发再创业的历史，品味劳模精神、劳动精神、工匠精神，以及一汽人敢闯敢干的魄力，攻克技术难关、挑战世界汽车工业新技术的勇气和决心，和"争第一、创新业"的企业追求。这些榜样的坚忍奋斗，让一汽无愧于"共和国长子"的使命，勇担经济和社会发展重任，争创中国汽车行业第一。

于永来

新时代最可爱的人

　　带队改进落后的生产力，推进精益生产管理，造就一支"于永来式"的富于改革、创新和奉献精神的新型产业工人队伍，1995年获得全国劳动模范称号

"劳动光荣，劳动伟大！

工人阶级光荣，工人阶级伟大！

一线工人光荣，一线工人伟大！"

1994年8月2日，全国总工会副主席、书记处第一书记张丁华在一汽听取了于永来事迹的汇报后，激情难抑，挥笔写下了6句话。

接着，他给《工人日报》布置了任务：写于永来，写一汽人，题目定为《新时代最可爱的人》！

一

接到这个题目时，我们是颇感为难，因为这个提法太"那个了"。

从原始材料上得知，于永来是这样的一个人：他与共和国同龄，19岁时，进入一汽铸造厂当工人。后来，组织保送他上大学。毕业后他又回到劳动岗位，在26年的时间里，他和工友们大搞技术革新，全车间130台机器，被他们改进了128台，110道工序改进了80道。他爱厂如家，埋头苦干，不计名利，关心职工。因为搞革新入了迷，他曾经两次骑车和汽车相撞，一次从二楼的阳台上掉下来……

这样的事迹，在今天是难以让人感动的。我们相信这些事实的真实性，但仅此就能让人觉得可爱吗？江山代有人才出，对英雄人物，不同的时代有不同的评价标准，怎样推断于永来就是新时代最可爱的人呢？

在采访中，有三位工人说着说着竟潸然泪下。其中一人含着眼泪说："我知道，我说于永来是新时代最可爱的人，你们不会相信，不但你们大老远从北京来的不相信，就连我身边的人听到也不信。但是你们能到这儿来，待上一段时间，就会相信！"

我们受到了极大的震撼。我们注视着于永来。这样一个普普通通的人，貌不惊人，经历平淡，无大起大落，无大喜大悲，无论是任何地方，他都会立刻被淹没在人群中。他究竟有什么样的魅力，能让他的弟兄们这样死心塌地地护着他，跟着他？

要了解于永来，首先要了解伴随他成长的工作环境——铸造厂灰清车间。一汽是造汽车的，一辆普通的解放牌汽车自重 5 吨，其中就有近 1 吨的部件出自铸造厂。铸造厂有 11 个车间，"灰清"是最后一道工序。灰清车间全称为"灰口铸铁件清理车间"。他的任务是把包括汽车缸盖、缸体、变速箱、飞轮壳在内的 30 多种灰口铸铁件清理干净，就像一个新生的婴儿，要把他身上的血污轻轻擦去。

二

可是清理铸件却不像擦拭婴儿那样简单。那些灼红的铸件从其他车间输送过来时，通体沾满黑砂，表面及内腔凹凸不平，温度高达 200 摄氏度。在整个一汽，铸造厂的活最累，环境最差，而灰清车间又是铸造厂最苦最累的地方。

灰清车间的厂房建于国家"一五"期间，用的是苏联20世纪40年代的技术，设备陈旧，工艺落后，劳动效率低。过去几十年里，灰清车间里铸件堆积如山，到处是半尺厚的铁砂。车间里下不去脚，工人们上岗要迈过铸件，钻过链条，跨过滚道，到了工位还要先挖平脚下的积砂，清理出一块落脚的地方。

由于使用铁丸打磨铸件，而机器又密封不严，时常有小如芝麻绿豆的铁丸在空中四处横飞，至今车间天窗的玻璃上还有被铁丸打穿的累累弹痕。

机器一经启动，声响惊心动魄，对面说话也必须扯着喉咙。车间里烟尘弥漫，噪声震天，工伤事故躲不胜躲，防不胜防。灰清车间的环境，就是这样令人压抑。当年，每逢新工人进厂，做领导的只能给他们画饼充饥："小伙子，好好干，再过几十年，我们也能穿上白大褂！"

可是，十几年一晃过去了。一位当年的小伙子，现在已是40多岁的中年人，他对我们说："工厂的白大褂一直没穿上，医院的白大褂倒是穿过了好几回。"据统计，近20年来，灰清车间300多人中，从未出过工伤的，仅有4人。伴随着于永来成长的，就是这样一个环境。

1968年，于永来初中毕业后入厂。起先，他对灰清车间的脏、累、险、苦没在意，他天真地以为工厂都这样。一次他走过邻近的发动机厂，发现那儿竟那样干净、清净！小伙子心理不平衡了，回家就嚷嚷着换工作，他的父亲，一位在长春一家机械厂干了一辈子的铸造老工人这样劝导他："你不干活，还能干什么？什么活都要人干，都不干，谁干？一汽是个大厂，当个一汽工人多光荣？你那儿再差，也比我干了一辈子的地方要强得多啊！"

一席朴实的话说得于永来低头无言。他家境贫寒，兄妹9人，需要他干活挣钱。从此，小伙子不再嚷嚷换工作了，他的注意力转向另一方面：自己动手，把工作环境变得好些。

21 岁时，于永来完成了他的第一项改革，那是在全厂排号为"411"的工位上。这个工位的活是撮热砂，过去谁干谁头疼，工人们要用特大号铁锹，把带着上百摄氏度高温的热砂，一锹锹撮进下砂井口倒掉。每个班，工人们须来来回回负重行走十几公里，其艰苦程度，工人们编的一句顺口溜最传神："和大泥，脱大坯，最苦最累 411！"

于永来在无数次负重往返中想到："411"的下层，就是回砂皮带，为什么不能让热砂直接落到皮带上去呢？他悄悄开始了他的第一次"土设计"。在浓烟弥漫、热浪蒸人的下层地下室，他艰苦地测定落砂位置，在操作岗位下新焊装出一个下砂井口，使热砂在下砂井的导引下直接落回到砂皮带上运走。就这样，一个沿袭了 12 年的笨重操作工艺被一个不花钱的改进代替了，工人们再也不用弯腰屈背，撮着热砂跑来跑去了。

成功的喜悦，使于永来一发不可收，1975 年，作为优秀青工的代表，他被保送到吉林工大读书。

三

毕业后，他被分配到铸造厂技术发展科，脱离了灰清车间。可是他忘不了过去一块儿流血流汗的兄弟们。在技术科将近 10 年的时间里，他从事的项目大多是灰清车间的设备改造工作。

"411 组合机"是于永来完成的一项重要革新。过去，在"411"工位，铸件浇口要工人们抡着几十公斤重的大锤拼命敲打才能完成清理工作。于永来设计的组合机，实现了机械化，完全免除了工人繁重的体力劳动。

可是，由于操作机械设备毕竟比抡大锤要复杂一些，也由于新机器还要有一段调试过程，工人们起初并不领于永来的情，稍出些麻烦，工人们也不管是操作的问题还是机器的毛病，就嚷嚷："这玩意儿不好使！"更有人怪话连篇："于永来弄的啥呀，他自己下的蛋，让他自己去孵着！"

于永来感到很委屈："怎么不好使？是你们不会使！我使用你们看！"厂领导得知后，也有意让于永来再回车间，并担任领导。双方一拍即合，时隔12年后，于永来重新回到了灰清车间。

于永来当官了。换了一个位置的于永来重新注视着车间，心中百感交集。12年了，车间的面貌变化不大。他初进厂时的几位老师傅，有的已经去世了，可是他们的儿子接班后，还像他们的父亲一样，抱着上百斤的悬挂式砂轮机干活。刚刚接班的青年人郭英武指着身后像小山一样的铸件和身前的大堆砂轮问于永来："我也得像我爸一样磨一辈子砂轮吗？"于永来听了心里实在不是滋味。

过去当工人时，整天盼着领导来改善环境，现在自己变成领导了，该怎么办？

于永来明白了自己的使命：用自己的知识，让工人从恶劣的环境和繁重的体力中解放出来！

这些年来，于永来对此孜孜以求。就说"改进411组合机"吧，于永来跟班操作，实地观察，终于摸清了设备存在的问题，并简化了操作的难度。不到三个月，"411组合机"富有节奏地运转起来，只要操作者一按电钮，数道工序一气呵成！

再如岗盖内腔杂物，过去要靠大锤震击来清理。于永来设计出"自动锤击式"震砂机代替了手工操作，可是，由于捶击时噪声太大，有几个爱说俏皮话的工人给机器起了一个外号叫"死亡加速器"。这话传到了于永来的耳朵里，他什么也没说。没过多久，他在原机的基础上和其他工友共同重新设计安装了"自动封闭震砂机"，它自动定时，低噪声，

全封闭防尘。"死亡加速器"终于变成了"消声降尘器"。

这些年里，于永来到底搞了多少项革新我们起初想做个统计，可总也算不清，因为他的许多设计是逐步完善的。经过多次改进，最初的设计很可能早已无影无踪了。工人们记不清他搞了多少设计，但能感受到这个变化：近年来，工人的劳动强度至少降低了一半！

就这样，工人们渐渐理解了于永来，也跟上了于永来。最明显的是维修工人。因为不断改进，机器增多了，复杂了，维修工人的活也多了，累了。起初他们不乐意跟着干，于永来这样劝他们："你们就多累点吧！你们累一阵子，他们享福一辈子，这还不值吗？"

多么朴素的语言！其中又包含了多少人间真情！

4年前，也同样在于永来的铸造厂，出了一个模范人物——工会的好干部李放。李放随身携带一个小本子，上面记得是工人们谁有困难，谁需要帮助。于永来随身也带了一个小本子，还有一把卷尺。有事没事，他在车间里巡视。看到哪儿不顺眼，哪个岗位最脏最累，就在小本子上记一笔，量好设备的尺寸，回去想办法改进。工人们说："老于对设备比对他的儿子还清楚！"

"为官一任，造福一方"，工人们这样评价于永来。

"老于是好人哪！"有不善言辞的工人反复说着这句话。

一位老工人得了癌症，于永来去看望他。他拉着于永来的手说："老于啊，我病要是能好，我还是帮你干，要是好不了，下辈子也还帮你干！"

可以这么说：这么多年来，于永来把他的爱心、他的智慧，通过一项项革新，献给了车间的工人们。

于永来为什么痴心搞革新，我们明白了；工人们为什么死心塌地地拥戴于永来，我们理解了。

四

我们今天面临的是一个科学技术突飞猛进的新时代，我们正进入由计划经济向社会主义市场经济过渡的新时期。在这个新的时代，我们的劳模应该具备什么样的时代特征？

于永来用行动回答了我们，那就是：汗水和智慧。

灰清车间抛丸室是制约整个车间生产能力的关键。车间里三台抛丸室是建厂初期的老设备，用它干活，工效差，工时长，工作强度大。如果能大大方方地扔掉它，另换一台先进设备，那多么痛快、省事！但是不行，我们国家不可能一下拿出那么多的钱。

那怎么办？于永来决定用自己的智慧来改造旧设备。他对机器的内脏进行了大规模的改造，更新8个大功率的抛丸器，将手动控制下砂闸门改进为自动定量控制下砂闸门。这样一来，抛丸室的下砂量增加了3倍，两次抛丸改为一次抛丸，工时缩短了近6小时，工效提高了近2倍。这台机器，买新的要两百多万元，可于永来的全部改造费用只花了10万元。工人们戏称这台机器：80岁的老太太，有一颗18岁的心脏！

今天，走进灰清车间，还可以看到一种被称为"鼠笼式新式抛丸室"的设备。这是于永来最为辉煌的创造。

这台设备，是用来清理各种类型缸体的，名为"鼠笼"。

其实是一个4层楼高、占地45平方米、价值150万人民币的庞然大物。

在"鼠笼"之前，原来的清理设备是20世纪50年代的产品，已远远跟不上生产的需要，更新势在必行。为节省资金，厂里决定自行设计一台新设备。这个任务，自然落到了于永来的身上。

为了取得第一手数据，于永来与工友到兄弟厂去参观学习。他无数次钻进又闷又热的地下室，观察老设备的运行，每次一蹲就是几个小时。那真是一把泥一把汗！

经过200多个日日夜夜心血的煎熬，凝聚着于永来和他同事们的汗水和智慧，重达11公斤的图纸出手了；又经过了600多个日日夜夜的制造和安装，这台新式"鼠笼机"奇迹般地屹立在灰清车间。它青出于蓝而胜于蓝，基本结构和性能超过了国外同类型产品，还节约资金170万元。

兄弟厂的同事们前来观看了这台设备，大为赞叹。他们说："我们花了那么多钱买了一台，你们少花钱却弄来一个更先进的，真是了不起！"

我们悟到了：于永来的了不起，就在于他来自实践，又超越了实践。于永来的道路也告诉我们：在中国工业还普遍落后、资金普遍紧缺的情况下，进行第二次创业式的现代化技术改造，完全以通过工人和技术人员用智慧和汗水来实现！

五

在一汽采访期间，我们听到最多的一个词叫作"精益"。

于永来也有一个外号，叫"精益迷"。精益生产方式是一场革命，其影响可遍及社会生活的各个角落。

在于永来憨厚的外表下，有一个敏锐的大脑。他迅速领会并抓住了"精益"，把"精益"融进他的事业，从而为他的革新注入了新的生命，促成了他的事业从量变到质变。

精益生产方式的原理中有一句话，叫作"在制品是万恶之源"。对这句话，于永来和他的工人们有着切身的体会。

过去，由于铸造厂是汽车生产的"瓶子口"，人们普遍存在着"以大量库存保均衡生产"的想法，并且认为这是天经地义的。这个问题表现在灰清车间，那就是车间里七竖八堆成"山"的"在制品"——大大小小的铸件。

这些在制品有多少？ 800 吨！真是一个惊人的数字！如果用 5 吨的载重汽车运走，也得满载 160 辆车。

由于在制品太多，车间常年挤压国家资金150万元；由于在制品太多，已清理完的铸件容易生锈，致使返工率提高；由于在制品太多，乱堆乱放，反复搬运严重，既造成大量无效劳动，还容易磕碰产品，砸伤工人。

车间里被在制品堆满后，要想改造环境，提高效率，革新技术，那都是纸上谈兵，无从说起！

　　学习"精益生产方式"，于永来感到好多话简直就像专门对灰清车间说的。他如获至宝，豁然开朗：要改变车间面貌，推行精益生产方式，就要选择在制品为突破口，向在制品宣战！

　　推行精益生产方式以来的两年里，于永来的一切革新，矛头所向都是实现"一个流"，减少在制品。他带领工友们对全车间大中型5条生产线进行了全面改造，重新筹划了整个车间的整体布局，搬迁改进了大量设备，打开4条通道，形成环形路。

　　工序间都用滚道、链条衔接起来，从而形成了全车间工作不落地同节拍生产。从此以后，各工序间的在制品基本消除。

　　与此同时，在生产科的大力支持下，灰清车间的生产计划由过去的大批量、小品种改为小批量、多品种。

　　有的工件型号过去几天换一次，20世纪90年代一天换一次，甚至一个班换一次、半个班换一次。车间堆放的在制品逐月减少，从800吨降至600吨、300吨、100吨，最终降至80吨！

　　灰清车间的环境至此才得到彻底改善。今天，徜徉在灰清车间的环形道上，你会看见，过去的铸件山、黑砂海搬走了，令人色变胆寒的横飞的铁丸不见了，噪声大大降低，烟尘基本消失，车间亮堂起来了。环形道上，铺着铸铁地板砖；车间的天棚顶，刷上了白漆。工人们不仅可以在车间信步通行，洒水车、运货叉车也可自由来往。

　　现在，这里再也看不出是与粉尘、黑砂、铸铁打交道的热加工车间。倒像是一个标准的冷加工作业现场。搬走的不仅仅是堆积了40多年的铸件山，也搬走了工人心头长期的压抑与痛苦；解放的不仅仅是生产力，也解放了工人自我！

　　变速箱铸件内腔杂物二次污染问题的解决，是于永来按精益原理进行创造性革新的一个例证。

　　长期以来，清理变速箱内腔的工序程序是先抛丸，后磨削。这就带来一个问题：磨削铸件时，磨屑迸射到变速箱壁内墙上，造成二次污染。这种磨削是铁末、砂子和树脂的混合物，很难清理。

　　为了解决这个问题，于永来绞尽脑汁。起先他用铁刷子刷，可是铁刷子刷几次就散了架，而且拐弯抹角的地方刷不到。后来于永来又制成一个钢丝轮刷，但新的问题又出现了：钢丝磨断后像钢针一样往人身上扎，干活时得戴上有机玻璃防护罩，实在不方便。

　　怎样彻底解决这个问题呢？一天，于永来在学习精益生产方式中的"逆向思维"原理时，突然灵机一动：能不能把工艺程序倒过来，变先抛丸、后磨削为先磨削、后抛丸呢？

　　这绝对是创造性的思维。经过许多次流血流汗的实验和改造，于永来成功了，其间的艰辛与紧张一言难尽。从此二次污染问题不复存在，变速箱内腔杂物降为零。此举还省去了一道工序，节约的人力、物力、财力简直无法计算。

在生产管理上，于永来也运用精益思想进行了颇多创新。他把维修工、钳工、电工和专职检查人员划归车间管理，使车间有了一支机电检一体化的专门队伍。

1994 年，他又把他们进一步下到班组管理，让他们和一线工人形成利益共同体，风险共担，利益共享。这带动了维修、服务工作作风的转变，也增强了机检人员的生产意识和生产工人的质量意识，为进一步深化车间管理蹚出了一条新路。

于永来的革新，已经超出了纯技术的范畴，还包括了管理的革新。技术革新只能改变一个点，管理革新则可改变一个面。过去，单纯的技术革新很难推行和持久；现在，管理革新把技术革新纳入了规范的轨道，使之得以制度化、理性化、科学化。

管理方式的革新，是更深刻的革新。于永来的又一个不平凡之处鲜明地凸显出来了，那就是：技术革新和管理革新。

六

在采访的过程中，我们一直在想，灰清车间翻天覆地的变化都是于永来一个人带来的吗？能把功劳都归于于永来一个人吗？

不，不能这样。改变灰清的面貌，是车间全体工人、技术人员、党政干部共同劳动的结果；承认这一点，不仅无损于于永来的高明，反而更显其高明。因为正是于永来，带动了整个车间，形成了一次全体职工全身心投入的革新创造运动。

于永来是从工人中一步步走上来的，他比谁都深刻地体会到知识的重要性。他意识到，人解放的前提，是素质的提高，工人阶级要想成为主人翁，首先必须提高自身的整体素质，而提高素质只能靠不间断的学习和培训。只要在干中学，学中干，工人也能成为技术改造的行家里手。

车间里有一位青年工人，名叫罗振生，他刻苦钻研电气技术，在生产中已初露头角。他想去厂高级电工班脱产学习，可是他的班长因班组工作忙，没有同意。于永来听后立即找到班长说："就是我来替他上岗，也得让他去！"后来车间里又让他参加了更高级别的电工学习班。现在，罗振生已经成为车间里电气设备的"大腕"，只要于永来能设计出机械装置，他就能配上合理的电气设备和线路。

当年，和于永来一块进厂的同伴，现在都已步入中年。在于永来多年的言传身教下，他们个个都成为他那个行当里的行家里手。现在，于永来布置给他们的任务，就是把他们的技术传给青年工人。

于永来还专门请有关专家为职工讲课，讲技术知识，讲精益生产方式，讲"创造学"。他亲自示范，在生产和技术改造的实践中培养出了一支技术队伍。现在，灰清车间的这支队伍能设计、能安装、能使用，每个人都是多面手。

为发挥大家的聪明才智，于永来在1991年拿出他搞革新所得的400元奖金，设立了灰清车间技术革新奖励基金会。当年当上长春市特等劳模后所得的1000元奖金，也全部献给了基金会。车间每年都要召开革新成果发布会，对革新成果进行公开表彰和奖励，同时把每个人的改进成果填写在统一的标签上，贴在革新的工位上，注明成果名称、改进者的姓名、改进效果等。

群众的热情和创造性一旦被激发出来，就会变成巨大的物质力量。

走在灰清车间，我们看到，诸如防止铁丸流失的铁筛子、降温降尘的洒水车、清洁地面用的铁丝刷等许多精巧的改进，都是工人自己完成的。据统计，8年来，灰清车间职工仅付诸实施的技术改进项目就达1100多项。技术革新的鲜花在灰清车间遍地开放。

创造发明给工人们带来了极大的快乐。他们自信地说：窍门遍地跑，就看你找不找。过去，他们是机器的附庸；现在，他们成了驾驭机器的主人。过去，他们被封闭在狭窄的小天地里；如今，他们登上了企业改革和管理的大舞台。在这里，他们尽情地表现自我，挖掘自我，他们在劳动和创造中体会到自己的伟大，他们活得充实，活得自豪，活得抒情！

七

关于于永来，可以写的还有很多很多，这绝不是一篇通讯稿能容纳得了的。

在采访中，工人们还讲述了他的许多故事。他的理想主义，他的牺牲精神，他的无私、奉献、律己、助人……它们糅合在一起，告诉了我们7个字：人格力量的伟大。

采访的最后阶段，我们来到了于永来的家。他的妻子告诉我们："老于脾气急，既犯上，又犯下，动不动就和人吵架。"在过去的岁月里，于永来尽管受过误会，有过委屈，但靠着人格的魅力，他终于得到了几乎所有人的承认和敬重。

公道自在人心。厂领导说：他是我们最放心的人。基层干部说：他是最值得我们学习的人。技术人员说：他是我们最服气的人。工人们说：他是我们最信赖的人。而他的妻子，在望着他的眼神中，在一颦一笑、一举手一投足中所透露出的无声语言，也分明对我们说：他是我和孩子最爱的人。

于永来有一个幸福的家。他的每间屋子，安排得井井有条。家里很多器具，都是于永来亲手做成的。他搬过三次家，每次搬家前他都要画上一张详细的图纸，准保严丝合缝。

他也是一个美食家。当然，这仅限于品尝和评价。每逢周末，只要一家人能聚在一起，他的妻子总要做上一桌好菜，一家人高高兴兴地吃一顿。

他的妻子在回答我们关于理解的问题时说："我理解他，他也理解我。1983 年，我们的儿子刚 3 岁，我要去读电大，他都支持我，你想我能不支持他吗？"

"推广精益生产方式当初，他带回了一本书，叫作《改造世界的机器》。老于是学机械的，我是学管理的，我也看了书，我们一块讨论书中的原理……"

这似乎给我们描绘了一幅"秉烛夜读、举案齐眉"的和谐画面……我们为于永来感到欣慰，为他有这样一个幸福的家、为他有这样充满情趣的生活。

我们更祝福于永来能永远这样幸福地、充满情趣地生活着。

亲爱的读者，现在您能同意这个结论吗：于永来是我们这个新时代最可爱的人。

（原文刊于《工人日报》，1994 年 9 月 20 日，张进）

李黄玺

中国第一模

攻克国际上刚兴起的工业控制计算机、伺服驱动等方面的 63 项技术难关，改进 4 条具有国际先进水平的造型线，2000 年获得全国劳动模范称号

央视曾经拍过一部名为《一个工人的履历》的电视剧，影片根据中国一汽铸造二厂维修工人李黄玺的事迹而创作。

李黄玺是一汽劳模典范，他曾攻克 63 项技术难关，令国外技术专家为之折服，先后荣获全国劳动模范，取得 9 项国家专利……

刚到一汽时，他只是一位初中文化水平的普通电工，但他的经历很好地诠释了普通人如何在平凡中创造伟大。

1980 年，30 岁的李黄玺进入一汽铸造厂后，面对现代化工业深感自己才疏学浅，在实际操作中，很难发挥作用。为此，他立志要做科学技术的主人，开启了长达 8 年的业余学习。

他用知识和技术把自己武装成适应现代化工业生产的产业工人，在铸造一线几十年，先后破解了国际上先进的伺服技术，成功改造了 4 条造型线，关键时刻为工厂分忧解难，攻克一道道技术难关，为公司带来经济效益近千万元，在平凡的岗位上干出了不平凡的业绩。

他从一名普通铸造维修工，成长为一名掌握高精尖科技、熟练驾驭精良设备的当代产业工人，被中国一汽破格提升为高级工人技师，并先后获得全国劳动模范、全国五一劳动奖章、（省市）特等劳动模范、吉林省十大能工巧匠等荣誉称号，被媒体誉为"中国第一模"，并多次受到国家领导人接见。

李黄玺当上全国劳模后，并没有满足于此，而是觉得肩上的责任更重了，时刻以此鞭策自己，不断加强学习，积极为厂贡献自己的智慧和力量。

在一汽工作几十年，李黄玺先后攻克 63 项技术难题，还多次在关键时刻挺身而出为企业排忧解难。说起这些经历，他一笑而过，从未以此邀功。

李黄玺身先士卒，每天深入车间、班组，带动一汽新一代工人向知识型工人转变，以努力、智慧和技术为一汽的发展作出了积极的贡献。

虽然古稀之年的李黄玺已退休，但他的精神仍是中国一汽一笔巨大的财富，影响和激励着一代又一代工人用现代化科学文化、技术武装自己，为一汽赢得未来。

8 年苦学，从工入匠

1980 年 10 月，30 岁的李黄玺结束知青生活，回到一汽铸造一厂成为一名电工。李黄玺是典型的一汽厂子弟，父亲李保全 1956 年从北京财经学校毕业后，就带着全家来到还在创业阶段的第一汽车制造厂，在铸造厂财务科工作。

李黄玺青少年时期都在一汽度过。在长春四联大街 101 号的一汽子弟学校里，他度过了自己的小学和中学时光。学生时代的李黄玺成绩优异，如果不是那场十年动乱，他可能会像父亲一样，考上一所不错的学校，成为一名优秀的科技工作者。

在他初中二年级时，"文革"暴发，学校停课，初高中和大学的招生工作也按下暂停键，学业戛然而止。1968 年，在知识青年上山下乡的号召下，18 岁的李黄玺和无数城市热血青年一样，怀揣着一腔热血和理想奔赴农村。1970 年 4 月起，李黄玺在吉林扶余油田度过了 10 年的"油田会战"。

乡下日常烦琐的工作并没有消磨掉李黄玺的意志，父亲曾对他说："人可以平庸，但不能无能"，这句话时刻警醒着他，让他在乡下极为艰苦的环境里，想尽办法创造条件努力学习。

在扶余油田时，白天累了一天，晚上同事们都早早睡去，李黄玺就打着手电筒钻在被窝里，如饥似渴地翻阅着《无线电》《现代通讯》《中学科技》等杂志，这些那个年代为数不多的读物成了李黄玺的技术启蒙老师。只要有空，他就参照着杂志上的介绍，就地取材用油田上的钻床、砂轮机等工具，先后制作出一个落地音箱、装泵站的自动控制系统、小吊车、卫星接收天线……"小革新迷"的外号不胫而走。

但是，当他 1980 年回到一汽时，看到一条条造型线砂箱上下翻滚，都是用计算机程序控制的，才意识到在现代化工业面前，自己这些年所学的那点技术在一汽铸造厂是明显不够用的。一汽铸造厂当时是全国最大的铸造厂。当时正值一汽集团开启换型改造的第二次创业期，铸造厂引进的几条现代化自动化生产线，已经大量运用计算机系统控制，顺序控制器、可编程控制器……这些名词不光李黄玺听着新鲜陌生，连厂里带他的师傅遇到问题也是两眼一抹黑，反过来还得请教他这个徒弟。

面对先进的技术和设备，李黄玺很快意识到，未来的工人不是靠一把锤子一身蛮力就能胜任，"只有不断掌握新技术，才能掌握自己的命运"。所以，遇到不懂的知识和技术，他就一个字：学。

恰好当时一汽换型改造期间，车间生产任务不重，工厂也需要工人在知识、技能上迭代以适应现阶段的需求，就开办了各种面向一线工人的培训班。李黄玺抓住各种机会废寝忘食地学习。在一汽 763 栋职工宿舍楼里，每天深夜 3 楼李黄玺的家里总是亮着灯，那是他在伏案学习。在他那间只有 14 平方米的狭窄小屋里，打印图纸多得没地方摆放，只好铺满桌子、沙发和床，家里的柜子也装满了他的图纸和淘来的电器元件。妻子刘忠琴连半个放衣服的柜子都没有，不过她知道这些资料就是李黄玺的命，丢不得。

一汽著名电气专家孙汉卿对这个勤奋的年轻人印象特别深刻。那一年，一汽创办高级电工技能班，整个集团只招 17 人，学员优中选优，培训班主要讲授计算机原理方面的知识，孙汉卿是授课老师之一。当李黄玺知道消息时报名已经结束，但他仍不死心，在临开班前四处找领导，最后硬着头皮贸然地敲开孙汉卿家的门，结结巴巴地说出自己的来意。在孙汉卿的支持下，李黄玺坐在教室后排当了一名旁听生。培训班里，学员的实力都很强，整个一汽集团当时仅有的 4 名高级技师都来了，课程难度比较大，但李黄玺感动了培训部，后来被补入正式学员。孙汉卿还记得，李黄玺平时不言不语的，但勤于思考，总能提出一些问题，培训班结业考试时成绩还名列前茅。

学得越多，李黄玺越发觉得自己懂得的太少，从高级技师班结业后，他又萌发了读一汽职工大学的念头。一汽职工大学创办于 1955 年，依托一汽集团先进的资源优势，建校几十年为一汽和汽车行业培养了一大批中高级技术人才和管理人才。经过两年备考，李黄玺终于在 37 岁"高龄"考入一汽职工大学（夜大）铸造专业，而班上最小的同学才 17 岁。

彼时，李黄玺已成家，儿子才 4 岁。他还是车间的技术骨干，车间和家里都离不开他，加上又要上夜大，李黄玺感觉时间不够用。每天下班之后，他就穿着油迹斑斑的工作服赶着去上课，上完课已经到了晚上，家里为照顾他都是在 8 点后才吃晚饭。车间里设备一出故障，工人就直奔李黄玺家，最多的时候一个晚上他要跑 3 次车间。为节省时间，李黄

玺有时晚上就在车间控制间，一边写作业一边竖着耳朵听生产线的动静。设备一旦出现异响，他第一时间冲到现场把问题解决。时间就这样一点点挤出来，他做到了工作学习两不误。1991 年毕业论文答辩时，答辩组老师清一色给李黄玺打了"优"，他是那年 3 名优秀毕业生之一。

李黄玺把学习当作乐趣，视技术进步为己任，充分把学习成果应用于实践，在攻克一道道技术难关的同时，他也从一名普通维修工人，成长为车间的技术骨干。从工到匠，李黄玺因坚守初心让职业成为事业；由精入"智"，他用追求极致从制造迈向智造。

1988 年，一汽进入结构调整期，重点转向发展轿车和轻型车。也是在这一年，李黄玺作为技术骨干被调到刚成立的一汽铸造二厂。铸造二厂是当时亚洲最大的铸造厂，它创立的目标就是要建设成为具有国内国际领先水平、能适应现代化大工业生产的轻轿铸件基地。为此，铸造二厂的技术和设备都是从国外引进，西班牙的制芯机、美国的砂处理系统、德国的机械手、日本的冲天炉控制系统、丹麦的自动造型线……这些先进设备的引进为一汽从"卡车时代"迈入"轿车时代"做好了充分的准备。

但是设备准备好了，工人在技术、能力上却还没有准备好。这些设备大多运用计算机操作、控制。那个年代一台计算机价格一两万元，是大多数普通工人摸都没摸过的奢侈品，计算机编程更是犹如天书看不懂。而且有些企业还对中方技术保密，设备卖给中国企业，但核心的资料、技术原理和操作指令掌握在卖方手里，出了问题只能找国外专家，十分被动。

1991 年，铸造二厂引进了一条由计算机控制的造型线，由于厂商技术保密，不提供程序代码，设备出现复杂故障就只能花高价到国外请专家来解决，10 天劳务费就要近 10 万元，这在当时是一笔高昂的费用。不懂技术就等于"睁眼瞎"，只能受制于人，被牵着鼻子走。请国外专家到中国车间指导安装生产线时，国外专家傲慢的态度激发了李黄玺暗下决心破译这些代码。

当时他手里连台像样的电脑都没有，只有一台中华学习机改装成的简易版家庭电脑系统，这还是他 1989 年去北京出差时自掏腰包花了 1700元买的。没有显示器，他就连上家里的电视机；磁盘机是从红旗街电脑科技一条街一家门店买的一台二手的，自己修好了损坏的地方；程序读写卡和声卡是从长春市电脑服务部和杂志上，参考有关原理自制的……这台东拼西凑出来的简易电脑，是一汽第一套专门用于设备维修的工人家庭计算机系统。

在这套计算机系统上，每天晚上李黄玺对着电视机，一边把动作指令录到磁带上，再通过磁带把机器码反映到电视机屏幕上，把一串串代码"翻译"成中文指令。有时他忙不过来，就叫上妻子和儿子帮着读。一天、两天……三个月后，这套当时世界最先进造型线的1.6万多个机器码，就在李黄玺一家人的努力下，在一台中华学习机上显示了出来。造型线的"密码"破解之后，工人们再也不用担心它的"心脏"会停跳，因为他们已经掌握了它的每一次脉动。

因为肯刻苦钻研，李黄玺已经把国外设备的技术原理、操作原则摸实吃透。虽然当时他还只是工人技师，但在专业技术水平上，很快就赶超了国外专家。1991年，铸造二厂即将迎来全部生产线开工"厂庆"剪彩仪式。剪彩仪式前一周，造型线带砂试车，突然出现严重状况，主机和精密带不同步，和国外专家通过电报来回沟通十几回，按照专家提供的几套方案操作，问题都没能解决。眼看着"厂庆"一天天逼近，剪彩迫在眉睫，整个车间的工人急得团团转。李黄玺没有被外国专家的指令束缚，独自针对故障现象反复分析计算，终于找出自己认为的故障产生原因。科学、严谨、自信使他查出了谁也没有想到的故障点。

故障排除了！那一刻，车间里爆发出山呼海啸般的欢呼声，总工程师紧蹙的眉头终于舒展开了。消息传到国外专家那里，他们做梦都不敢相信一名普通工人也能攻破这种高难度的技术故障。丹麦迪砂公司的工程师艾瑞甚至这样高度评价李黄玺：从职位上讲，他还仅仅是位高级维修工，但他的技能和创新与我不相上下。

驯服"洋设备"

在当时的国际形势下，李黄玺用专业知识和技术"征服"国外专家的经历，还被工人们演绎成"用土炮打下了飞毛腿"的故事，在各个车间里流传。就这样，李黄玺的工匠精神被激发出了新活力。

事实也证明，李黄玺的"土炮"并不比"洋枪""飞毛腿"逊色，在以后的工作中仍不断地发挥着威力。1995年，铸造二厂生产任务繁重，偏偏不巧这时候2号线浇注机的意大利变频器损坏了，专家来查看之后认为修复可能性不大，而向国外采购，费用要22万元，还得等上3个月。李黄玺觉得可以用国产产品替代，主动揽下这个活，自己设计、编程序、制定方案，最终成功地设计出价值2万元的国产变频器，实现国产替代，帮工厂省了20万元。

和许多做技术的人一样，李黄玺生活中内敛、不善言辞，更没有豪言壮语，甚至一紧张还会口吃。当他当上省、市劳模后，有不少媒体争先报道他的先进事迹，而他紧张得躲进房间，不敢接受采访。2000年当选全国劳模后，他作为劳模代表要上台宣读倡议书，别的劳模都已登上天安门城楼观看演出，而他却紧张地在屋里反复背诵发言稿。

1998年2月，铸造二厂引进一条价值4000万元的新造型线，这条造型线的驱动部分采用的是伺服技术，这项技术当时在国际上兴起时间短、懂得的人少。对一汽来说，国际先进产品技术落户，意味着产品竞争力的增强，但对维护它的工人来说，则是一次更艰巨的挑战。年轻的技术员都劝李黄玺："伺服设计的综合知识太多，短时间要弄懂它不大可能，你得有思想准备。"

这项技术的资料掌握在项目合作厂家技术人员手中，李黄玺软磨硬泡终于拿到资料，但到手的是一份专业性很强的英文资料，对夜大毕业的李黄玺来说，光是英文就是一道门槛，再加上那么多密密麻麻的专业术语，等于拿到一本"天书"。但就是"天书"也要翻译过来，因为他知道"维修时这玩意儿太管用了"。在翻译软件的帮助下，他花了整整3个月把十几万字的资料翻译了过来，这份资料后来成了设备维修的重要参考资料。

"工作上一些事情你一开始接触,就会觉得很难,这个时候你要是一畏缩就完,但你要悟进去,等回过头来你会感到很高兴。"李黄玺这样说。在铸造厂几十年里,从普通工人成长为高级工人技师,他获得的每一次机会都是这么来的,"其实机遇就摆在那儿,只是有些人没有看到"。

　　自改革开放以来,我国众多领域的技术创新,都走过一条从引进、消化吸收国外先进技术,再到发挥后发优势、自主创新的道路。这些年,李黄玺在铸造二厂也是这么走过来的。

　　在 20 世纪 90 年代,李黄玺在铸造二厂每天和国外先进设备和技术打交道,却没有盲目地崇拜"洋设备":"进口设备确实先进,能提高产品质量和工作效率,减轻工人劳动强度。但进口设备并不是十全十美的,在设计上也存在缺陷。作为工人,首先要掌握它,在熟悉了解的基础上,对它不完善的地方进行改进。这些年,我没有迷信'洋设备'。"

　　从学习、消化吸收到自主创新,这其实是技术工人面对的一个新课题。技术更新迭代的速度越来越快,从国外引进的先进技术和设备,也会随着技术的进步在短时间内从先进沦为落后,也可能会"水土不服",需要做本土化的改进。

　　一位专家预言,对于引进的技术和设备,如果只是一味地使用所长,而不再发展所长,那么,用不了 5 年,先进的将变成落后的,优势终将随着时间消失。技术工人不光要吃透国外的技术和理论,还要在消化吸收的基础上,有自己的创新。实际上,在彻底掌握国外设备的技术原理之后,李黄玺并没有止步于此,他又花很长时间不断地对生产线改进和创新,驯服"洋设备",在国外设备中注入了中国智慧和创新技术。

　　铸造二厂的 C 线在刚引进之初,控制系统由齿轮箱凸轮机构控制,运行中发现主机与精密带、浇注机、同步带配合不好。严重时,20 米长的造型线需要配备两个工人,这两名相隔十几米的工人互相之间通过打手势来传递信息，工作效率低下。李黄玺看在眼里，动起改造C线的念头。

在领导的支持下，他利用设备运行的间隙，花一个月的时间一条线一条线地进行核对，在反复测算后设计出一个新的控制系统，对这条由成千上万个元件构成的庞然大物进行了脱胎换骨的改变。从此以后，C线上的手语消失了，运行却更顺畅了，车间还节省了一名操作员的人力成本。

随后几年里，李黄玺对C线进行了无数次大大小小的改造，他编制的行驶深度、挤压程度、砂型高度、油泵泄荷程序、所给压力等，都丝毫不差。经他之手，C线没有随着时间而逐渐被淘汰，反而又重新跨入先进造型线的行列。可以说，是李黄玺为C线注入了中国智慧，让它重新焕发了光彩。二铸厂的领导曾这样评价他：作为一名接触先进技术的工人，李黄玺的可贵之处不仅是他主动学习，跟上时代技术进步，重要的是他能够在消化、吸收技术后，取其所长、综合优势、不断创新、为我所用。

1996年，一条造型线砂眼出现大量废品，国外专家前后提出四套解决方案，均以失败告终。李黄玺查看后认为，只要组装一套自动吹砂系统，就能降低砂眼的废品率。在厂里技术人员的协助下，他反复测试、排查，一个月后终于设计出一套自动吹砂系统。砂眼的废品率一下子下降了30%。李黄玺还查出了很多设备与图纸不符之处，国外专家得知这个消息后非常吃惊。过了一段时间，李黄玺收到一份特殊的礼物——国外专家寄来的设备原始图纸资料。这是来自国外专家对一位中国高级技师的敬意。

10多年来，二铸4条从国外引进的生产线，经过李黄玺之手已经被改造、被驯服，早已注入了"中国血液"，他的技术创新和智慧让这些设备脱胎换骨。例如，3号线在设计时没有考虑到高温环境因素，来到中国后就"水土不服",每年7—9月的酷热天气里,3号线每工作两小时,机油的温度就会超过设计标准,造成主机自动关闭两小时,只有等到温度降下来后才能重启。后来也是李黄玺设计一套自动冷却系统"治好"了这个毛病。

除这些重大的创新和改进外,李黄玺的小创造、小改进更是数不胜数,例如他还曾设计电路板,可自动控制型板加热,自动检测故障报警,达到温度就停止,温度低了就继续加热……李黄玺的这些创新和改造,为先进设备注入许多高科技含量的内容。据不完全统计,他直接为一汽创造了1600万元的经济价值,也为企业赢得了自信与荣誉。

2000年,国外专家到一汽二铸厂调查设备运行情况,看到李黄玺对造型线的十几项改造都赞不绝口。临别宴会上,国外专家纷纷向李黄玺敬酒。一位资深专家由衷地对他说:"李先生,谢谢你!你虽然只是个普通的维修工,但我认为,你已达到维护和改进我们设备的专家水平。"

"再好的设备靠工人掌握,工人肯学知识,肯钻研,就能驯服'洋设备'。"李黄玺曾说。为驯服车间里那些洋设备,他的日历上没有休息日,一心扑在车间里,每天在设备上摸爬滚打。有时晚上7点多钟工人们都下班了,他还一个人站在高高的架子上校正电器软件。铸造二厂的随行无箱挤压造型线是厂里公认运行良好的造型线,没人知道李黄玺在这条线上洒了多少心血和汗水。连车间主任都说:在我们车间,没有我这个车间主任行,可没有李黄玺不行。

精神永传承

成名以后,李黄玺也收到不少单位伸来的橄榄枝,这些单位都看重他高超的技术，想高薪聘请他，但都被李黄玺婉拒了。他说："做人不可能光为了钱，如果光图挣钱多，让我干我不喜欢的工作，这不是让我难受吗？我在二铸还有那么多事情没干完，怎么能走呢？再说，我的这点能耐也是在二铸练出来的，我怎么舍得走呢？"

李黄玺是在艰苦奋斗、无私奉献精神的洗礼下成长起来的。小时候，受老一辈人的影响，他觉得当劳模很光荣，看到穿着印有"先进生产者"字样衣服的人，心里就特羡慕。后来他下乡在油田工作期间，听到最多的就是铁人王进喜的先进事迹。王进喜"为国分忧、为民族争气"的爱国精神、"宁可少活 20 年，拼命也要拿下大油田"的忘我拼搏精神对李黄玺影响很深，那种爱岗敬业、不计较个人得失的精神已潜移默化地渗透到他的骨子里，不断激起他奋勇争先的积极性。

在铸造车间工作时，车间工人都有明确的分工和职责。李黄玺虽然干的是电工的活，但有时看到生产线上的工人忙得脚不沾地，砂撒了一地来不及清理，他也会主动帮忙，还被生产线上的工长当作典型宣传。其实在他看来，这不过是举手之劳、小事一桩，从未想要任何回报和奖励。

在他眼里，人生的价值不能完全用金钱、奖励来衡量。记得 1991 年，李黄玺成功在二铸厂生产线开工剪彩仪式前解决主机和精密带不同步的难题时，最令他高兴的不是获得多少奖励，而是能帮助厂里解决大难题，自然心里就高兴。

李黄玺一直过着俭朴的生活，平日里都是一身工作服，唯一一套西装还是 2000 年作为全国劳动模范代表出席人民大会堂活动时买的。一家三口挤在 14 平方米的房子多年，一直到后来厂里给他分了一套三居室，他才有能力把年迈的父母接过来同住。他平日里不抽烟不喝酒，唯一的爱好就是"逛街"，他爱逛的不是商场、超市，而是各种书店和电子器件商店。

以前长春市工农大路红旗街有一条著名的"电子一条街"，各种电子器件商铺林立。李黄玺是这里的常客，他几乎逛遍了每一家店，看到合适的小零件就买下来，以备不时之需。有一次，造型线上机械手的精密手柄坏了，一下子也找不到备用件。正当大家都在发愁上哪儿找配件时，李黄玺变戏法似的掏出一个给装上了。车间主任知道他是自掏腰包买的配件后，叮嘱他以后买零件记得开发票，但他一再表示：没多少钱，真没多少钱。

他不光自己掏钱给厂里买零部件，还会想着法子替厂里省钱。有一次，一位工友拆掉一根坏掉的氧气管，正打算要当废品扔掉，却被李黄玺拦了下来："别扔，没准还能派上用场。"他随手就把管子截成几段留着备用。在他的工作间里，还摆着一堆这样的"废品"，都是从设备上拆卸下来的零部件。在他的带领下，工人平时拆下来零件后，都拿到他的工作间里攒着。

在很多人看来，技术是一名技术工人的核心竞争力、吃饭的本领，但在铸造厂成长起来的李黄玺却有一个很朴素的观念：他的技术是在一汽慢慢积累起来的，是属于一汽的。他对自己多年积累的技术、经验从不藏着掖着，而是主动传授给年轻工人，帮助年轻技工快速成长为独当一面的技术尖兵。厂里的工人都知道，李黄玺有一大一小两个本子，里面详细记录着他几十年来遇到的大大小小的故障和维修思路，他常年随身携带着这两个本子，上班揣兜里下班带回家，为的是方便随时记录各种问题。后来，他把这两本笔记的内容系统化地整理成一本造型线维修"教科书"，又自费复印几份送给车间造型线上的工人学习参考。

此外，他还和几个年轻人签了师徒合同，没事的时候，他就把徒弟聚在休息室里，摊开图纸给他们讲解各种技术原理、分析设备故障原因和解决办法。针对年轻人在生产线上遇到的各种机器故障，他亲自示范并讲解，从理论和实践上帮助徒弟吃透其中的原理。

三人行必有我师。对于日益变化的技术更新领域，老员工的经验、年轻员工的创新和闯劲有机结合，是一汽在人才培养方面获得重大突破的关键。

李黄玺的悉心教导，为工厂培养出了一批技术过硬的工人。

大徒弟林子臣是厂里的技术创新尖子。在李黄玺的鼓励下，没有任何职称的林子臣参加了汽车厂10万职工大比武，拿下二铸厂电钳状元。后来，林子臣又从师父手中接过B线的维修工作，已经有了师父当年的模样。

另一个徒弟孙海成自1994年技校毕业后就跟着李黄玺学技术，他处处以师父为榜样，遇到不懂的新技术、新知识总要想办法弄懂吃透，打破砂锅问到底。2009年，孙海成荣获吉林省劳动模范称号。成长起来的孙海成，更是从师父手中接过衣钵，发扬劳模传、帮、带的精神，带出近 30 名徒弟。

李黄玺从不担心"教会徒弟饿死师父"，他说："一个人尽管浑身是铁能捻几根钉啊？只有培养出更多的知识型工人，咱一汽才能有希望。"作为前辈、师父，他乐于看到年轻人成才，也愿意帮助年轻人成才，为铸造行业不断注入新鲜血液和活力。

在中国一汽，李黄玺这个名字已经升华成为一种精神和效应，他在平凡中创造伟大，以无私奉献精神，让生命之花绽放着光彩，赋予了新时代工人知识型、创新型人才的新形象，并激发着一代代年轻工人不断追求知识、勇于创新，用科学知识把自己武装成现代化建设的有用之才。

如今，年过七旬的李黄玺虽已退休，离开了挥洒青春热血的生产一线，但作为一汽巨大的精神财富，他依然激励和鼓舞着更多"李黄玺式"知识工人不断涌现。他们是一汽的未来。

李凯军

熔炉"炼金"

完成"红旗工程"等诸多高难度压铸模具的制造，在高精尖复杂模具加工实践中，填补了多项国内模具制造技术空白，2010年获得全国劳动模范称号

2009 年，新中国成立 60 周年庆典，当胡锦涛主席乘着红旗检阅车从金水桥缓缓驶出时，站在天安门旁东观礼台上的李凯军不禁热泪盈眶。眼前红旗车上的车标，他再熟悉不过，那是他历尽千辛万苦锤炼出来的模具所生产的产品。

当时，数控 3D 技术还没有普及，加工复杂形状的模具，尤其是曲面，完全要靠手工打磨。因此，红旗车标模具中承载着李凯军的心血与智慧。

李凯军是来自一汽铸造公司的首席技能大师。他 19 岁进厂，跟模具打了 34 年交道，逐步成为模具铸造行业顶级专家。作为一汽集团工匠精神的旗帜与标杆，他曾获得"大国工匠"的最高荣誉。

不只是红旗、奥迪、解放，一汽集团几乎所有自主车型的大型精密高端零部件，都与李凯军亲手制作的模具关系密切。现在，李凯军和他的团队又成功完成了红旗新能源汽车一体化底板模具，为我国新能源汽车的自主化生产再添生力军。

李凯军坚守钳工岗位 30 多年，把追求极致作为人生信条，近五年他带领团队为公司创造了超过 6 亿元的产值。他集各项荣誉于一身，被誉为"工人院士"，曾获得全国劳模、中国高技能人才十大楷模奖章，享受国务院政府特殊津贴。

他曾作为全国产业工人的唯一代表，受邀到中南海与温家宝总理座谈；他不是全国政协委员，却能作为全国劳动模范大国工匠的唯一代表参加全国政协双周协商座谈会。他在高层会议上多次疾呼"提高产业工人队伍的待遇和社会地位"；2008 年起，每两年选拔 400 名高技能人才为国务院政府特殊津贴专家，最初就是来自李凯军积极建言献策。

他是基层员工，又是身怀绝技的技术专家，多次在国内外技能大赛上摘金夺银，手握多项国家专利。凭借精湛的专业技能，2021 年，李凯军还被吉林大学聘为硕士生导师、客座高级讲师。

一路走来，李凯军凭借精湛的技艺与执着的追求，成了公司拼抢市场的金字招牌，曾有客户将产品必须由李凯军亲自加工作为合作的条件。

在李凯军的从业经历中，他出色完成了一汽"换型改造""红旗工程"等战略中诸多高难度压铸模具的制造，填补了多项国内模具制造技术空白，汽车发动机缸体模具达到世界一流水平。通过持续的技术创新，李凯军创造了多个制造过程中的奇迹，提高工效高达 20 倍。同时，他还为一汽培养了一大批具有工匠精神的年轻技术人员。

刀在石上磨，"金"在熔炉炼

"我这辈子没见过这样的活儿！"一汽铸模厂金属模车间质检员周师傅，看到李凯军独立完成的第一份作品时，十分惊讶。

那是一个 CA141 解放车的发动机侧盖板模具。模具成型部分像个椭圆形跑道，横竖分隔成凹凸区间，所有根根角角全是手工抛光的镜面，远远超过电镀镀铬的效果。老周后来对李凯军感叹道："太难了！细节太完美了！"

周师傅毫不犹豫给李凯军打了"一等品"。能拿到一等品的人，放眼整个工厂，实属凤毛麟角，大部分人都只能达到合格线。李凯军当月工资翻倍。

当时，李凯军刚入行不到两年。这个任务很难，通常会派给进厂十几年的师傅来做。李凯军拿到的材料共有 4 块衬模，核心部分需要自己独立修整制作。为完成任务，他连续两个月连班加点，有时候还会彻夜不眠。抛光到什么程度？用术语来说，就是达到表面光洁度（Ra 0.2），相当于镜面的程度。

这在厂里引发了震动，李凯军的名声也逐渐传开。"一等品"这三个字，也牢牢焊在他的荣誉榜单上。自此，李凯军要求自己每个工件都严格对照这个标准进行打造。

追求极致完美，正是胜任模具钳工这个岗位的基本素养。在汽车行业，所有零部件批量生产都取决于源头的模具铸造。模具上有任何微瑕和纰漏，都会导致汽车零件报废、寿命缩短，因此精准度是模具的生命线，更是企业之魂。

"进厂不到两年，出的活怎么比 10 年资历的老师傅还牛？"每当同事们质疑他的时候，李凯军总是开玩笑说："我从小就是个强迫症，每个活儿只要我干，不干完美不罢休。"

李凯军的父亲是一位心灵手巧的装卸工人，家里锛凿斧锯工具箱一应俱全。父亲的耳濡目染，让李凯军早早踏入机械工程的热血世界，憧憬着将来当一名出色的修理工。一旦父亲不在家，李凯军就打开父亲的百宝箱鼓捣一番，拿着刨子、锤子玩个不停。10 岁时，他独自用木板和工具做了一个小板凳。11 岁时，因为嫌磨刀石太慢，他又用一大一小两个轮盘，自制了一个手动砂轮，初次体验到发明创造的成就感。

初三那年，父亲不幸遭遇车祸去世。母亲大受打击，卧床两个月。16 岁的李凯军也在一夜之间长大了，彻底告别了无忧无虑的童年时代。

为减轻家庭负担，他踏入一汽技工学校的校门，被分配到设备维修专业。

艰辛拮据的生活敦促李凯军在学业上发愤图强，他在学校 3 年苦练维修钳工基本功，熟练掌握了錾、锉、锯、钻、铰、刮、研、矫、铆等复杂金属加工技能。

在一项錾削技能课上，他在同学中第一次崭露头角。那是初次去实习工厂，老师要求大家用扁铲手工切削金属。标准看似简单却极为苛刻：打掉零点几毫米的一层金属，戗面要均匀。李凯军交上作业后，老师惊掉下巴："你以前干过这个啊？这得有四级工的水平！"要知道，普通技校毕业生学 3 年，最高也就能拿到二级半证书。"我以前在家经常干这种活儿，练的童子功。"李凯军笑答。

在另一项机床拆卸的锤击力考试中，要求抡起手锤击打直径 12 毫米的钢棍，12 下打断算为及格，5 下就是 100 分。李凯军咔咔咔 3 下就砸断了钢筋，说是削铁如泥也不为过。同学们惊叹不已，但他们不知道的是，为掌握这项技能，李凯军狠练了几个月，砸断的钢筋就有百余条。由于前期击打没有准头，他握錾子的左手虎口也被打肿得老高。

凭借着扎实的理论和实操能力，李凯军在技校当了 3 年班长，1989年毕业后以优异成绩被分配到一汽铸模厂。

从某种意义上来说，李凯军进入铸模厂纯属误打误撞。上班的第一天他就蒙了，因为得知自己根据厂里生产需要被调整到了金属模车间做了一名模具钳工，这就意味着他原来学的维修专业无用武之地了。他的自信心完全被摧垮："到了车间啥都不会。头 3 个月，心理落差很大，内心焦虑万分，嘴里的火泡没断过。"

虽然同样属于钳工，但维修钳工与模具钳工完全是两个工种，技术范畴也有着云泥之别。前者只要对设备进行诊断后，简单修复、更换；而后者的技能储备要求更全面。以手机组装为例，需要把控全流程，从

看图设计，到脱模制造零部件，再到组装、反复调试，考验着实不小。

在老师傅手把手的带领下，李凯军脚踏实地从头开始，他要求自己"理论必须精通，技术必须熟练"，遇到不懂的问题就记下来，虚心求教。他放弃休息时间，下班后继续啃资料、苦钻研。车间师傅都被这个小伙子的勤奋好学打动了，愿意悉心传授自己的心得。度过3个月适应期，李凯军得到突飞猛进的成长。

李凯军7个月就成功出徒，比普通人提前5个月，老师傅们都啧啧称奇。这也让他获得每月20元的嘉奖，多了半个月工资，要知道十几年资历的老师傅，奖金也不过如此。

19岁的模具钳工李凯军，在这个新世界里找回了初心和热情，逐渐树立起了自己的口碑。一颗童年梦想的种子，终于破土萌发，找到了扎根的沃土，迎来了拔节生长的最佳机遇。

精在往里钻，水往深处探

20世纪90年代，市场经济如同燎原大火，从南方的"桥头堡"蔓延到全国。1992年，一汽－大众合资建厂，标志着轰轰烈烈的汽车市场化时代来临。

1999年3月，一汽集团在一汽铸模资源的整体优势上，合并了包括铸造模具设备厂在内的4家工厂，成立一汽铸造有限公司。在高速的市场化进程中，一汽铸造公司逐渐成为一汽重要战略资源与自主制造核心部门。李凯军也为公司的市场化转型立下了汗马功劳。

1999年，铸模厂老厂长于永来争取到了奥迪A4发动机点火线圈支架模具制作订单。他拿着图纸，点名要胆大心细的李凯军担纲，语重心长地叮嘱他："这是我们抢市场的第一套活，也是市场敲门砖，一定不能有半点闪失！"此时李凯军已经成长为技术骨干，晋升为模具班班长。

客户提供的点火线圈支架铸件只有手掌一半大，体积虽小，结构却复杂精微，铸模厂创造性地应用斜面分型、45度顶出、石墨电极等8项新技术，李凯军仔细琢磨透彻其架构，化解了模具铸造技术瓶颈。客户验收时，极为震撼："我们委托很多工厂做过这套模具，均没有一家能达到这个水准的。"当时，客户主动提出在原来报价7万元的基础上加价1万元，并签订长期合作合同。

李凯军成功为一汽铸模厂的市场化改革打响了第一枪。以此为标志，一汽铸造模具设备厂此后的多个里程碑项目，都是出自李凯军之手。

2002 年，32 岁的李凯军凭借杰出贡献，被评为一汽最年轻的一级操作师，不但工资翻倍，公司还专门为他配备了"捷达王"公务用车，享受高级经理的待遇。

2003 年年末，李凯军和他的团队又接了一项棘手的任务——研发重型车变速箱中壳，重量高达 33.5 吨——当时国内最大最复杂的模具之一。

当时，铸模厂干过最大的模具才 10 吨，厂房起重天车也是 10 吨。模具重量已超过天车的承重极限，怎能起吊？更棘手的是，模具里的不规则滑块必须在起吊之后，进行严丝合缝的研配、打磨。起吊孔还不能挡住操作面。而活块重量有两吨，靠人力根本无法推动，更不要谈滑动打磨。为此，李凯军又把整体研配改进为分体研配，这又需要通过精密计算消除积累误差。

李凯军苦思冥想，创新研发设计一个起吊装置，通过加装一个杠杆，利用力学原理，把起吊孔移到了后面，还可以调整旋转角度，成功解决了这个问题，一个不可能打破界限的神话就在这里产生。对此项创新的研究成果，李凯军申请获得了"异形活块起吊装置"专利。

4 个月后，在团队的通力合作下，模具最后成功出炉，一举在上海国际压铸产品博览会的压铸件展览上获得金奖，源源不断吸引许多海外新客户前来参观、寻求合作，成为一汽铸造破冰海外市场的新起点。

当国外客户来到铸造模具设备厂现场简直无法置信："超过 30 吨的模具怎么可能靠 10 吨天车装配成功？"直到听到李凯军对模具装配过程的讲解，他们发出了由衷的赞叹。

接下来，李凯军势如破竹，每个任务都圆满完成。2007 年 9 月，成功完成奔腾轿车缸体低压铸造模具的钳工制造任务；2009 年，用一个月完成红旗轿车 V6 变速箱前壳模具的钳工制造任务……在一汽铸模几乎每个重大项目上，都深深地打上李凯军的烙印。

　　学无止境，他利用工作之余不断武装自己的头脑，与时俱进学会了 CAD 等 3D 设计软件。他还通过坚持不懈的在职自学，拿到了两个本科毕业证书，考取了学士学位。

　　为不断提高技能，李凯军不仅在工作中磨炼，也将参加技能大赛视为一条重要成长途径。"技能大赛特别锻炼人，前期准备、工艺编排、思维框架方方面面都让人上一个台阶。"他说。

　　34 年来，李凯军制作的复杂高精尖模具数不胜数。他把手工操作推向了极致，磨炼出"人刀合一"的境界，多次在国内外技能大赛上摘金夺银。由于在行业中有极高的影响力，他曾多次出任全国技能大赛钳工总裁判长。

　　局外人看到李凯军如今取得的成就，可能会把他归为天才。其实，李凯军并非天赋异禀，他的成功都是由一点一滴的微创新逐步累积起来的。在每天持续进步的复利效应下，践行着"一万小时定律"，才促成了如今的飞跃。

　　李凯军几乎做到了套套模具有改进，件件产品有创新。至今，他成功申请了 9 项国家专利。早在 1992 年，李凯军就革新了模具吊装的传统平装工艺，开创"竖装法"，提高工效 10 倍，还避免了模具损坏和人员伤害等风险。在他的工作室里讲的是：改进源于日常创新服务企业。即便是废旧的饮水机也能变废为宝，被改造用于储存冷却液，体现了无处不在的创新意识。

　　同样是工作，别人在原地踏步，李凯军却能够日新月异、成绩斐然。他到底哪来那么多时间和精力？其实，大家通常只看到他的辉煌，而看不到他的艰辛。李凯军自嘲道："大家光看贼吃肉，没看贼挨打。"李凯军一旦专注起来，那可真是玩命的。

　　市场化大潮下，订单随机、任务重时间紧，李凯军每次接的活都是又大又难，工期与质量都要保。拖延难产，或者是牺牲质量糊弄交差，都是李凯军坚决不能容忍的。他绝不肯走捷径，每次都是付出120%的努力啃下硬骨头，每一个任务都追求创新，不断攀越技术高峰，又更加了一层难度。

比如，打磨模具完全要靠手工，在强光照射下，戴着护目镜作业，短短几分钟眼睛就变得酸涩，而李凯军一打磨就是一整天，下了工作台，眼睛疼得直流泪。

又如，在300多摄氏度的环境下操作模具热配，他说："你得在模具顶上把半个身子伸到腔里，一碰刺啦一下冒一股浓烟，长时间眼睛都有要被烤干的感觉。"面对如此残酷危险的工作环境，李凯军却是淡然面对，没有半句怨言。

在起吊一个120吨模具的过程中，由于吊点误差，吊点不在重心上，吊起来之后，模具整体是斜的，吊点不在重心上，不能安装设备，怎么办？李凯军用增加定点和辅助装置的方式，实现了平稳起吊。但当时的他，可谓命悬一线：用手动的手拉葫芦起吊装置往上拽，但力臂很短，手拉葫芦很快逼近了10吨的承重极限，随时随地都有绷断的可能。其中的分寸和力道，要靠经验来权衡。当时李凯军让所有的徒弟撤离，只留下自己在狭窄的空间观察，独自承担了风险。

所谓艺高人胆大，在非常态操作下，李凯军经常身先士卒打破常规，虽然于情于理可以理解，但仍然需要极大勇气，犹如在刀刃上跳舞。这一点上，他和跳进泥浆池、用身体搅拌、以豪迈气概直面险情的铁人王进喜，竟然殊途同归。

长期以来只顾着冲在一线，这个拼命三郎最忽略的就是自己。就在事业和声望达到顶点的同时，2002年的体检结果显示，李凯军的身体被严重透支，32岁就出现高血压症状，健康状况亮起了红灯。这次警钟虽让他开始重视健康，但他很快又一往无前投入了工作中。

甘当基石匠人，铸"大国工匠"丰碑

"鼎为炼银，炉为炼金。"高温、噪声、粉尘、油污充斥的模具制造生产车间，堪称巨型熔炉，算不上优雅舒适，但李凯军已经把这里当成自己的修罗场，在其中磨炼着心性，直到炼去所有杂质，成为精金。

李凯军曾说，这份工作的召唤让他实现了自我价值。而他对工作毫无保留的爱，一定程度上也在于，"人刀合一"的贯注之下，金属也会变成富有生命力的艺术品。

他最为得意的一件作品，便是一个亲手制作的金属多面体。2000 年，李凯军代表中国一汽赴无锡柴油厂参加交流展示活动，在现场他把一个圆球毛坯锉削成了正十二面体，每个面正五边形尺寸都一样，精度达到了 0.01 毫米，也就是头发丝的六分之一。当他放下锉刀时，这件作品震惊四座，这是一件机器难以超越的艺术品。

正所谓拳不离手曲不离口，任何一门手艺都离不开日常的操练。为实现精度与艺术融为一体，李凯军在极其精细的微米尺度上，不断进行着工匠精神的升华之旅。

"钳工是一个视精度为生命的行业，手上功夫是机器取代不了的，80% 以上靠手工实现。钳工必须手要稳，还要有足够的体能。"因此体能训练与基本功是李凯军每日的修行功课。

他苦练基本功到了什么地步？由于长期打磨抛光作业，他的手指连指纹都消失了。

至今，53 岁的李凯军数十年如一日保持着每日的高强度运动，比 20 岁小伙子都生猛，每天 400 个俯卧撑雷打不动，一次蹲起 100 个起步。为了保持手的稳定性，他坚持 20 多年滴酒不沾。他还坚持每天提前 1 小时到岗，风雨无阻。

随着精益求精的习惯渗透至每个细节，产品质量稳步提高、成本优势显现，李凯军在行业中逐渐刷新了中国铸造模具的陈旧落后形象，带来了巨大的品牌焕新效应，更是直接促成了出口海外的巨额订单。

2006年，一名加拿大客商找到一汽铸模厂，下单了一套22吨的汽车油底壳模具定制任务。油底壳是汽车贮油槽的外壳，承担着回收储存润滑油、散热、防尘等功能，要求具有良好的封闭性等性能。

客户告诉他："我们在南方转了一圈，没有一家工厂能干成，你们家就是最后一家了。如果你们干不了，我们以后就不会到中国来做模具了。"这句话刺痛李凯军敏感的神经，"这不仅仅是一个订单的问题，更重要的是事关国家荣誉"。

李凯军带着徒弟们，用4个月时间奇迹般地完成了这项任务。客户要求很高，模具表面一点划痕都不允许存在，在工期紧张的同时，还临时提出了更改产品焊接的需求。由于老外对模具表面质量要求极高，李凯军独创了焊接无痕修复法。

到了最后关头，即将交货的前一天下午，突然发现一个新问题，两个模具无法完全拼合在一起，误差达到了0.16毫米。正常情况下模具间隙超过0.08毫米，浇注铝液时，就要往外"滋铝"。在720摄氏度高温和上千吨高压下，每一股高速喷射的铝液都相当于一颗子弹，这意味着整体装配失败，将造成严重的生产隐患。李凯军当机立断："这个问题必须解决。"

此时距离交货仅有16个小时，副厂长拍板："时间不够了，就先这样吧。"但李凯军挺身而出："不行，我一定要拆！"气氛一度僵持，二人吵了起来。最后，副厂长拂袖而去："你非要坚持的话，只能算个人行为，我不会安排任何人配合你。"

"就算是手工一点点磨，我也得把这个问题消除掉。"李凯军毫不退让。

下午3点多，李凯军毅然动手拆开了模具，这套模具构造极为复杂，有上千个零部件，其中包括蜿蜒折叠的水管。他边拆边找问题，终于排查到了隐患，原来是一块肉眼无法看到的凸起面，于是一点点打磨抛光，把误差保持在0.02毫米以内。再一一重装归位，干完已是次日凌晨5点。

调试验收现场，模具通过了压力、速度等苛刻测试，挑剔的"老外"向李凯军竖起了大拇指，"干杯干杯"。这句稍显生硬的中文，对李凯军来说却是最高的褒奖，他的坚持得到了最有价值的肯定。客户当场又续签了6套模具的订单，总共100万美元，相当于800万人民币左右，创造了一汽首次大规模出口模具的里程碑。

把产品做到极致，客户自然会不请自来。发泡模具是一汽铸造公司在压铸模具之外，拓展的又一个新市场。这个客户是一汽与美国天合（TRW）合资的零部件企业，尝试交给一汽铸模两套速腾方向盘发泡模具的定制任务。

原本是班组内其他两位师傅承接了这个项目，结果却出现了一大堆问题，而且问题越修越多，竟然从原来的 15 项发展到了有 21 项不合格。领导只能亲自出山请忙碌的李凯军帮忙。他先是对着这两个问题产品琢磨了半天，发现了产品真正的核心症结点所在，第二天动身去原厂家待了两天，摸清了模具的生产过程、产品特性、填充材料的状态，回来后，修理了一个多星期。调整完毕，客户非常满意。

这一套模具材料成本 3 万元左右，但售价高达 22 万元。只有李凯军知道加工这套模具到底有多难——它有很多地方超出了模具的范畴，其中有 30% 的工作必须由手工来完成。比如，倒斜度的出模方式给加工增加了很多困难，无法使用数控铣、五轴机械加工，只能用电火花和电极一点一点修；所有的棱角既不能深也不能浅，李凯军便用一个超精细的 0.2 毫米钻石磨棒，仔仔细细打磨；所有的衔接处必须像刀刃一样锋利，绝对不允许毛边的存在……这些，李凯军竟奇迹般地做到了，尤其是焊接处毫不留痕，浑然天成。客户后来又陆续签了 11 套订单，从而为一汽铸造开辟了新的盈利增长点。迄今为止，这个模具全厂只有李凯军一人能完成。

多年来，李凯军率团队共计完成国内外各种复杂模具超过 1200 套，总产值超过了 6 亿元，改进项目 600 多项，节创价值 3000 多万元，填补了多项国内压铸模具制造的空白。出自他手的模具，畅销美国、加拿大、俄罗斯等国家。

随着新能源汽车时代来临，汽车轻量化成为潮流，一体化压铸风靡行业。中国一汽也开始集中优势资源、骨干人员，将新能源汽车项目作为核心攻关堡垒，李凯军仍然是这个先锋项目的核心骨干。

秉持着一汽人的使命感和责任感，2022年至今，李凯军勇挑重担，承揽了一汽红旗新能源汽车的冲压铸造一体化车身后底板工程。该底板焊装集成了74个冲压件，总重量高达183吨，是一个超大型模具。仅仅是模具内的滑块，重量就高达5吨，再次刷新了李凯军个人有史以来的纪录。

这个巨无霸模具重量远超特斯拉的同类产品，这也意味着制造难度成倍放大。对这个模具而言，即使是吊挂一根钢丝绳，也需要5个人合作。拧一个吊环，需要两个人。180多吨的数字，远远超出了车间天车50吨的能力范畴，只能借助外部厂房装配。如今，该模具已经圆满完成第一轮试制，正在进行性能试验，即将进入第二轮调试。

第一轮试制时，长春疫情形势虽严峻，但仍然可控，而广东却是全国疫情暴发最严重的地区之一。李凯军带领项目小组在这时候去佛山，工作环境中不可控的因素增加了很多。即便如此，面对已经确定的工期，李凯军一行6人义无反顾、无怨无悔地踏上了这次关键的征程。

在调试过程中，模具上有4根型芯临时需要截断，考虑到模具拆卸、安装和预热的等待时间过长，他们最终决定在不拆模具的情况下进入设备中，手工截断型芯，正常生产下模具的温度在240摄氏度左右，人稍微挨近点都会觉得酷热难耐，更别提还要在近距离高温蒸烤下从事这种高难度、耗体力的操作了，这既需要高超的技术、充沛的体能，更需要强大的毅力和耐力。这对于刚刚感染新冠病毒的李凯军来说，无疑是个巨大的风险和挑战，纵然已身经百战，大家仍面露难色。

这时，作为项目组组长的李凯军二话不说，身先士卒，钻入高温模具的动静模空隙中用角磨机开始打磨。高温热浪扑面，狭小的操作空间难以施展，操作难度之大可想而知。刚进去两三分钟汗水就流进眼睛里，灼烤和刺痛折磨着他。20多分钟后，第1根型芯终于被成功截断。

等他从模具中钻出来，身上的衣服早已湿透，滴滴答答地往下淌水，整个人心跳加快、呼吸困难、几近虚脱，躺倒在椅子上无法动弹，直到一个小时后才逐渐好转。后来大家才知道他本身有冠心病，而且相关指标已经超过一倍。在他的带领下，项目组成员依次进入，顶着高温，拖着病体，最终顺利完成了这项看起来无法完成的任务，调试工作得以继续进行。

工匠精神的薪火需要代代相传。早在2008年，通过成立自己的工作室，李凯军就开始不断传授绝技绝活，先后为公司培养技能人才160余人。如今，工作室的20多名弟子，都是经过层层选拔的业界精英，其中，有3名全国状元、6名全国技术能手。

正如他的微信名——沃土，他最大的愿望就是成为一片沃土，培育更多工匠人才。如今，他亲手栽培的徒弟，已蔚然成林。

为了传承工匠与劳模精神，一汽铸造模具设备厂还有个不成文的规定，即新入职的员工必须在李凯军工作室中实训半年到一年。李凯军对厂里所有新入职的员工，不同专业、不同岗位的新人，上岗之前至少要练一个月锉刀，通过这项钳工基本功，磨掉浮躁、磨掉眼高手低，在他们心里播种下劳模精神和工匠精神的种子，建立起脚踏实地的工作习惯和作风。

"李凯军最大的贡献是为企业创出了一个品牌，带出了一支顶呱呱的队伍。"用这句公司领导的评价来概括李凯军的贡献，显然再恰当不过。

李放

满腔热忱燃烧自我

在造型线上把急、难、险、重任务留给自己而忘我工作，是公认的工会工作热心人、职工群众贴心人和职工利益代言人，1991年被追授全国五一劳动奖章

一个闪光的名字，一串闪光的故事。

他在造型线上经常把急、难、险、重任务留给自己，忘我工作。他连续15年担任车间工会生活委员，经常利用业余时间护理病人、接送孩子、修房子等。他走访慰问过车间所有人员，对车间300余人的家庭住址、生活状况一清二楚。

他甄别事实，使真正符合条件的职工分到了住房。他被职工誉为本职工作的带头人、工会工作的热心人、职工群众的贴心人和职工利益的代言人……他就是原一汽铸造厂可锻造型车间五线翻砂工李放。

1990年3月27日，李放因病不幸去世，年仅39岁。党和政府给予他很高的荣誉，李放事迹报告团在吉林、北京、天津、武汉等地演讲100余场，听众达5万余人次。

1991年，李放被吉林省政府、长春市政府、机械电子工业部、中国机械冶金工会、中国汽车工业总公司分别追授予"雷锋式的好工人""优秀工会积极分子""特等劳动模范"等荣誉称号。

1991年6月22日，学习表彰李放同志大会在首都人民大会堂隆重召开。中华全国总工会追授李放优秀工会积极分子称号，颁发五一劳动奖章。他的事迹激励着车城千万人。

绰号"小铁人"

1951年出生于辽宁铁岭的李放，小时候在长春天津路小学读书。1968年，他在长春第三中学毕业，9月下乡到吉林省榆树县八号公社。

1974年，李放成为长春第一汽车厂铸造分厂工人。身高不足一米六，体重不足50公斤，还戴着一副高度近视的眼镜的他，根本不是块干铸造的料。

然而，他却在厂里最累最苦的生产线——可造车间五线机械造型线上，一干就是16年，并且出满勤干满点，高质量超额完成本职任务，直到离去，从来没从他的口中听到一个累字、苦字。

1974年，铸造厂要扭转生产被动局面，连班突击献工是家常便饭。连班的报酬，不过是两个馒头一碗汤，李放从不抱怨，只要听到献工，李放就没有落下的时候。同样，粉刷墙壁、喷浆等粗重活、危险活，都能看到他积极的身影。

李放工作的造型五线"818"造型机，是全线的第一道工序，任务重、劳动强度大，每天要用气吊把150公斤重砂箱推上300余次。李放很快掌握了这个又脏又累工位的操作要领，并深深地爱上了这个岗位，每个班都出色完成任务。

不仅如此，他还经常帮助缺员的工位顶岗补缺。厂里搞突击大干，别人连一个班，他连两个班，有时干脆把行李搬到车间，一干就是十几天。他是备受人们称赞的好工人。

有一阵子，铸造厂生产比较被动，被称为一汽的"瓶子口"。为改变这一局面，厂里连续组织大会战，在工人中，李放连班最多，经常白天黑夜连轴转。饿了，他就到食堂吃口饭，困了，他就躺在更衣箱上睡一会儿。为此，大家给李放起了个绰号叫"小铁人"。

1983年，厂里整治"脏乱差"大会战，车间成立环境改貌突击队，李放找到突击队长报名参加。环境改貌这活，又脏又累，有的还很危险。吹厂房钢梁积灰、刷油喷浆，李放总是第一个上去，一干就是一两个小时，硬是把最危险的地段打扫得干干净净。

随着时间的推移，李放已在生产线干了10来年了，车间领导几次找他谈，要调他到轻工位去，而他总是那句话"先考虑别人吧，我身体还可以，顶得住"。

李放从入厂的第二年，就被选为车间工会生活委员。他把这一职务看得非常神圣，觉得是把有限的精力投入到无限的为人民服务中去的最好途径。

"李放离我们去了，可他那可贵的精神，永远鼓舞着我们。"铸造厂可造车间工人李东亚曾说。李放作为一名兼职的工会生活委员，他都是在完成本职工作后，利用业余时间克服种种困难去做工会工作的。

李放有3本写得密密麻麻的工作笔记本，记录着全车间300余名职工家庭情况、详细地址、家庭收入困难程度，记载着全车间历年退休职工名单和历次困难补助的台账以及一些家庭琐事。

生产线上的工作又多又繁重，李放为了不耽误生产线上的工作，坚持牺牲个人时间来做工会的工作，十几年来几乎没有休息过节假日和星期天。李放不仅熟知车间每个职工的家庭住址，而且对车间大多数有困难职工的亲属、家世了如指掌，同志们都亲切地称他为"活地图"。

10多年来，铸造厂可造车间工人黄建国和李放工作、生活在一起，李放做过的那些事，他自然知道得要比别人多一些。

黄建国回忆说，一天，下班后他骑车路过宽平大桥，看到李放正蹲在一个修车棚里，同一位修车的老大爷比比画画。走在回家的路上，黄

建国问李放："你小子中邪了，想开修车铺咋的？"李放嘿嘿一乐说：
"我是工会委员，厂里总开展社会服务活动，我寻思着学上一手两手的，
也好为大伙儿做点事情。"自行车会修了，李放又学修鞋、理发。

这些年来，李放就用这些新学到的手艺，加上他的电工基础，分文
不取地为大家修自行车、修鞋、理发、安装电灯。

入厂工作16年，李放兼职担任了15年车间工会生活委员。这期间，
几经改选，他总是以最高票数当选。据不完全统计，15年里，他牺牲了

自己 800 余个休息日和节假日为职工群众服务。

李放的生活委员工作在全厂生活委员中是一流的、最好的。1989 年，厂工会命名他为"胸中自有一本知情账、全心全意甘做知心人"工会工作标兵，号召全厂工会干部向他学习。

李放家境并不富裕，上有一个患精神病的岳母和一个智力障碍的哑巴大舅哥，下有当时刚满 9 岁身患骨病的儿子，妻子在市内上班，每天早出晚归，这样一个 5 口之家，十几年来，李放辛勤地操劳着。

对于家务事，李放总是挤时间干。患有精神病的岳母发病时，总是给李放添麻烦，但李放从不言怒，总是耐心地安抚岳母，默默地收拾好被搞乱的房间。他就是那么爱着他的家庭，爱着身边的每个人。

"李放离开我们已有半年多的时间了，每当有人提起李放，每当下班后回到空荡荡的家，我的眼泪就止不住地往下淌。他才 39 岁啊！"李放妻子卢凤英回忆道，他们结婚 9 年从未红过脸，"李放是我的好丈夫，儿子的好爸爸。"

结婚 9 年多，李放天天上班走得早，回来得晚，节假日很少在家。9 年多中，他得了那么多奖状、荣誉证书、奖品，还经常鼓励卢凤英要好好干，争取当先进。

"我常常看到他下班后累得躺在床上不想吃饭，叫几次也不愿起来，可有人求他干活，他就来劲了。"卢凤英说，一天下班后，李放进门就说饿，她急忙煮了碗面条，刚端到桌子上，邻居小黄找他修自行车，他二话没说，拎起修车工具就下了楼。

"我和李放是一起入厂的。我算得上全车间受李放帮助关怀最多的人之一。"铸造厂可造车间李绍臣曾回忆道，李放去世那年，"每当我下班回到暖乎乎的小屋，摸着暖气片时，眼前就出现李放那瘦弱的身影。每当我和妻子一谈起他，就禁不住落泪……"有一年夏天一个周六，李绍臣在班上求李放帮忙安装"土暖气"。哪知李放原来打算那个周日要带妻儿一家子去南湖玩，还专门为 7 岁的儿子买了个玩水的气垫子。

可李放周日一早就带着孩子到李绍臣家干起来。李放儿子闹着要去南湖，李放却哄着孩子说："帮你李叔干完活爸就带你去。"李绍臣实在不好意思，几次劝他带孩子去，李放就是不肯，一直干到夜里 11 点钟，装好了暖气，他才叫醒已熟睡的儿子回家了。

李放病逝后，李绍臣才知道他买的那个气垫子没下过一次水，自己宝贝儿子小小的心愿也没满足……

李放为大家办事，任劳任怨，满腔热忱。他心里装着大家，唯独没有自己。他入厂 16 年，没有在保洁站、职工医院建过病历。1990 年 3 月 23 日，肝区和腰部疼痛已使他站不起来，他才住进医院。医生诊断：晚期肝癌，全身衰竭。虽经全力抢救，5 天后还是不幸病逝。

人活着多做好事

李放病逝后，一汽厂工会命名李放为"模范职工之友"。一汽党委、厂部命名李放为"雷锋式的好工人"。他生前工作的铸造厂可造车间五线被命名为"李放线"。

一汽通过报纸、广播、电视、板报、墙报、报告会、故事会，大力宣传李放事迹。厂工会还组织了李放事迹演讲团，各级工会组织召开学习李放事迹座谈会。截至 1990 年 11 月 25 日，收听演讲会的有 3 万多人次，有 9 万多人次参加学习座谈。

与此同时，各基层工会还结合本单位实际开展了"干好本职工作，争当李放式好工人""学李放，攻难关，提合理化建议"等丰富多彩的竞赛活动。有些基层工会还成立了李放便民服务组，建立学李放见行动成果台，编辑《学李放见行动风采录》。

一汽还组织开展"学李放活动日"，参加服务者 4000 多人。一汽生活区长长的东风大街两侧摆满了修鞋、理发、修自行车、剪裁衣服、卖日用百货等摊床，服务项目各种各样，琳琅满目。

"李放同志朴实无华的事迹、感人至深的精神，不仅极大地教育和感染着全厂职工，而且也引起了厂党政领导班子每个成员的深深思索。"一汽原厂长耿昭杰表示，李放同志的事迹启示大家，培养造就优秀的产业工人队伍，是办好社会主义企业的根本保证。

一汽原党委书记李玉堂曾这样评价李放：李放同志是一名普通的铸造工人，他心里装着社会主义，盼望着祖国强大起来，有着高度的主人翁精神和强烈的爱厂热情。他十几年如一日，坚持工作在最艰苦的生产第一线，无视脏累，无私奉献，尽心竭力，始终如一，模范地影响和带动着职工与之共同奋斗，直到生命终结。

李放的一生没有惊天动地的英雄壮举，却在平凡的工作中展示了不平凡的精神。

《工人日报》曾发表《向李放同志学习》的评论文章。其中有一段话这样表述：长春第一汽车制造厂铸造厂可造车间的工会兼职生活委员李放，把短暂的一生无私地奉献给社会主义建设事业和为职工群众服务上。他是职工群众的楷模，广大干部和工会积极分子都应当向他学习。

李放就是从这种崇高的使命感出发，忠诚地履行着自己的职责。他把为职工群众服务，始终摆在至高无上的地位，并作为最大的乐趣。他任职 15 年来，时刻把职工群众疾苦放在心上，为职工群众办了数不尽的好事，就是在生命垂危之际，他还想着如何解决群众的困难。

为什么一个普普通通的汽车工人，一名默默无闻的兼职工会干部，竟能赢得成千上万人发自心灵深处的深情爱戴和至诚缅怀？平心而论，李放生前并没有惊天动地的壮举，他的死，也称不上轰轰烈烈，说到职务，顶多算个"兵头将尾"，然而他却用自己朴实无华的精诚奉献，做出了可歌可泣的英雄业绩，在群众心中树起了一座丰碑。

为了全面了解和掌握李放的事迹，《工人日报》工作人员曾带着工会专题调查组到铸造厂考察了半个月。所到之处，在与职工交谈中，常常是含着眼泪听，而李放工友则流着眼泪讲。

15 天时间里，他们一共召开了 7 个座谈会，走访了 100 多名同志，材料收集了几十本，可是职工们好像还有诉说不完的话语，表达不尽的情思。也许有人不大相信，甚至随便从车间请来一位工人，都能有头有尾地讲出几个李放助人为乐的生动事例。

在总结李放这个典型时，可以发现，他同许多英雄人物惊人地相似。

在艰苦工作面前，他像王铁人，16 年的工作生涯中，他一直工作在铸造造型线最繁重的岗位上，哪里最困难，哪里最危险，他就出现在哪里；在助人为乐、为同志分忧解愁上，他像雷锋，时刻把群众的疾苦放在心上，为大家办了数不尽的好事；在战胜病魔方面，他又像焦裕禄。据医生讲，肝癌晚期异常疼痛，但李放为了不使亲人和同志焦虑和痛苦，他默默地忍受病痛的折磨，直到病逝前 5 天才住院治疗。

党组织的教育培养和英雄事迹的陶冶，帮助李放树立了崇高的革命理想，工会工作这片沃土又为李放提供了施展才华、大显身手的舞台。从他当选车间兼职工会委员那天起，李放就把自己同工会工作紧紧连在一起了。

15 年来，他一直热心工会工作，勤勤恳恳地为职工奔波操劳，体贴入微，兢兢业业地为职工说话办事，奉献了自己全部的光和热，成了职工群众的贴心人。

人们在整理他的遗物时，发现几本浸满油污的笔记本，上面密密麻麻地记满了全车间 300 多名职工的自然状况、家庭住址及生活情况。就是凭着这些线索，他的脚步踏遍了每个同志的家。面对这些小本本，车间领导、职工落泪了，调查组的同志落泪了，采访的记者们落泪了。

有人给兼职工会工作概括了一个公式，就是：本职工作 + 义务服务 + 时而出现的费力不讨好。可李放从入厂第二年起，就担任车间兼职工会委员，直到他去世为止。现在问李放为什么这样热爱工会事业，他已经不能回答了，但是有一件事大家都记忆犹新。

前些年车间工会改选，李放以百分之百票数当选，这中间，他投了自己一票。

当然，擅长打个人小算盘的人肯定会想，李放当了这个"官"，往往是好事不沾边，吃苦受累离不开，他图个啥？可是职工群众心里明白，正是由于李放这样一些同志的无私奉献，才把党的温暖、社会主义制度的优越送到大家的心坎上，架起党与群众血肉联系的金桥。李放捡这个"亏"吃，值得。

李放有一句不出名的名言："干工会这一行，不舍得个人这一头不行，人活着多为他人做些好事，才是人生的最大乐趣。"

李放用自己平凡的一生，实践、体验这句充满哲理的话语，使理想在无私奉献中得到升华，从而创造了自己不平凡的一生。

田其铸

近半个世纪情缘

完成13项底盘设计任务，有6项投入生产，设计的试验台为解放牌汽车底盘总成试验奠定了基础，1983年获得吉林省劳动模范称号

在中国一汽的发展史上，解放 CA141 是绕不开的一款重要产品。

　　它在继承和发展我国汽车工业第一代产品 CA10B 的基础上设计制造，其性能指标、制造工艺、使用寿命较第一代产品有较大提高，是我国第二代载货汽车产品的代表。它的总设计师就是田其铸——原一汽汽车研究所副总工程师。

　　1953 年，田其铸毕业于山东工学院汽车专业，与全班 35 位同学一起被分配到一汽，先从设计处干起，不久后被调到总成实验室任传动组专业组组长。

　　1958 年，总成实验室和底盘设计科合并，田其铸加入设计团队，参与东风和红旗轿车的设计。这期间，他与刘经传、冯锦炜组成三人团队，负责研发红旗轿车的液力自动变速器，并如期完成任务。

　　1980 年，田其铸被任命为解放 CA141 换型总设计师。CA141 换型改造长达 6 年，其中定型 3 年，生产准备 3 年，这个过程被比喻为一汽的第二次创业。

　　田其铸曾上书一汽领导班子《关于 CA141 设计方案的十大建议》，并被采纳。

　　1987 年，CA141 正式生产，从此结束了解放产品"30 年一贯制"的被动局面。

1984 年，他调任汽研所副总工程师。1995 年，他 65 周岁，办完退休手续，又继续工作了 5 年，负责编辑汽研所的汽车设计手册。手册共 3 本，约 200 万字。所以，他 70 岁才正式休息。

现在回想起来，他从 1953 年 23 岁进入一汽，到 2000 年 70 岁离开，在一汽干了 47 年。

他唯一遗憾的是没有再干 3 年，如果能再干 3 年，那就是 50 年，半个世纪。

田其铸曾在 1982 年至 1985 年间 5 次被一汽授予厂劳动模范称号，1983 年、1985 年被长春市政府授予市劳动模范称号，1983 年、1986 年被吉林省政府授予劳动模范称号。

对质量精益求精

1953 年夏天，田其铸大学毕业时，正好一汽建厂需要全国支援，全班 35 人全被分到一汽。一汽于 1953 年 7 月 15 日建厂，因辽宁发大水，铁路不通，他和同学们 8 月才到长春。田其铸被分配到技术处下面的设计科，当时还没有设计处。

长春西南那时还是一片荒地，一汽正在平地上盖房子。田其铸住在火车站旁边的招待所里，每天到绿园上班，上班的第一个月是突击学习俄文。不久，他们兵分两路，一部分人被陆续派到苏联实习，一部分人在国内实习。1953 年 11 月，田其铸先后被派往上海柴油机厂和华东汽车装修厂实习。

1954 年 6 月，他回到一汽。这年年初，设计科从技术处分离出来，成立设计试制处，简称设计处。他在设计处待的时间不长，没多久就被调到新成立的总成实验室，主要做底盘和零部件实验。

总成实验室下设 3 个小组，田其铸是传动组专业组组长，主要负责离合器、变速箱、传动轴等传动部分的实验。

后来一汽开始搞轿车，先是东风，后是红旗，同时还要搞卡车，底盘设计科的人手不够用，就把总成实验室并了过去。于是，田其铸这些搞实验的也加入设计队伍中，参与了东风和红旗的设计。

田其铸和底盘设计科科长刘经传，还有组员冯锦炜三人负责研发液力自动变速器。东风匹配的是机械变速器，参考了德国奔驰 190，相对简单。红旗也有样车，是一汽从吉林工业大学借来的 1955 年产的克莱斯勒。

为造红旗，厂里组织了包括活塞环、挺杆、凸轮轴摩擦副、活塞、减震器、雨刷机构、门锁机构、风窗玻璃升降机构等部件在内的 28 个"三结合"突击队攻关。

对于红旗的液力传动部分，一汽做两手准备，一是搞液力自动变速器，二是搞机械变速器，两部分齐头并进，以防万一。机械变速器也是自己出图纸，但参考了苏联吉斯 110 变速器。

第一辆红旗车上安装的离心式调速器当时来不及做，安装的是样车上现成的调速器。但第二辆红旗匹配的调速器就是田其铸和同事自己做的。

他们知道液力自动变速器，但却没看过实物，不知道它究竟长什么样，而且时间很紧，一个月就要把变速器做出来装车。田其铸和同事只能先分解样车，然后做实验，看其总成性能怎样。

做完实验后，再把变速器拆开，进行测绘、画图。有些图能画，有些图却画不出来。如液力变扭器，它是冲压件，旋转成曲线，田其铸不知道怎么画，就到车间里找工人师傅，让他们照着实物手工做出液力变扭器。

机修车间里，一些从上海来的老师傅手艺相当好，尤其要提两个人，一个是钱云洲，八级钳工；一个是李治国，也是八级钳工，搞液压加工的。

为抢时间，大家不分昼夜地在车间里干活，困了就在长条凳子上睡一觉，醒来接着干。这期间还有个小故事。当时通信设备还不发达，田其铸在车间里住了近两个礼拜，没回家。田其铸妻子不知道啥情况，觉得人怎会无缘无故失踪呢？到厂里一打听，才知道是在做红旗。这样的故事还有很多。

1958 年 8 月 1 日，一汽召开红旗庆功会，在共青团花园南中间通道处搭建土台子，布置会场。红旗车被开到了土台子上，正好苏联李哈乔夫汽车厂有个青年代表团来访问，田其铸和同事围着红旗撒花瓣，大家都很兴奋。

田其铸在底盘设计科一直干到 1980 年，直到上面让田其铸做解放 CA141 换型总设计师。一汽卡车的换型工作由来已久。1956 年，一汽引进生产第一代解放牌卡车后，设计处就在苏联专家指导下开始搞新车，当时搞新车主要是为练兵。毕竟解放牌刚投产，不可能换新车。老解放叫 CA10，田其铸和同事自己搞的叫 CA11。CA11 有 11A 和 11B 两个方案，最后选了 11A。其中传动部分几乎是全新技术，尽管现在看起来水平还很低。

CA11 分散到各个专业科里分头做，如底盘科负责传动、悬挂、制动和转向部分。1957 年试制 CA11，做了 3 辆样车。与此同时，一汽还搞了代替解放牌的 CA150 卡车，主要由从美国福特汽车回国的工程师励承豪负责，他搞了能翻转的平头驾驶室。CA150 样车做出来后，因为试制的技术力量不够，便没投产。

接着，一汽开始搞 CA140。"文革"前，CA140 已经进行了 4 轮实验，已准备生产，一汽花 180 万元购进自动设备，建发动机缸盖生产线，却因"文革"而被迫停止。

停掉 CA140 还有一个原因是当时国家并不要求一汽换型,因为二汽还没投产,国家最需要的是汽车,而不是新车,一汽只要多产车就行。结果,一汽把 CA140 拿去支援二汽,后者在原车基础上做了些改进,改为东风140。

1959 年,一汽开始引进苏联吉尔 157,内部代号 CA30。"CA"意为"中国一汽";"3"代表三桥驱动;"0"代表第一代车型。CA30 是 6×6 的 2.5 吨越野车,主要供部队使用。

为与苏联吉尔 157 区别开来,田其铸和同事把苏联图纸拿来进行国产化改造,采用大揭盖式车头。由于这时还没有越野车的专门生产阵地,便用解放牌卡车生产线组织生产,手工制作了大量车头钣金零件,当年生产了 221 辆。

CA30 生产出来后,田其铸和同事很快就发现了一些缺陷:翼子板过高,视野不好;一些零件刚性不足;发动机罩张开角度过小,打开时要敞开到驾驶室上面等。于是,一汽专门立项改进越野车车头,改进后与CA10 结构基本相似,两者通用程度达 75.3%。

接着,一汽和解放军炮兵及总后运输部联合对 CA30 又进行了试验,结果又暴露出另外一些缺陷。因此,在改进车头的同时,越野车又进行了包括重新设计驱动桥、采用中央充气系统、采用冬季启动预热装置在内的 6 项改进。田其铸负责分动器齿轮的改进,改进后的越野车型号为CA30A。

后来,一汽专门成立越野车分厂。1963 年,由底盘车间负责筹建车间主体工程,1964 年建成投产。CA141 进行换型改造后,国家才正式通知一汽停产越野车。这时二汽已投产,主要生产 2.5 吨越野车和 3.5 吨越野车,代号分别为 25Y、35Y。此外,二汽还生产 5 吨载重车东风 140,

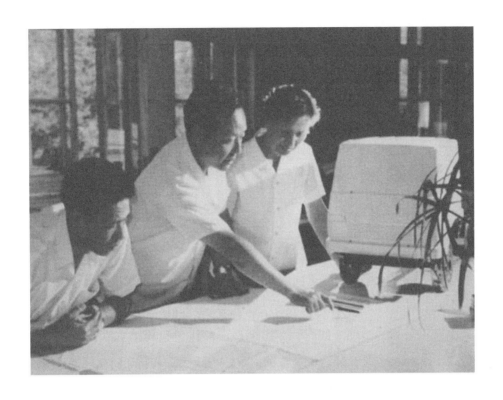

但因为部队需求有限，主要靠东风140赚钱。

1965年，一汽搞"357"系列产品，即载重3吨、5吨、7吨卡车，后来7吨卡车改为9吨卡车，改称"359"。这时，一机部汽车局改名为中国汽车工业公司（以下简称"中汽公司"）。经中汽公司批准，一汽改名为长春汽车分公司，把东北地区原属地方领导的13家企业收归分公司管辖，进行技术改造。沈阳汽车制造厂也被纳入长春汽车分公司旗下。

同年，田其铸被派往沈阳，带领一个五六个人的设计小分队制造3吨车。长春汽车分公司负责5吨车和9吨车。田其铸连样车都做出来了，又因"文革"冲击而停止。

"文革"期间，一汽产品市场仍供不应求，甚至废品、次品都有人抢，但质量问题频繁出现，如本应报废的发动机，大家都知道质量差，装上后会漏油，要么拉缸，或者烧轴瓦，但没人管。出问题后，就送到设计处修。那时每个月有好几天他们都要去修发动机。

发动机主油道也经常出现问题，工人在加工时不是没拧紧螺栓，就是干脆没装螺栓，直接送到下一工序装上离合器变速箱，结果一实验就漏油。

这个问题查来查去查到设计处，让田其铸负责修。他把变速箱、离合器、飞轮等全拆下来一看，原来是没有拧螺栓。弄个胶一粘，拧紧螺栓就好了。

1971 年，一汽年产量达到 6 万辆，但在产品质量、设备维修、管理基础等工作方面暴露出严重问题。

1972 年 3 月，一汽专门召开党委扩大会议，共清理出 4318 项质量问题，其中重点项目 132 项。同时，拿出提高产品质量和加强质量管理的初步方案，一汽 3 名党委常委负责整顿工作。为此，田其铸和同事成立了 132 个"三结合"攻关队，分批、分期攻克质量难关，这才把质量搞了上去。

换型改造功臣

1980 年 5 月，一汽召开第六次党代会，提出从 1980 年至 1985 年实现"老车换型，产品创名牌，品种上 10 个，年产过 8 万辆，企业管理现代化，实现利润 16.2 亿元"的奋斗目标，重新拉开换型改造的序幕。

换型很困难，因为一汽利润全部上交国家，自己没钱。为换型，国家批了 4 亿多元资金。除了银行贷款，田其铸和同事还要自筹资金。这时一汽厂长已经换成了李刚。李刚是一位德高望重的老领导，田其铸很尊重他。田其铸能任 CA141 总设计师，也是李刚点的名。就这样，田其铸就离开底盘科去主抓换型改造工作。

1980年7月，一汽下达了解放牌载货汽车换代产品CA141型5吨车的研制任务书。任务书中提出的原则是在老产品的基础上进一步挖潜改进；总成和零部件在满足性能要求的前提下尽量不改或少改；充分考虑换型过渡的可能性和现生产工艺的继承性；充分利用现有设备和工装；各项性能赶上和超过二汽EQ140车。

其实田其铸去北京前就已看过任务书的雏形。去找李刚同志的那天晚上，也跟他聊过换型车。根据设计任务书来看，田其铸认为换型车没有竞争力，因为起点太低。

从（1980年）8月开始，田其铸从每个专业科室抽调了几位同事，重新组成设计小团队，按照设计任务书进行方案设计。但内心里，田其铸越来越觉得这样做有问题，原任务书过于迁就对老产品的继承，要求新车轮距、轴距以及车架长度与CA10B相同，这势必会给新车总体布置和性能带来先天性缺陷。这样换型的卡车，没有市场前景。

考虑再三后，田其铸就写了一份《关于CA141设计方案的十大建议》，当时号称"十大建议"。1980年年底，由汽研所所长刘经传主持，召开汽研所技术委员会会议，专门听取他的汇报。

田其铸一方面汇报原方案设计情况，一方面提出新建议，重点在后者。

田其铸的建议主要包括十个方面：一是选装柴油机问题；二是采用膜片弹簧式单片离合器问题；三是采用同步变速箱问题；四是选装单级后桥问题；五是循环球转向机问题；六是采用等宽车架，改变轮距和轴距问题；七是采用新前轴问题；八是采用铸钢刹车蹄片轴支架问题；九是采用选装件问题；十是严控汽车自重问题。

参加汽研所技术委员会会议的很多都是老工程师，他们基本同意田其铸的建议，但认为有些细节还需再研究。如车架模具制作周期较长，田其铸和同事自己做不了毛坯，只能送到富拉尔基重型厂去做，这样时间是否来得及？

另外，设计任务书由规划处起草，以总厂名义下发，而汽研所权力有限，无权改动设计任务书。事后，汽研所向总厂汇报情况，1981年1月，李刚厂长主持召开了两次高端会议，主要是厂技术委员会成员和各处室负责人参加，每次有几十人。经过讨论，总厂确定以"十大建议"为基础，重新修订CA141设计任务书。

1981年5月，CA141试制图纸已全部设计出来，10月初试制出第一辆样车，年底前试制出6辆样车。样车出来后，田其铸和同事立即开始全面试验工作，包括420小时的道路模拟强化试验、台架扭转疲劳试验和1万公里强化道路试验等。国家有试验标准的，田其铸和同事就按照国家标准执行，国家还没有统一规范的，就按照自己的规范做。

按照规划，CA141换型改造要3年定型，3年准备生产，6年投产。在1983年定型前，CA141共做过3次鉴定，前两次是在一汽做的，最后一次是在国家相关部门做的。

田其铸记得很清楚，1981年的最后一天，做完上述试验后，一汽召开第一次工厂鉴定会，会议表示CA141设计图纸可以作为一汽工厂换型改造扩初（扩大初步）设计的基础。

会议决定对于试验过程中发现的问题马上改进，做第二轮图纸设计；对于没有出现问题的部件，在发出第二轮试制图纸的同时，先发提前投入生产准备的带"S"字头的采用通知书，以便争取时间。

第二轮设计工作于1982年4月初结束。这次设计解决了车头、车架横梁、车厢纵梁、汽缸体开裂和机油泵传动齿轮早期磨损等问题。设计结束后，又发出试制图纸。

1982年上半年，CA141完成整车性能试验、2万公里可靠性试验、车架刚性及应力测定、钢板弹簧性能及疲劳寿命试验等 28 项主要试验。

6 月 29 日至 30 日，一汽进行第二次工厂鉴定，会议决定将总成和零部件投入制造。

这期间有个小细节，在第二轮设计过程中，上级部门为节约能源，发文要求 6102 发动机由烧 75# 汽油改烧 80# 汽油。因此，发动机压缩比由 7 : 1 调改为 7.4 : 1，最低油耗由 319 克 / 千瓦·时改为 306 克 / 千瓦·时，整车百公里油耗由 28 升改为 26.5 升。但当时谁也没想到，这却引出了一些风波。

1982 年下半年，一汽试制出 7 辆按照第二轮设计方案生产的 CA141 样车，发动机仍沿用第一轮的发动机。为检验设计改进的效果，对这些样车重新进行整车性能试验、台架扭转疲劳试验、道路模拟强化试验、5 万公里可靠性试验和部分零部件的台架性能和可靠性试验等 11 项检测。到 1983 年 8 月，除了使用试验刚开始进行，其他鉴定准备工作已按计划完成。

1983 年 9 月 23 日，国家授权中汽公司主持召开国家级鉴定定型技术审查会。会议由中汽公司总工程师陈祖涛主持，这时李刚已调任中汽公司总经理。会上，CA141 通过国家鉴定。同年 10 月 8 日，CA141 由中汽公司正式批准定型。

从 1980 年 10 月到 1983 年，田其铸和同事前后用 3 年时间完成 CA141 产品定型，这期间经历了两轮设计和一次较大的修改设计，并完成一批变型车设计，共出图纸（包括 CA6102 发动机）2925 张、明细表 1012 张、技术条件 56 份。为鉴定定型技术审查会提供鉴定文件 17 份，提供设计计算说明和试验报告 39 份。

接下来就是做 CA141 的生产准备工作。

首先，田其铸和同事发出全套正式生产准备用的采用通知书和技术文件，包括图纸、明细表、技术条件和装配调整说明书。发出前他们对文件进行整理，采用零部件与车型脱钩的新的编号规则。为避免混乱，还编印了新老图号对照表。

其次，编印 CA141 汽车使用说明书和零件目录。

最后，继续试制一批 CA141 样车，先后发到内蒙古乌兰浩特、湖北襄樊（2010 年更名为襄阳）、新疆乌鲁木齐、云南保山、海南海口和甘肃兰州等地的运输公司做使用试验。通过试验，大家反映较多的问题是电器和非金属产品质量较低。为此，他们于 1985 年和 1986 年分别在湖北和云南召开有各试验点和协作厂参加的电器、非金属产品质量工作会议，研究改进措施。

CA141 还首次做了评价试验。李刚同志曾去日本考察，他提出委托日野汽车为 CA141 做评价试验，当时田其铸和同事绝大部分人都不知道国外如何做新车试验，以及试验项目有哪些。

1984 年 8 月，一汽派出由 8 人组成的技术合作考察团去日本考察。团长是谢云，时任解放汽车联营公司总经理；副团长是李治国，田其铸也在其中。在日本，田其铸和同事考察了日野汽车、丰田汽车、日产汽车等好几家汽车厂，也去看过零部件厂。

一汽从 1984 年开始跟日野汽车谈合作，1985 年 2 月双方签约。合作项目包括两部分：一是为 CA141 做评价实验；二是引进日野汽车带同步器的变速箱。

发往日野汽车做评价试验的两辆 CA141 在这之前共做了 400 多项试验，评价实验历时近 4 个月。试验过程中，日野汽车还在一些项目上用自己的汽车跟 CA141 作对比——他们的车是柴油机，CA141 的是汽油机；CA141 的车噪声比他们小；他们的是平头车，CA141 的是长头车；CA141 的外表更好看。此外，像制动等个别项目我们的试验结果也不错。

日野汽车方面也很喜欢 CA141。他们提建议说："我们双方合作，用一汽的车装我们的柴油机，向菲律宾等第三国出口。"一汽还真匹配了两辆样车，用日野汽车在当地的销售网络向菲律宾出口，效果也不错。当时我国每年都要进口很多汽车，其中日本车最多。

过去就是纯粹进口汽车，后来国家出台技贸结合新政策。所谓技贸结合，即技术和贸易结合。因此，一汽跟日野汽车谈判时，他们对试验项目要价 2 亿日元，经讨价还价后降到 1 亿日元，相当于 50 辆解放牌汽车的产值。再加上引进带同步器的变速箱，两个项目谈到 3.4 亿日元，要冲掉这笔钱，就要购买 5 万辆日野汽车。这个项目后来没谈成，只在前期引进了变速箱。

"七五"期间，一汽投资 1.4 亿元建变速箱厂，其管理和设备布置都采用日本模式，日野汽车还派专家来一汽进行生产调整。建成投产后，首批 10 台变速箱送到日野汽车做试验。试验合格后，双方执行合同结束。

1987 年 1 月，CA141 正式生产，从此结束了解放产品"30 年一贯制"的被动局面。

CA141 由于外形不错，动力也好，国内订单供不应求，1987 年生产了 6 万多辆。当年在包括国内外汽车厂家投标的 3 个国际招标项目中，CA141 是中标的唯一中型车。1988 年，它还出口朝鲜、美国、玻利维亚和泰国等，同年在有 28 个国家参加的第 21 届开罗国际汽车博览会上也备受好评。

万中

设备修造"万事通"

创造"渐进研磨法",解决机器加工达不到要求的关键工艺问题,在试制红旗轿车、换型转产等重要工作中作出贡献,1983年获得长春市劳动模范称号

"信仰是人生的旗帜，没有它，人就没有方向和力量。"这是万中在青年时代就认定的真理。几十年里，万中始终相信并实践着这句话。

　　1932年，万中出生在云南省景谷县的一个大户人家，到父辈这一代，家道中落。他少年丧母，只身一人到昆明读书。不久，父亲也去世了。

　　20世纪40年代末，万中在人生之路上第一次经受心灵的震撼。此时正值解放前夜，昆明工潮涌动，学潮迭起，一队队热血青年走向街头，争自由、求解放。伴随着人民解放军南下的隆隆炮声，昆明迎来解放，他第一次看见了共产党。

　　万中凭感觉知道，这是一群完全不同的新人，中国的希望在他们身上。1950年，万中考上云南大学，接触到了马列主义理论。从此，他的世界观产生了一个飞跃——追求共产主义理想。信仰开始在他的头脑中生根。

　　1953年，万中大学毕业，怀着建设祖国第一个汽车工业基地的憧憬和新中国青年的一腔热血，告别家乡父老，从西南春城来到东北"春城"。

　　这时，他已经是一名共青团员了。进厂不久，又被选为团支委。从此，不论是在青年突击队的行列中，还是在技术革新的图板旁，人们都可以看到他那不知疲倦的身影。

　　他把对党、对国家和对社会主义的爱，深深地熔铸在工作之中。他以出色的成绩赢得了同事的信任与赞赏，多次被评为优秀团干部和先进工作者。

但他并不满足，他还有一个更高的追求——他要入党。

即便在"文革"时期，万中因出身问题遭遇各种不公待遇，他也无怨无悔，只有对党和国家的忧心。

1984 年，万中参军的大儿子在部队入了党，万中喜惊交加。喜的是儿子进步了，惊的是自己竟落在后面。他连夜给孩子写信，信中说："入党，也是爸爸长期以来的迫切愿望，现在，你先于我跨入党组织的大门，我应该向你好好学习。"

1986 年，历经 30 余年坎坷，万中终于加入中国共产党。

从"万工"到"老万"

万中学的是机械制造专业，干的是工艺设计工作，可他习惯了迈开双脚到工人中去，不但经常在下面转，还进行实操。在工人们看来，他不像一个知识分子，一点架子也没有。不大熟悉的人称他一声"万工"，接触几次便称他"老万"。

有一次，六车间干一批配油盘，孔做小了，工人找工艺员研究补救办法。工艺员琢磨了半天，说："卡在虎钳子上，用铰刀一个个地铰。"一个配油盘 10 余个孔，个个拇指头粗细，20 余个配油盘铰到何时？那位工人听了直咋舌，一边干一边嘟囔。

这时万中路过，那位工人正累得满头大汗随口冒了一句："老万，你们怎么做的工艺？"万中一看，二话没说："来吧，你先歇会儿，我干两个。"结果岂止两个，干上就不撒手，直到一气干完，午饭都耽误了吃。

在工人们的眼里，老万是"自己人"。他们不再过于看重他的大学文凭，不再疏远他那南腔北调的普通话。在一块干活，大家都说万中是"大钳工"，和自己一样。

一次，万中和工人们一道修理一台老式油泵，重量足有1吨，像个大沙发，修起来很不方便。万中给工人们出主意，把转子垫起来，再把芯子压进去，边指点，边下手干。

可是在撤垫块时，万中还没来得及抽出手来，泵体重重地落下来，锋利的切口像刀刃一样，把他左手无名指的末节齐刷刷地切下。工人们心疼得要命，急忙把他送到医院，他却不当回事，刚出院就"好了疮疤忘了疼"，照样和工人们滚在一起、干在一起。

万中用实践的营养滋养了自己，用自己的才智创造了功绩，成为机床大修的专家、公认的液压修理权威。全厂几万台设备，只要是液压方面的疑难故障，别人处理不了的问题，准去找万中。

一个深夜，万中又在梦中被人叫醒，原来发动机厂的"立拉"床子因液压系统出了毛病，已经"趴窝"好几天，如再不修好，装配线就要停装。在这个节骨眼上，也只得请万中出马。

查看完现场，万中初步判断是机床回路油压不够，但要当真拍板拆哪卸哪，还需要用数据说话。这时已经是后半夜了，偌大的厂房里只有他们几个人，测试仪器不全，取不出数据，下不了手，第二天一早机床就得投入使用，怎么办？

万中安慰大伙说："好办，我自备了一套检测工具，这就去取。"说完，一溜小跑出了厂门。从发动机厂到设备修造厂，来回至少有两公里路，夜深人静，路上只有万中一个人在气喘吁吁跑着，他的脚步声传得很远。

当万中满头大汗地把检测工具取回，在场的工人、干部心头一热：

这位年近六旬并患有心脏病的老人为了工作在拼命。他们谁都不说话，活儿干得比平时都快、都多、都好。结果证明，万中的判断准确无误。同行们钦佩他手到病除，工人们夸他的精神。

1988 年，厂里自行设计制造的第一台机器人在制造底板水平滑台时卡了壳，困难出在滑台平面和纵面的垂直度要求太高。

工艺是万中做的，钳工师傅研究完图纸，说刮不出来。万中理解工人的难处，这活不仅需要有高超的技艺、充沛的体力，还要有精确的计算和测量能力。对普通钳工来说，的确有些强人所难。

万中从钳工那里收回任务，没有再分出去，留给了自己。万中白天工作忙，就用晚上干。以前他没干过刮研，可不止一次看过，万中自信有这个本事。

他借了个"斤不落"，搭一个刮研台，从下午 5 点干到半夜 12 点。平时 4 个小伙子轮流干的活，他一个 56 岁的人干下去了。

他拿着二尺来长的小刮刀，刮了研，研了刮，一身大汗接一身大汗。腰酸了，靠着案台捶一捶；臂软了，站在过道上甩甩手；腿脚木了，顺着车间活动活动。

这么干为了什么？万中没想过这个问题，只是掐着指头计算，离交出日期还有几天。

老钳工被感动了，他看着大工程师干着本该自己和同伴们干的活，说什么也要陪着。关键的地方，他给万中示范，万中就照着他的样子做。测量精度时，他教万中把千分表倒过来，省去了许多重复找正的麻烦。就连"斤不落"，他也帮着拽上拽下。一双知识分子的手，一双工人师傅的手，两双手亲密无间地合在一起，创造出了奇迹。

到了第 8 天晚上，凌晨 2 点，等在家里的老伴还不见万中回来，心里打鼓，披上衣服，黑灯瞎火就往厂里跑。等她壮着胆子走进一片沉寂的车间时，万中恰巧从楼梯上下来。

还没等老伴开口，他就情不自禁地说："全干完了，我用仪表检查过了，完全合格。"看着丈夫那因疲惫和兴奋而略微变形的脸，老伴到口的埋怨话咽了回去。

第二天，设备修造厂轰动了，工人们互相传着话，说："老万这个液压专家变成了刮研大拿，刮出的平板，八级工也赶不上。"30 多年来，万中始终坚持同工人在一起，向他们学习，为他们服务，这使他的专业技术炉火纯青。

1985 年，设备修造厂从瑞士引进了一台蜗轮蜗杆精密磨床，万中以其缜密的计算，令人信服地证明该设备附件不全，他还参加了同外商的谈判，经过几轮交涉，外商不得不无偿提供了一台价值 3 万美元的同步制冷装置。

这更使他获得了全厂职工的拥戴。万中是设备修造厂出名的"业余调度"，他的话在哪个车间都管用，不论老师傅还是小徒工，都和他说实话。工人们说："穿上工作服，老万和我们没什么两样，我们信服这样的知识分子。"

"共产党最讲认真"

万中做工艺始终认认真真，一丝不苟，从根到梢把程序写得清清楚楚，甚至连机床打多少转，使什么刀，选什么角度，用什么量具，他全在工艺卡上标出来，即使新工人看了他的工艺也敢独立操作。

万中反对忙中偷闲，不受闲言碎语的干扰，坚持自己做工艺的方法不变，他用毛泽东同志的话来论证自己是对的。他常说："共产党最讲认真。"

万中做的工艺都留底。他当了 30 多年工艺员，工艺底稿攒了两大箱子。他说，干什么都得经得起历史的检验。

万中是设备修造厂职称评定委员会的评委。给申请人做技术鉴定的时候，别的评委只消半个小时就完成了，可万中从早晨 7 点 30 分紧紧张张地干到下午 6 点。他觉得，要对每一位被鉴定者负责，不能草率行事，行就是行，不行就是不行。有拿不准的问题他还要多找几个人商量。有人劝他："在这类问题上睁一只眼闭一只眼算了。"可万中正相反，越是这类问题，越是把两眼睁得大大的。

万中的认真从来不是做给别人看的。

1985 年夏天的一个深夜，万中被值班调度员从家里叫出来："万工，车身厂 1000 吨压床的黄油泵坏了，工人们已把它拆回厂，问题挺麻烦，你能不能去看看？"

万中说走就走。来到厂里，他打开黄油泵一看，里边居然有不少砂子和钢丸。他拍板说："修不了了，去备件库领新的吧。"这时已经凌晨 3 点多了，他让大伙休息，自己却琢磨起来，"砂子和钢丸是怎么进去的？"大伙说，是从天窗吹进去的。

万中想，若是这样，换一台新泵不是照样坏吗？他在车间办公室的长椅子上躺下来，脊梁上就像长了刺，怎么也躺不住了。趁大家睡着了，他又悄悄地爬起来，决定亲自到车身厂实地看一看。

此时天微亮，车身厂的大门还没有开，他找到门卫，说明了来意。门卫领他来到黑乎乎的大压床前。那家伙足有十来米高。因为天黑，天窗的情况看不清楚，他就顺着床子上的小梯子摸索着往上爬。

到顶部，万中抬起头看了看天窗，天窗紧紧地关着。他看见在油泵位置的旁边放着一桶机油，他灵机一动，用一根小铁丝搅了搅那机油，

数次搅拌都没有砂子，他心里便有数了：油泵里的杂物不是从天窗刮进去的，新油泵可以马上安装。回来后，大伙都觉得万工这个板拍得麻利、痛快。

"万中抠门"，不了解万中的人这么说。画图使用的铅笔只要还能抓上手，他决不会扔掉；他的计算器年头太长，裂了，用胶布粘了好几次了，还在用。

做工艺的人经常跑车间，可制度规定干部不发劳保手套。于是万中到各处去拣丢掉的油手套。一次，他捡了10多副油手套，下班后用碱水泡一泡，洗得干干净净，烘在走廊的暖气上，再用一阵。

1986年春节前的一个星期天，万中早早起了床，匆匆地扒拉了几口饭，就说要到厂里。老伴一把拉住他说："外面风大，今天就歇歇吧。"

万中一口拒绝。

几天前，万中在废品堆中看到不少液压泵上的塑料塔被扔出来，这在外人眼里是废物，可在他这个液压专家眼里是宝贝。他清楚，这些塑料塔不但不好加工，而且无处订货，将来维修液压泵时无处找。

他心里记挂了好几天，担心时间一长，塑料塔就变形报废了。万中平时忙，抽不出大把时间，周日正好空出时间处理。他顶着西北风，冒着零下二三十摄氏度的严寒，将塑料塔一件一件抠出来，又好坏分离，整整挑出 17 箱，5000 件塑料塔。

有人算了一笔账，仅这一个星期天，万中就捡回 6000 余元，节约 1000 个工时，可置换 125 个工作日。

眼之所见即本职

1986 年，工厂的换型改造进入攻坚阶段，工装制造任务极其繁重。负责这项工作的工具厂忙不过来，总厂领导心急如焚，没办法，只好把 99 套夹具的制造任务安排给了设备修造厂。

设备修造厂是承担机床设备维修和零部件加工的专业厂，缺乏加工精度高、难度大夹具的经验。一个多月过去，一半的任务还没有完成。为了保证总厂的换型进度，高质量地按时将夹具交付使用，厂里决定把 99 套夹具从各车间集中起来，组成突击队，再挑一个技术过硬、责任心强的人来统管这项工作。

万中也听说了这项棘手的任务，刚想请战，领导就点了他的将。他妥善地处理手头的工作后，立刻在车间挨个收起了任务。

这是一堆什么活？有的刚刚刨完还没等上磨床就淬了火；有的没装

配先就生了锈；有的缺胳膊少腿；有的头东脚西……

那时，正是一汽发展史上的一个特殊时期，大会战，大交叉，大合作，大发展，一切都有些乱。

万中不计较这些，从头开始，"头疼医头，脚疼医脚"，既开药方又主刀。工人们根据他开的药方，去对症下药。这样，他这个统帅就变成了"三头六臂"，99套夹具如99座堡垒，都有人分头在攻。两个月过去，他像料理亲儿子一样把那99套夹具一件一件都过手一遍。交检验收后，所有夹具一次合格。大家说，万中干分内分外的活都拼命。

有人说，人生是漫长的，可万中认为，人生是短暂的。为了抓住这"短暂"，为人民多做一些事，他简化了人情世故，不怕得罪人。

在做 GY-001 点焊机器人时，万中担任机械部分的主管工艺师。审图中，他发现责任栏里只有设计，没有审核，40 张图纸，差错占 70%。他拒绝接收，把图退给了设计单位。可没过几天，图纸原封不动又回来了。总厂碰头会答复说：特殊时期，特殊干法，图纸由设备修造厂审核，按原方案加工制造。

万中明白了，机器人在我国还是个新事物，哪个部门都缺乏必要的技术准备和经验。"既然领导定了，我来干。"他又揽下了这个"分外"的活。从那天起，他一头扎在数字的海洋里，白天在单位，夜里在家，眼不离纸，手不离笔，计算的数字有两大本子。万中知道，这个活涉及两个单位的关系，不但挨累，还得罪人。可为了工作，他认了。

他不仅给人家纠正数据上的错误，还纠正设计上的错误。机器人有一个立柱，万中通过计算认为它刚性不够，他提出应加固。可设计人员不同意。他用行动予以纠正。

立柱的粗加工刚完成，他就组织电工、钳工、天车工等，把它立了起来，固定住，压上分量，实打实凿地做抗扭矩试验。

他不善辞令，可懂得用事实说话。五天后，用千分表一量，超差 1.5 毫米，同计算的结果一样。设计人员闻讯跑来观看，心服口服地在万中的修改设计图上签了名。

万中的同事不止一次地说："如果人人都像万中这么不计较分内分外地干，我们一汽就没有做不成的事。"

"我们一汽"，这里的人都这么说，万中也这么说。这是一种人与人、人与工厂的感情。但是到了万中这里，感情继续升华，变为行动。

"永远是大海里的一滴水"

20 世纪八九十年代，万中得到了一些荣誉和奖励，但心里始终"不平衡"。他觉得党给予的太多，自己付出的太少。他用两个办法来寻求新的平衡：拼命地干工作和拼命地让荣誉。

对于厂里额外给的奖金，他从来不拿一分钱。从 1983 年开始，万中连续 5 年被评为厂劳模，几次得到的奖品，他都分给了科里的同事，几次得到的奖金都交给科里做公益金。就连到外厂讲课收到的讲课费也都交到科里。他说科里太穷，没"油水"，还得搞活动，夏日郊游，节日联欢，都得花钱。

1983 年，一汽工厂上调工资，指标有限，许多人担心自己调不上，而万中却向科党支部递交了一份"关于申请不涨工资的报告"。他在报告中写道："我的工资已经不低了，所以，我要求这次不涨工资，把我那一级涨给贡献大的同志。"

1987 年，换型工程结束，新解放投产，总厂决定给所有特等功臣奖励一级工资，可万中这位特等功臣怎么也不肯要。他说："活是大家干的，我有个立功荣誉证就行了。"最后，厂务会决定，给万中涨工资。万中对此深感不安，最后把这级工资交了党费。

有人揣测，这老头可能挺有钱。但是，凡去过万中家的人都会为这种浅薄脸红。那是一个典型的中国知识分子之家，整洁、俭朴，除了一个大书柜，再没有任何像样的家具。台灯已经用了30多年，样式显得太旧了；一台厂里统一买的彩电是唯一的现代化标志，阳台一直没有封闭。万中和他们一家坚持说："钱挺多，够花。"

万中一家五口三代同堂，原来挤在一间13.7平方米的小房间里，人均住房面积只有2.7平方米。1980年，厂里想给万中调换一间楼层好、房间大、室内还带有仓库的住房，但万中毅然决定将调房机会让给了那些住房困难的同事。

1988年，万中住上了两间房。虽然居住面积得到改善，但房间潮湿，厨房漏水，暖气不热。厂里为照顾劳模，决定给万中调到条件比较好的新房。可万中想：我搬进新房，条件是好了，但我是共产党员，应该吃苦在前，享受在后，这个好房子我不能调。

1988年评高级职称时，够条件的同事都递了申请，唯独万中没有递，他说自己还不够。在万中的心目中，"高级工程师"是崇高的代名词，容不得一点玷污。因此，他将自己的工作和那些比他更老的专家比，他专讲自己的不足，唯恐误了什么。

1990年又评高工，厂领导首先想到了万中，可万中还是不要。组织请出万中的老伴做工作，可万中却反过来做他老伴的工作。

一天，吃完晚饭，万中破例邀老伴去宽平大桥散步。老伴想趁机说说他，没想到刚走上几步，万中倒先谈起了这件事。老伴不由分说，一口咬定得报，万中坚持说不能报。万中被老伴磨叨急了，一甩袖，扔下老伴，自己气哼哼地回家了。

　　过了几天，万中又邀老伴去宽平大桥散步。老伴说："我可不去了，去了还得我自己回来。"万中带笑地说："这次咱不谈那个问题。"可走了没多一会儿，他又旧话重提，只不过态度比前一次好多了。

　　他说："组织上给了我多少荣誉，还在报纸上、广播里一再地宣传。其实，我就是做了一点共产党员应该做的事。对了，大家对我的宣传其中就有这一条，让高工。我如果转眼就要了高工，岂不是让人家说我虚假？破坏了我的个人形象倒是小事，主要是容易使人们对党产生误解。我这辈子不是不想要高工，我是想在退休前，加紧学习，多做工作，给厂里再干大项目，到我退休那天，够条件我就报。"老伴听出来了，这些都是老万的心里话。

　　在1990年"七一"大会上，万中被厂党委命名为模范共产党员。这是一汽建厂以来，命名的第一名模范共产党员。万中上台讲话说："我永远是大海里的一滴水，离开大海就会干枯，离开同志们就将一事无成。"

　　万中把全部精力都融进工作，他默默地工作，主动加担子，使自己工作处于超负荷状态。

　　1988年，总厂要试制第一台机器人。万中担任这个机器人的工艺制订工作。他将设计图纸进行反复核实，结果发现设计中有不少问题。他便主动去找设计部门进行研究，更改了设计，确保了制造质量，避免了经济损失。

　　试制这台机器人时，底座刮平度要求较高，加工很困难。身为工程师的万中，在下班后趁着工作台腾出来，又默默干起工人的活。手工刮研很累，还要反复合研，万中累得胳膊直不起来，仍然坚持连续干了8个晚上，60余个小时，终于使底座精度达到了工艺要求。

　　1985年5月，设修厂引进一台高精度螺纹机床，万中负责这台机床调试技术工作。为了如期完成这台机床调试任务，他除了负责技术工作外，还主动配合其他科室工作。

试件加工衔接工作本应由生产调度员来联系，可是他为了抢时间，主动来回扛着几十斤重的加工件往返于磨工、车工、检查等工位。尤其是试件由调试的床子加工完后，要立即送到计量处去检验。这项工作应由检查科用汽车拉去检验。

当时要不到汽车，万中二话没说，扛起几十斤重的丝杠到计量处去检查。这个厂离计量处来回几公里，扛着这么重的部件，年轻人都怕挺不住，何况年过50的万中。他扛着走上几步就气喘吁吁，汗流浃背，肩膀被磨得发紫，但没吭一声。

万中对自己要求很严。无论什么情况，即便和别人一起加班，也一概不吃加班饭，一律不要加班费，实在饿了，自己拿钱买几个馒头或面包就啃起来。

1989年，厂里一位老工人患重病，要进行肾移植手术，他率先捐了几十元钱。小组里有同事生病了，他总是拿些营养品去看望。有一次，一位同事住院手术需要护理，他看到别人晚上护理有困难，就夹着大衣来到医院，坚持留下来护理，还风趣地说：你们护理没经验，我几次护理病人有经验了。

万中不但对同事满腔热情，对国家困难更是尽力分忧。厂里号召救济灾区，他主动捐钱、捐衣服，一件不舍得穿的新棉袄也捐了出来。

他在工作中处处坚持节俭，尽量为国家节省开支。他对待同事关怀备至，对国家尽力分忧，表现出一名党员爱人民、爱祖国的赤子之心。

（据《汽车工人报》，1990年9月21日）

吕彦斌

绘制红旗，绘就历史

完成 CA7220E 型小红旗轿车整车立体结构透视图，曾绘制大型整车立体解剖图达 26 幅、各种类型的剖视图上百幅，开汽车行业绘制整车立体剖视图的先河，1998 年获得长春市劳动模范称号

一汽建厂50周年时，曾收到过一份特别的礼物，现珍藏在中国一汽红旗文化展馆里。那是一幅纯手工绘画的一汽轿车50年辉煌历程图，图中手绘了具有代表性的50款轿车产品的造型效果图。

　　这份礼物来自原第一汽车制造厂轿车分厂设计科首任科长、中国第一汽车集团公司研究员、高级工程师吕彦斌。

　　画这幅5米长卷时，吕彦斌已经83岁高龄，他不顾自己年迈瘦弱且又患病的身体，每天往返于工厂和家，看车、测量，回到家中再绘制到深夜。这幅图最奇特之处，便是不依靠电子设备，全手工制作。

　　很多看过他手绘作品的专家都称赞：他的眼睛就像照相机一样，准极了！

　　吕彦斌有丰富多彩的经历，也做了很多开创性的工作：他着手设计勘绘，把毛泽东主席手书题词的"第一汽车制造厂奠基纪念"几个字复制镌刻在汉白玉奠基石上；他为筹备"中国第一个五年计划"在法国的展出，绘制了第一张"652"厂彩色厂房和解放卡车结构图；他设计了"652"厂开工纪念章；他规范了一汽的厂标和厂徽；他凝毕生智慧，开了一汽乃至汽车行业绘制整车立体剖视图的先河……

　　任职期间，他先后参与设计、试制、生产了36种轿车产品，并在退休之后仍心系自主汽车事业，把自己13平方米的卧室当成了新的工作间，亲手绘制出 CA7220 红旗轿车、CA7220E 红旗轿车、CA770 三排座高级轿车等整车结构透视图 40 多幅，还有各类解剖图上百幅，一画就是 20 多年。

从 1985 年至 2014 年，吕彦斌先后绘制了 CA141 汽车整车立体解剖图、CA630 高级红旗旅游车、CA142 改装车、CA142K2 柴油车、CAl040 载货汽车、CAl046L 轻型车、奥迪轿车、CAll20PK2L2 长轴距平头柴油车等各个系统的立体结构解剖图共 15 幅。这 15 幅珍贵的图片，如今已成为一汽用户以及维修部门、培训部门等必不可少的对照图，并被一汽编在了《用户使用手册》上。

吕彦斌经常说："其实人生的路是很短的，应该把它有效地利用起来。能够为企业实打实地做一些事情，这是最重要的。"

一双巧手绘就历史

吕彦斌，出生于 1920 年，天津人。

1948 年，他从清华大学毕业，在学校他是一代建筑大师梁思成的弟子，然而，命运并没让他去搞高楼大厦，而是让他爱上了会跑的"建筑物"——汽车。

在清华，吕彦斌积累了深厚的理论根基，先学机械系，后来改为建筑系，同时又有极强的木工动手能力，这为他后来从事红旗车图纸绘制打下了基础。清华毕业后，吕彦斌曾被分到天津汽车制配厂，1951 年，曾在孟少农的授意下做出中国吉普车的车身设计。

1953 年，沸腾的建设热潮把吕彦斌从故乡天津召唤到东北的长春，加入了开拓新中国空白汽车制造业队伍，走进了第一汽车制造厂建设者

的行列。从此他便和汽车结下了终生缘。

从天津汽配厂分调到长春"652"厂后，吕彦斌一直从事技术工作。

1953年7月15日，在这个中国民族汽车工业开元的日子里，是他把自己亲手设计的一个解放牌汽车大型浮雕悬挂在会场的门脸上，并连夜将毛主席为第一汽车制造厂题写的"第一汽车制造厂奠基纪念"11个大字放大在汉白玉奠基石上。那激动的场面令他终生难以忘怀。

1954年，他在孟少农的指示下，在没有实物的情况下，凭借苏联的产品设计图为新中国画出了第一个解放牌汽车立体解剖图。几个月后，这张2米×1米的彩色立体解剖图连同一汽厂区模型一起摆放在巴黎国际展览中心，吸引了众多外国人驻足观赏，大家赞不绝口。当时解放牌汽车还没有生产出来，就能被如此精美、准确地画出来，令人难以置信。

1957年秋，当吕彦斌还在为一辆辆新解放驶下生产线而欣欣鼓舞的时候，他又接到了设计国产轿车的任务。那时他已被提升为一汽设计处车身设计科科长，已故的中国汽车工业之父饶斌任一汽厂长，孟少农任副厂长兼总工程师。

饶斌厂长当时提出，中国要赶超西方工业，不但要有自己的卡车，还要有自己的轿车。就这样，在一无样车、二无资料的情况下，吕彦斌风尘仆仆赶到北京，为了追求红旗轿车的民族化风格，他拍下了北京的故宫、北海、颐和园等几乎所有代表中华民族特点的文物照片，以期从中获取灵感。最后他博采众长，同大家一起仅用4天4夜的时间就绘制出第一辆轿车样车图。

尾灯用宫灯，前头是龙，两边是毛主席的题字，这种独创的红旗轿车，一试制出来，其浓郁的中国风格和东方审美格调就引起了巨大轰动。

同样是在1957年，一汽著名的产品商标诞生了，这又是出自吕彦斌之手。

一汽的产品在不断发展，而产品的商标代表一个企业的形象，代表着企业的特点。由"1""汽"两个字组成的、俗称"小蝴蝶"式的商标成为一汽产品的"第一符号"。

这个图形简单、构思奇巧、含义明确的小商标，它的设计者正是吕彦斌。这一精美的图案，别具匠心，一汽的职工一直佩戴它，一汽的产品佩戴它，中外友人把它作为纪念品仔细珍藏。而它的设计者吕彦斌为了这枚商标的诞生，日日夜夜花费了很大心思。

当时，吕彦斌凭着自己深厚的专业功底，设计出100余种草图，最后终于在其中选定了这个他最为满意的图案。接着为了这个平面小图的立体效果，他又绞尽脑汁，下了好一番功夫，一个全国公认的很有特点的商标就这样问世了。

1958年8月后，造红旗高级轿车的氛围越来越浓，此后吕彦斌参与了红旗高级轿车 CA72 型的设计、红旗三排座高级轿车的开发。

1964 年，参与了一汽绝大多数车型设计和开发研制工作的吕彦斌已经成为轿车设计行家，担任轿车设计科科长，参与了一汽绝大多数车型的开发研制工作。

从老解放牌汽车到东风牌小轿车，从红旗牌高级轿车到红旗牌高级旅游车，他为每一次的成功都留下了足迹，洒下了汗水，他所设计的车型继承和发扬了导师梁思成为弘扬祖国民族传统的愿望，最具有强烈民族特色和代表性的红旗牌高级轿车如今已独领国产轿车的风骚，名扬五大洲。

邓小平同志曾经称赞红旗轿车是"威风凛凛的雄狮"。

毛主席灵车的设计也是吕彦斌特别难忘的一次"工作"。

一代伟人毛泽东逝世后，1977 年，一汽突然接到为毛主席制造红旗灵车的紧急任务。

同年 4 月，吕彦斌来到北京红旗轿车服务站的修配间里，整整三天三夜，他画出了我国第一辆供伟人乘用的红旗灵车结构图、效果图以及总布置图。

红旗灵车对冷藏温度要求特别严格，当时我们国家还没有自动调温装置，为了保证灵车 ±1 摄氏度的温差要求，吕彦斌同大家一起研究，大胆地以点温器代替自定调温装置，解决了灵车空调的一大难题，这几乎就是中国轿车安装空调的首次创新。

时隔不久，这台举世瞩目的大红旗灵车，载着一代伟人毛泽东的遗体，在国家领导人的护送下，安全稳妥地开到了纪念堂，实现了一汽人"生前让老人家坐红旗车，走后也要让他坐红旗车"的愿望。

画图，是吕彦斌一生的爱好，而且他画图纸方面的创新和造诣达到了一个高峰，特别是他把画建筑物上的应用透视法，平移到画发动机的活塞环、传动齿轮、刹车系统、悬挂系统上来，看上去立体层次分明、栩栩如生，几乎就像真的汽车零部件摆放在那里一样。

今天看来，吕彦斌毕生绘制的立体剖视图几乎可以跟电脑绘图相媲美，纤毫毕现，尺寸精准，让人叹为观止。

终生热爱献给一汽

1985年，65岁的吕彦斌退休了，他的身体也累垮了，各种疾病缠身，可他仍旧时刻关心着一汽的发展。

吕彦斌退休后曾有数家外单位高薪聘请，但他都谢绝了。然而他生活并不富裕，虽然厂里每月只给他50元退休金，对于这些吕彦斌老人从没提出过什么要求，他说："人生的价值不在于拥有，而在于创造，只要作出自己的贡献，不悔此生，还在乎什么呢？"

多年来，中国一汽主要车型的整车立体结构剖视图全都出自吕彦斌之手，而且大多数是他退休后的杰作。有人说："他这一手绝活，不定赚了多少钱呢？"吕彦斌听后总是一笑，从不做任何解释。

彼时，一个大胆的设想在吕彦斌头脑中闪过，并准备实现他暮年这个美好设想——绘制汽车立体结构剖视图，清楚地向人们展示一汽不同车型的内部结构。

这项在一汽还是空白的伟业，就这样在吕彦斌简陋的卧室里开始了。

绘制这种立体图不仅需要绘制人有扎实的美术功底，更需要对汽车结构深入了解。除此之外最重要的还是绘制技巧，因为这种图要通过立体形象让人们了解整车的内部结构，各种功能的来龙去脉得让人一目了然。

从此，吕彦斌又找到了自己的价值，又开始穿梭于工厂和工作室之间。

为了准确无误地绘制出各种车型的立体结构图，吕彦斌克服年龄大、身体弱等许多困难，每绘制一种新车型前，他都事先查阅大量资料，为弄清各系统之间的关系，每次他都亲临现场，实地考察，实物写生，尤其是各种管路的连接，只有在现场按照装配工序一步步地记录。

78 岁的老人围着汽车转来转去，反复琢磨，反复测绘。由于长期绘制各种细小密集的图形，老人的眼睛受到很大损伤，老花镜从 250 度急剧增到 600 度，身体逐渐消瘦。

看着这位心驰神往、乐此不疲的老人，年轻的装配工人总是认真地告诉他零件装配顺序。既是工作室又是卧室的房间，只有 13 平方米的面积，除去摆放家具空间已所剩无几。

四五米长的图纸，打开来足足占了半个房间，于是他把图挂在墙上看，画图时把图板支在床上，就这样几百个总成在他手下有条不紊地各就各位了，一幅幅整车结构剖视立体图在艰苦的环境里相继诞生。

吕彦斌的整车结构剖视图具有 3 个独到之处。

其一，一个系统内的各总成有机地连在一起，顺着管路和线路看，就是外行人也可以找到零件的正确位置。

其二，每个总成都显现在画面上，相互遮挡的地方采用局部剖切或把前面的零件画成透明体的方法。

其三，最重要的发明是该图的各系统的着色，查看时只要按着同一颜色顺着线路查找问题很快就能查到，相当容易，他的整车立体结构剖视图得到了大批中外专家的好评。

比如，1990 年吕彦斌花费大量心血绘制的奥迪 100（C3）型轿车的整车立体结构剖视图，每幅只有 600 元报酬。这个数目不用与国外相比，就是在国内也只是正常价格的 1/10。

在德国，各汽车公司都以高薪聘请这方面的人才，因为当时的电子计算机辅助系统根本没有这个功能，只能手工绘制，而且每张图可以拿到 3 万马克的酬金。这足以证明这项工作的难度和技巧价值。

1996 年 5 月，一汽开展了轰轰烈烈的"红旗工程"，为了加入这个行列，吕彦斌整整用了 3 个月的时间，精心绘制出一汽轿车长卷一幅，共计收录 39 种轿车车型。图中还介绍了一汽设计、试制和生产的 69 种型号的轿车产品，按比例浓缩在一张长 3 米、宽 1 米的图纸上。历经 5 个月，吕彦斌的轿车长卷形象艺术地再现了国产轿车的英姿和风采，并赶在一汽出车 40 周年前夕完成了全部绘制工作，为出车 40 周年献上了一份厚礼。接到这幅图的原一汽总经理耿昭杰更是满心欢喜，爱不释手。

作为出车 40 周年的纪念，如今这幅长卷已成为一汽的"镇厂之宝"，为我国轿车发展提供了宝贵资料。

1997 年，吕彦斌凭着自己对红旗轿车的热爱，又绘制完成了 CA7221E 型小红旗整车立体结构解剖透视图（此图两幅，标注整车性能参数及各总成重要零件和名称结构 185 处），以及 CA7220E 型小红旗轿车整车立体结构透视图（此图两幅采用电控燃油喷射装置，标注各类名称和性能参数 192 处）。

德国专家来一汽视察，对吕彦斌绘制的立体解剖图给予很高的评价，他说在德国这样的图一幅价值 3 万马克，折合人民币 15 万元。十几年来，吕彦斌同志绘制了整车立体结构解剖图达 26 部（幅），各种类型的剖视图上百幅，总价值达 480 多万元。

身为一汽集团公司轿车设计师的吕彦斌，献身中国轿车事业 48 载，退休后凭着对红旗轿车的依依眷恋之情，默默地为轿车事业奉献着自己的余热。

2004 年，在一汽建厂 55 周年时，吕彦斌老人考虑作为老技术工作者，个人也要向厂庆献一份厚礼。

他开始了一幅长卷的构思绘制，前后用了数月时间。图纸中按顺序出现了以前1号门的厂貌、现在新建的庄严气派的总部大厦，更有集中一汽各个时期的车型"全家福"，有自主品牌的代表，如解放、红旗、夏利等，也有合资品牌的中坚，如奥迪、捷达、皇冠、普瑞斯等，产品共有39款，解放卡车排在中间，两边是轿车和客车，整齐排列在具有象征意义的一汽集团总部大厦前，琳琅满目，具有极高的欣赏和收藏价值。

图纸画好后，吕彦斌把它裱糊好，挂在墙上，每天都伫立欣赏，每天都见证着一汽的快速发展。

此外，吕彦斌还从汽车的设计原理、制造工艺、维护保养方面撰写了上万字的论文资料。

吕彦斌常常把自己比作一炷香，哪怕自己只剩下一点点香头和香灰了，可是他仍让自己继续燃烧。

他默默地画着，为祖国、为一汽描画着壮美的蓝图，为民族的汽车工业描画着希望的明天。

2014年12月25日，吕彦斌病逝，享年94岁。

（据《吕彦斌：老骥伏枥绘"红旗"》《绘制中国轿车壮美蓝图——访老设计师吕彦斌》编改）

一汽轿车 50 年历程

（1953—2003）

CA71 型东风轿车（1958.6）

红旗高级轿车（1958.8）

CA72 型红旗高级轿车（1959.9）

CA72-S1 改红旗三排座高级轿车（1960.3）

CA72-S2 改红旗三排座高级轿车（1960.9）

CA72 J1 红旗检阅车（1962.4）

CA770 红旗三排座高级轿车（1965.9）

CA72-S3 改红旗三排座高级轿车（1967.4）

CA771 红旗二排座轿车（1967.4）

CA773 红旗三排座轿车（1968.12）

CA770J 红旗检阅车（1971）

CA770JH 红旗救护车（1972.2）

CA774-2E 红旗三排座高级轿车（1974）

一号工程车（毛主席纪念堂运灵车）（1977）

CA774-5E 红旗三排座高级轿车（1980.8）

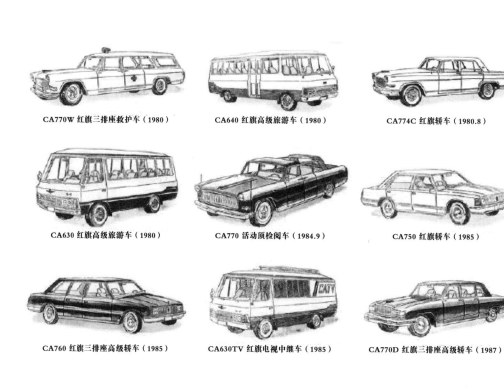

CA770W 红旗三排座救护车（1980）   CA640 红旗高级旅游车（1980）   CA774C 红旗轿车（1980.8）

CA630 红旗高级旅游车（1980）   CA770 活动顶检阅车（1984.9）   CA750 红旗轿车（1985）

CA760 红旗三排座高级轿车（1985）   CA630TV 红旗电视中继车（1985）   CA770D 红旗三排座高级轿车（1987）

奥迪100 轿车（1989）   奥迪 C4V6 轿车（1991）   CA1021U3 皮卡（1993）

CA1021U3-1 皮卡可拆式后货箱一型（1993）   CA1021U3-2 皮卡可拆式后货箱二型（1993）   CA7221L 小红旗加长 232（1993）

CA7221 小红旗（488 发动机）（1993）   CA7560LH 红旗三排座高级轿车（1994）   CA7221L 小红旗（1994）

CA7228L 小红旗（1994）

CA5020XBYA 箱式殡仪车（1995）

CA7220W 红旗旅行车（1995）

CA722L1 小红旗加长 232（1996）

CA7460 红旗旗舰标准型（1998）

CA7460L2 红旗旗舰（3）（1999）

CA7220A9EL2 敞篷小红旗世纪星（2000）

CA7220L2A2 折叠式活动篷（2000）

CA7460L1 红旗旗舰（2）（2001）

CA7242E6L 红旗"领航者"316 加长车（2002）

马自达 6 轿车（2003）

一汽大众捷达轿车（1992）

一汽大众捷达王轿车（1995）

一汽大众宝来轿车（2002）

一汽大众奥迪 A6 轿车（2002）

一汽大众高尔夫轿车（2003）

一汽大众奥迪 A4 轿车（2003）

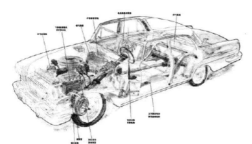

CA71 红旗轿车结构解剖图

CA770 红旗高级轿车结构解剖图

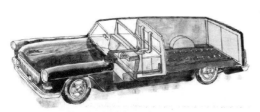

一号工程车（毛主席纪念堂运灵车）结构解剖图

CA-630 红旗旅游车

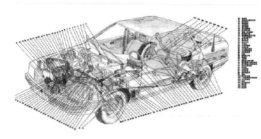

CA7220E 电控燃油喷射小红旗轿车（1）

CA7220E 电控燃油喷射小红旗轿车（2）

红旗CA7242E6L "领航者"结构图

吕彦斌 曹飞舟 合绘

发动机　传动　制动　悬挂　附件　冷风　转向　暖风、电气

第三篇

创新发展

（2012—2023）

2023 年 2 月 16 日，在国务院国资委党委举办 2022 年度"央企楷模"发布仪式上，一张年轻的面孔格外引人注目。

颁奖词评价他："一把铣刀，0.015 毫米内，刻尽千难万险，奉献中国精度；一个志向，4600 个日夜，力斩百余独创，强大国车心脏；刀锋所至，尽显担当，在毫厘间追求极致，于创新中不断突破；以青春之命，写匠心之歌；以点滴薪火，燃起民族汽车工业转型之炬……"

这名身穿工服的年轻人，是一汽研发总院试制所首席技能大师杨永修。他时年 36 岁，是获奖嘉宾中最年轻的，青春、朝气中带着持重，一如他代表的一汽，正从一家传统汽车制造企业，成长为创新发展、产业报国的现代企业，焕发出新的青春活力。

杨永修是新时代中国一汽劳模工匠的代表之一，是劳模精神、劳动精神、工匠精神的生动体现。

2012 年 11 月，党的十八大召开，提出实施创新驱动发展战略，把科技创新摆在国家发展全局的核心位置；坚持走中国特色自主创新道路，以全球视野谋划和推动创新，提高原始创新、集成创新和引进消化吸收再创新能力，更加注重协同创新。党的十八大创造性地提出了实现中华民族伟大复兴的历史号召，我们自此进入中国特色社会主义新时代。

几乎与此同步，全球汽车业也迎来时代巨变。2012 年，美国特斯拉公司推出 Model S，2013 年 5 月其市值突破 100 亿美元，推动全球汽车产业开展新一轮技术革命，汽车行业迎来百年未有之大变局。

由此可见，发展新能源汽车成为中国建成汽车强国的必由之路，成为国家战略性新举措。中国汽车产业加快转型升级和对外开放的步伐，到2023年形成了全面对外开放的发展格局和领先国际的产业基础，但依然还有较长的路要走。

面对国内国际发展形势，中国一汽在新时代开启勇立潮头、永争第一的新征程，涌现出了一批类似杨永修的劳动模范和先进典型。据初步统计，从2012年到2023年，一汽先后产生了齐嵩宇、高大伟、鹿新弟、魏京功、金涛、吴碧磊、谢卫兵等7名全国劳动模范，周世君、张立臣、高大伟、孙国武、韩文禹、刘刚、刘建新、吴殿维、黄维祥、崔亦瞩、冯斌、杨永修、王智、周时莹、牟少志和付胜等16人先后获得全国五一劳动奖章，另有41人次获得省部级劳模先进等荣誉称号。

这些劳模先进的主要特点是：其一，大多出生成长于20世纪70至80年代，接受过专业的汽车职业技术教育。其二，大多来自红旗制造中心、解放公司、研发总院、一汽－大众、一汽丰田等一汽旗下公司的技术尖兵和研发带头人。其三，与前一阶段的劳模工匠相比，他们的起点更高，与世界顶尖水平的距离在缩小，有着强烈的技术自信，聚焦中国一汽的重大战略、重大工程、重大项目和重点产业，志在创新发展、产业报国。他们展现出新时代一汽人的智慧和审时度势的能力，成为一汽攻克各种技术难关、推动数智化转型的中流砥柱，助力这家有着70年历史的传统车企灵活转身，快速切入智能化、电气化新赛道。

他们身上体现出来的劳模精神、劳动精神、工匠精神，激励和鼓舞着中国一汽人在新时代不懈奋斗，坚持以创新驱动发展为主线，推出一大批深受用户喜爱的明星产品，突破一大批关键核心技术，在非常时刻用非常精神、非常努力彰显了全体职工的非常担当，贡献了非凡业绩，推动一汽在迈向世界一流车企中开创新的辉煌。

这 10 年间，一汽营收从 2013 年的 4247 亿元，增长到 2022 年的 6300 亿元，在《财富》世界 500 强排名从 2013 年的第 141 位，上升到 2022 年的第 79 位。其间，旗下红旗品牌成功跻身国内第一批高端品牌，品牌价值达 1036 亿元，位居国内乘用车行业第一；解放品牌加速从传统卡车制造商向"智慧交通运输方案解决商"转变，形成中重型汽车行业绝对第一、轻型汽车增速第一、海外市场快速增长的格局；奔腾发展为中国潮流主流乘用车独立品牌。

以创新为主线，做高端制造产业工人

2018 年 10 月 27 日，解放 J7 高端重卡全球上市，这是一汽解放历时 7 年打造的对标全球最先进水平的自主高端重卡。它的使命是，不仅在中国实现"进口替代"，还代表中国走进欧洲市场，与欧洲卡车巨头一拼高低。J7 的研发带头人，是一汽解放总经理、党委副书记吴碧磊。

2019 年，红旗推出首款量产 SUV HS5，这标志着中国一汽于 2018 年 1 月推出的红旗复兴计划迈出了第一步。红旗这款主力车型能量产，得益于杨永修多次带领团队，铲除量产中的一个又一个技术障碍……

J7 上市、红旗复兴等标志性事件，见证了新时代一汽在自主创新、高质量发展道路上的成果。这些成果离不开吴碧磊、冯斌、王智、金涛、付胜等劳模先进人物对技术的精益求精，他们以技术立身，技术即他们的信仰。

一汽 – 大众长春生产整车制造一部焊装一车间的金涛常言，"对技术要怀着敬畏之心"。带着敬畏心，他开发出了国际电气标准的中国版，开创性地实现新老设备电气标准的可兼容性，彻底解决了保持激光零间隙焊质量稳定性这一世界性难题，使中国车身焊缝质量世界领先。

还在读书时期，王智就深信"技术决定一个人能走多远"。他精益求精，不仅带团队创新出 V 型 12 缸发动机的加工方法，还解决了曲轴自主换型加工这个"卡脖子"难题。

牟少志把模具当作艺术品，执着于 0.01 毫米的精准，屡屡打破技术壁垒，在学徒时期就打破了世界性行业难题——翼子板料屑问题。

在对技术的敬畏和追求中，一汽劳模工匠成长为新时代产业工人中的翘楚，登上了各领域技术金字塔的塔尖。当前，国家正大力推动制造业向高质量发展，一汽也正处在向信息化、数字化、智能化转型过程中。付胜、牟少志、周惠弘、周时莹等榜样不仅响应了国家领导人"把关键技术掌握在自己手里"的指示，持续攻关"卡脖子"难题，还满足了一汽对综合型高素质产业人才的需求，在一汽向新能源汽车、数智化转型的过程中，对各项战略实施落地、提高企业竞争力等发挥了关键作用，作出了贡献。

客观而言，现实中越来越多的年轻人不愿意投身制造业，但一汽劳模工匠的榜样力量，让年轻人看到即使在车间这一方小空间里，只要掌握新技术，依然能打破技术工人的职场"天花板"，找到人生的价值。在这些榜样的激励和感召下，中国一汽有一大批年轻人积极拥抱制造业、走进车间，付出时间和精力去积累知识、技术和技能，成为推动中国一汽高质量发展的学习型、创新型、技能型人才。

心有所信，方能行远

2020 年，国家领导人在给复旦大学志愿者服务队全体队员的回信中，用"心有所信，方能行远"8个大字，为青年党员指明前行的方向。这正是新时代一汽劳模先进的真实写照。

造汽车是这些劳模先进一生的执念，他们投身于汽车事业，半生乃至一生都乐此不疲。这个信念，让这些榜样在十几年甚至几十年的职业生涯中，始终不忘初心，成就一番事业。"如果把工作当成一种谋生的手段，就会感到艰辛、枯燥、乏味，甚至看不起自己的工作。"一汽动力总成工厂制造技术部高级技师付胜说，"如果将工作当成自己的事业，我们就会迸发出无尽的热情与活力，自身的潜能也会得到最大限度的发挥。"

心有所信，便有力量，遇到越有挑战性的难题，就越不肯低头认输，反而越挫越勇。一汽解放公司卡车厂冲压车间模具钳工班的冯斌于1997年进入公司后，成为薄板车间的一名模具工，和"铁疙瘩"打了20多年交道，练就了过硬的手头功夫。近几年一汽解放销量屡创新高，他负责的薄板车间两条自动化冲压生产线维护工作面临着巨大压力，他天天在生产线上死磕，通过5项技术改进，总结出"刃口精密研磨法"，解决了修边工序飞屑问题，产品返修率从30%下降到2%，每年为车间节约产品返修费用超20万元。

心有所信，贯穿着拼搏奋斗的志向。付胜先后突破伺服压装机、珩磨机等多种进口高精尖设备的"黑箱"封锁，攻克多项"卡脖子"技术，在4GC三代机加线项目投产过程中，主动承担并完成导管阀座压装机、碗型塞压装机和加工中心测量系统等技术改造和技术升级26项，提出合理化建议23条，解决重大技术难题5项。

金涛几乎参与了除奥迪Q3以外一汽－大众奥迪所有车型的项目。他用一年多时间，按照中国工厂需求，对激光零间隙焊工艺进行改造，改变了德国技术专家对中国工人技术能力的看法。他还对奥迪A6L自主开展线体改造。他带领团队，以小投入的形式开展数字化工作。他说："颠覆性技术在不断产生，制造技术在不断发展，我们要不停地应对新的挑战，赶超技术发展，跟上方向……"

在这些新时代一汽榜样的身上，人们看到，因为心中有信念，他们有一股牛劲，有一种就算头破血流也不服输的工匠精神。

心有所信，就有了担当重任的勇气。在一汽集团一众男性高管中，周时莹算是"万绿丛中一点红"。当几家造车新势力向她抛出橄榄枝时，她非但没有接受，还力排众议，写了3篇长篇报告，像故事连载一样每月呈交单位，一一回应质疑，全心主导一汽这艘航母向自动驾驶转型，快速切入软件定义汽车的赛道中。

还有时任四川一汽丰田长春丰越公司制造部涂装科保全工段长周惠弘，当公司把新成立的保全体系交到他手中时，只带过30人团队的周惠弘没有退缩："公司把保全这么大的体系交给我，我一定要带好。"他用丰田TPS管理方法，带领这支300多人的保全队伍平稳过渡，为公司打造出了一支作风硬朗、勤奋钻研的团队。

30年间，吴碧磊从解放的研制和开发人，成为一名管理者。从搞技术研发到要全盘考虑一汽解放的产品、经营、市场、营销，他身上的担子更重了："每一次迎难而上，是在于不断否定自己。"

从"工"到"匠"，再到"模范"，既有技艺上的由粗到精的蜕变，更重要的是精神、信念上的升华，将外界的要求变成内在的信念。回顾这些榜样的事迹，会发现他们都有一种内在自发的使命感。这种使命感，一方面驱使他们把工作变成了热爱和责任，不断追求精益求精、直面困难、勇挑重担，在职业生涯之路上越走越远、越走越宽；另一方面也驱使他们弘扬劳模精神、劳动精神、工匠精神，带动更多人走技能成才、技能报国之路，培养更多的高技能人才和大国工匠，共同奋进新征程、建功新时代。

鹿新弟

让"中国芯"奔腾

自创快速排除柴油机故障的"六步维修法"，解决了柴油机热试过程中的 300 项痛点、难点问题，2015 年获得全国劳动模范称号

在超过 110 分贝的车间走一圈，鹿新弟仅凭声音就能判断柴油发动机哪里不对劲。

轰隆隆……车间里每天传来令别人头痛欲裂的发动机轰鸣噪声，在鹿新弟看来却如交响乐。"机器也有灵性，我能听懂它们发出的声音是否正常。"他微笑着说。

鹿新弟是来自一汽解放大连柴油机有限公司的发动机装调高级技师，是业内知名的"柴油发动机装调大王"，隶属一汽解放动力总成事业部。

在中国广袤大地的公路货运大动脉上，解放卡车身影频现，它们都跳动着一颗"中国芯"。在解放卡车、解放动力成为中国制造名片的背后，也有鹿新弟的一份力量。

36 年来，鹿新弟发明 28 项专利，完成技术创新成果 542 项，创造经济效益超过 1.3 亿元，获评正高级工程师、一汽首席技能大师、全国劳动模范、全国技术能手、首届一汽工匠、大连市高层次领军人才等称号，享受国务院政府特殊津贴，是两个国家级工作室领创人。

头衔虽多，但他至今最喜欢的称谓是"中国工人"，最喜欢待的地方仍是发动机装配车间。从 20 岁进入车间工作，一晃已经过去 36 年，他一旦工作起来，仍然像个孩子掉进玩具堆那样投入。

从学徒到大拿

每个男孩都有个热血的机车梦，鹿新弟也不例外。1987 年，20 岁的鹿新弟刚刚从大连柴油机厂技校毕业，分配到大连柴油厂开发科（研发部前身）实验室的，开始接触发动机研发。起初他是以钳工专业第一名的成绩被推荐来到实验室，所以他一直心心念念重回钳工岗位。

当他初次看到柴油机试验时，注意力被这颗"重卡心脏"深深地吸引，"转速、功率、扭矩、油耗、烟度……这么多数据都是动态变化的，太神奇了！"而这颗"心"，也是解放卡车等"大象"能够奔腾的核心动力。

这一刻，他彻底打消重回钳工岗位的念头。之后，在实验室一待就是 20 多年。这个决定，让他纵身跃入欣欣向荣的重卡行业，以个人的微薄之力汇入了行业发展的时代洪流。

当时工厂的设备大部分是进口的，只有师父能碰。实验室班长宋成金看他勤快，常常带着他干活儿。一开始鹿新弟心中窃喜：终于有师傅带我了！但他很快就发现，大家都说宋师傅脾气火暴，最难伺候，果然不虚。

没多久后，一次装配柴油机，鹿新弟不小心把密封垫片装反了。验收时宋师傅过来追查责任人，鹿新弟低头承认，"我安装的！"他本以为肯定又是一顿臭骂。但宋师傅只瞅了他一眼，欲言又止。众目睽睽之下，鹿新弟心里很不是滋味，难受了好半天。从此以后，他在工作中养成了反复验证、事后复盘的习惯，再没有出现过错装等质量事故现象。

柴油发动机体积庞大，像一头小象；构造复杂，装调涉及数百个参数，初步接触柴油机，鹿新弟压力巨大。为了对柴油发动机的原理和技术了如指掌，鹿新弟从新华书店买了数十本专业书籍苦心研读，深夜还在灯下对着图纸写写画画，仅笔记就写了几十万字。

凡成大器者，皆有远超常人的艰辛付出。在鹿新弟看来：功夫在 8 小时之外，邓亚萍如果每天只打 8 小时球，她肯定拿不到大满贯。因此，鹿新弟永远在路上，"每天下班后，如果不在电脑前继续学习几个小时，我就觉得这一天不完整。我从来没有在 12 点前睡过觉，几十年坚持不变。"

早期开发产品少，实验室工作量很小，鹿新弟抓紧时间在试验台上演练，要么就去给其他工程师打下手。很快，他因为工作中的突出表现，被师父派往大连油泵油嘴厂学习喷油泵技术，从装配，到检测、调试，整个装配线岗位全部走了一遍，打下了坚实的喷油泵技术基础。

培训期间，为解决柴油机调速率超标问题，鹿新弟和一个小小的调速套筒垫片又杠上了。"到底是加还是减？"其实直接问师父就能迅速得到答案，但他下决心要让自己彻底掌握技术原理。下班后，他还在做试验，硬是自己琢磨了整整一年。这是他工作后第一次自己独立解决技术问题，那种快乐无法言说，从此成为他"升级打怪"路上最大的动力。钻研技术加勤学苦练，鹿新弟很快在厂里小有名气。每当提起调整喷油泵，大家第一个想到的就是鹿新弟。

5 年后，鹿新弟向宋师傅汇报工作，宋师傅告诉他："你的技术已远远超越我！"鹿新弟当时内心激动得无以言表，对恩师既感激又崇敬。拜师 8 年期间，宋师傅对技术的执着钻研、迎难而上，对待徒弟的严格，使鹿新弟终身受益。宋师傅退休后，鹿新弟每年春节都要去看望他和师娘，至今已坚持 27 年。

"解放卡车，挣钱机器。"整个 20 世纪 90 年代，鹿新弟经历了解放 CA141 的黄金时代。解放 CA141 为一汽解放的主打车型，1986 年一经推出就大受市场欢迎。

搭载在 CA141 上的 CA6110 柴油机，由一汽自行开发。生产过程中，为攻克高压油泵一致性差的难点，鹿新弟配合经验丰富的李维成工程师，完成试验。在李工指导下，鹿新弟学习了很多理论知识，并据此调整来自 3 个不同厂家的 6 台标准泵，将喷油精度调整到了 0.02 毫升，还需排除设备、柴油温度、气泡、测量时间等干扰因素。"一调就是一整天，一个转速下的喷油量至少调整 20 次才达标。"他说，付出近一个月的努力，鹿新弟顺利完成了任务。

1996 年，大连柴油机厂成为一汽集团全资子公司，发动机业务蒸蒸日上，大连柴油厂逐渐迎来自身发展的飞跃期，鹿新弟个人也日益羽翼丰满。

2000 年，作为业务精兵，鹿新弟通过竞聘当上研发部实验室班长。

"发动机就是我的孩子"

"每年我们这里出厂 10 多万台发动机，都是我们的孩子。只有热爱这项工作，你才能做得更好。"正是这种超乎寻常的热爱，让鹿新弟能够近 40 年如一日地深入钻研，真正摸透柴油机的脾性。

随着柴油发动机市场需求大增，2005 年大连柴油厂开启了与德国百年动力品牌道依茨（Deutz）的合作，成立了道依茨车间，将德国纯正基因的一流发动机引入中国。

2007 年 6 月，中德合资，各自持股 50%，共同注资 14 亿元，一家划时代的世界级引擎工厂拔地而起，可年产 5 万至 10 万台发动机，迅速成为国内发动机领军者。

合作伊始，公司抽调技术拔尖的一批人才进入道依茨车间，鹿新弟作为首选出任了道依茨车间试验工段班长，管理着 30 多人。这个舞台让鹿新弟得到了尽情的发挥。

起初引进德国设备投产，发动机装配完成之后，测试一台车耗时近 3 小时，严重拖累生产进度，工作人员每天加班至凌晨两三点。鹿新弟发现，测试时间冗长，在于大家对道依茨产品不熟悉，没有统一的测试方法，操作随意性大。"如果能够统一标准，该多好！"抱着这个念头，鹿新弟请教了公司专家、工程师等，但同事们纷纷给他泼冷水："道依茨都没有标准，你能做成吗？"

鹿新弟没有气馁，历经千辛万苦，完成上千次试验，3 年收集了 1 万多组试验数据，终于总结出了道依茨柴油机试验标准，让热试时间从 2 小时 52 分钟降到了 25 分钟，每年可为公司节省燃油、电能成本达 680 万元。他不仅成功实现了国内柴油机试验质量"零缺陷"的目标，填补了技术空白，连德国道依茨方面的专家都感到震惊，该试验标准后来也输出到德国应用。

该试验需要在发动机起动状态下找规律，噪声震耳欲聋，鹿新弟却能静下心来，把噪声当成交响乐来听，并借助噪声"听诊"。然而，由于长期暴露在超标噪声里，鹿新弟的听力严重受损，落下了职业病，好在这并不影响他对机器的判断。

当时，为了看清调速器的动作，鹿新弟极其专注，离发动机太近，以至于忽略了危险，不小心把右脸贴到了 600 多摄氏度的排气管上，烫得自己一下蹿起来，大声尖叫。恰恰在这一瞬间，他终于找到了柴油机功率不足的原因。脸上烫起一个大水泡，他却一笑而过："没有白烫"。

之后，他据此申请了《道依茨机械柴油机的试验方法》发明专利，在该专利中还首次建立了道依茨调速器数据库，将调速器由烦琐的配试状态简化成标准化表格查询，提高生产效率 75%。这项成果填补了内燃

机行业的空白，还能广泛应用于军工及船舶业动力系统。一年之后，鹿新弟又总结出《道依茨电控柴油机的试验方法》，这两项专利都获得了省部级科技进步奖，为推动中国高端发动机自主化奠定了技术基础。

在道依茨车间，鹿新弟贡献巨大，从0到1建立起了一套工作制度，包括柴油发动机设备安装、试验标准、现场改善、产品质量、安全管理等规范编制，解决了50多项质量问题，推动了公司节能减排，提质增效。

当了班长两年多后，一天，车间姜主任把鹿新弟叫到办公室说："工作干得不错，给你转干吧！"没想到鹿新弟犯倔，竟然一口拒绝。他热爱这个岗位，并非为了名和利，只是自己纯粹地喜欢，每天和柴油机打交道是他最大的乐趣。专注投入与为公司排忧解难带来的成就感，让他甘愿付出一切，找到了自己最大的价值所在。如果一天不给柴油机"把脉"，鹿新弟就会觉得少了点什么。

2001年，鹿新弟协助西安交通大学，研发出中国首辆二甲醚柴油混合燃料汽车，心情无比激动。这种荣誉感是任何头衔和金钱都换不来的。当时，鹿新弟经过种种调试，将柴油机功率从起初的不合格提高到64千瓦。

而这个过程也付出了极大的代价：在几乎震破耳膜的柴油机轰鸣中，鹿新弟一直守在实验室机器旁，掌握第一手试验资料。最终通过更改柴油机燃油系统的设计，将分配泵更换为直列泵、加大柱塞直径、提高喷油泵循环供油量、取消喷油泵止回阀，将二甲醚全部控制在喷油泵的进油腔里，化解了技术难题。

他独创的用三条线为柴油机定位法，也在公司中传为美谈。

2010年，道依茨一汽与道依茨签订技术转让协议，引入TCD 2013这款四气门欧四最新产品，即CA6DK国产发动机的前身。在台架测试过程中柴油机不能着火，排气管排出大量未燃烧的燃油。项目经理、电控博士到现场用诊断仪、示波器查找故障均未果。

又是鹿新弟出场压轴。电控专家说，电控数据没问题，让他检查硬件。鹿新弟说："我不相信任何人，我只相信自己。"他将柴油机齿轮室拆开，手工引出"三条线"，与图纸一核实，确定柴油机配气相位，凸轮轴、齿轮、曲轴三者之间的位置都正常。

经过几天苦思冥想，鹿新弟把疑点聚焦到了电控的排气制动上。拆开一看，果然是排气制动阀出了问题，致使气门始终处于开启的状态，燃烧室压缩压力不足，导致燃油不燃烧，直接排出。经过针对性的改造，随着鹿新弟一声令下：开车！柴油机伴随着有节奏的轰鸣一次点火起动。

凭借种种成功案例，鹿新弟不仅在公司的同事中树立起了威信，就连外国人也对他连连称赞。

2014 年，一个意大利独资企业对大柴厂发难："机器冒白烟，我们要求 24 台车全部换货。"这对公司而言意味着 240 万元的损失。

公司派出两波技术人员上门，最终都垂头丧气而归。"这批发动机我都亲手调试过，出厂前明明都合格了，还能出什么岔子？"作为挽救的最后一关，鹿新弟一边寻思，一边火速前往客户处。当他主动与对方总经理握手，没想到这名"老外"双手掐腰，态度傲慢地瞪着他。看到这一幕，鹿新弟马上倔劲上来，心想："怎么连起码的礼貌都没有？不跟我握手，我就不解决这个问题。"两个人大眼瞪小眼，最后"老外"绷不住，终于和鹿新弟握手言和。到现场，车子启动后，尾气冒白烟，鹿新弟开始不住流眼泪："一定是油品有毛病，燃烧不完全，生成了刺激性的有毒尾气。"

"老外"还是认定产品质量有问题。但鹿新弟底气很足："咱们不用争论了，实践是检验真理的唯一标准，做个试验看看就知道了。"转身出去花 50 块钱买了油，一做试验，马上就不冒烟了。试了几台，果真都正常，"老外"不由得佩服点头。最终，这批货成功交付，而对方的采购部部长被撤职。

在解决问题上，99.9%=0

在鹿新弟眼里：解决问题必须是百分之百，才算圆满完成了任务。即使 99.9%，也等于半途而废。

在安抚故障发动机这头"猛兽"方面，鹿新弟有一套独特的手段。他通过总结 20 多年经验，归纳出了柴油机故障的六步维修法——"看、听、摸、闻、问、测"。他因此被大家称为"柴油机老中医"——手到病除。与中医"望闻问切"类似，鹿新弟的"把脉"还多了两个方法，用鼻子闻、用仪器测。

柴油机冒的是白烟、黑烟还是蓝烟，鹿新弟都能给出不同的应对方案。鹿新弟在一篇论文中分析道，白烟有气缸压力低、喷油器雾化质量差、柴油混入了水等七类原因，蓝烟则有油底壳机油过多、活塞环装反、气门导管油封失效等五类原因。

2013年，CA6DK柴油机在台架试验时，出现下排气大故障，部长给鹿新弟打电话，他去了现场，通过看下排气颜色、形状，闻气味，判断道："活塞裂纹了。"现场20多名技术人员都表示怀疑，没想到拆开之后，还真是活塞故障。

关于机油发黑的原因，鹿新弟经过潜心研究，列出了影响该现象的至少8种参数：初始喷油提前角、初始发动机转速、初始机油品号以及初始活塞组件尺寸等，为此他也申请了一项专利。

BF6M1013柴油机出现机油压力低的故障，400台柴油机堆在车间，将柴油机拆解也没有找出问题所在，车间领导心急如焚。10天的专家会诊一无所获，鹿新弟到了现场，先是认真地聆听，然后不经意触摸一下机油，提出"机油黏度低，建议更换机油再试验"，结果真的达标了。

道依茨样机试验中，六缸发动机有两个缸烧坏了，即活塞"化顶"。换两个活塞之后，依然出现化顶。鹿新弟叫停了试验，他怀疑是冷却水的问题，导致温度过高。原来，操作者拆开机器之后，将一块抹布遗留在内，堵塞了两个冷却口。因为缸盖水道弯曲，使用工具也拿不出来，拿不出来的话，缸盖只能作为废品，不能使用。鹿新弟另辟蹊径——用火攻，拿喷灯烧掉——这个小妙招，解决了产品试验瓶颈问题。

鹿新弟传奇的职业生涯，都出自使命必达、让柴油发动机奔腾起来的强大信心，他对柴油机的热爱在 30 多年中始终没有变过。

2001 年，鹿新弟参加公司首台共轨柴油机的试验，因喷油泵壳体过热的问题而焦头烂额。鹿新弟十分着急，一头扎进试验中，开启连轴转模式，白天咨询现场专家，晚上继续上网查资料，查阅技术文献、书籍等，仔细研究该系统的原理、结构。一个多月后，他终于找到了热源，将燃油箱进回油路系统进行改造，由闭式结构改为开式结构，输油泵进回油形成自主循环，顺利完成了试验数据采集工作。

随着柴油机技术日新月异，许多新品类不断涌现，鹿新弟也在与柴油机疑难杂症的搏斗中完成了自我蜕变。

2021 年，有用户反馈 CA6DK 发动机油 100% 变黑。该产品为一汽解放最新主流国六动力系列。这个棘手问题无人认领，鹿新弟自告奋勇地接了过来——越是暴躁的"神兽"，越是充满挑战性的活儿，越能激发他的斗志。

奋战了 21 天，他用了 24 个试验方法，采集了 36 个油样，终于破解了机油变黑的问题。机油检测报告显示，机油变黑的主因是燃烧后的碳烟经活塞环开口处蹿到油底壳所致。"查到这个'罪魁祸首'的时候，一切苦与累烟消云散，我被胜利的喜悦充满。"鹿新弟激动地说。

这 36 个油样，至今还摆在他的工作室，成为他得胜的标志。

关关难过关关过。作为一汽中轻卡车的核心动力，CADH/DK 系列柴油机为公司王牌品系，但其机油缺失问题已经多次造成零公里故障，给公司带来巨大损失。通过反复观察，鹿新弟捕捉到了一个操作者的关键细节：为什么管路里进入空气，加注机指针还在跳动？这就说明加注机存在设计缺陷。鹿新弟便在机油容器里加上高低液位限位装置，机油液位一旦低了，便触动低液位传感器报警，自动加注机油，到高液位自动停止。当这个顽疾被彻底消除，故障率降为 0。

只要是工作需要，鹿新弟可以随时冲锋陷阵。2016 年 5 月，鹿新弟还经历一次极限挑战：历时 19 天，行程 4000 公里，3 次穿越西藏阿里地区无人区为用户服务。因工程机械车在西藏阿里地区修路时，高海拔空气稀薄，出现早晨启动困难现象。

其间险象环生，鹿新弟多次从鬼门关经过：汽车轱辘驶入沙坑，焦急等待救援；一天行车 20 个小时，高原反应剧烈，边吸氧边工作；甚至还经历了手机信号全无、GPS 导航失灵、3 天失联的状态。

即便再苦、再累、再危险，鹿新弟也坚持完成了任务。这次历险对鹿新弟来说成了一笔宝贵的财富。

时刻在工作上精益求精的鹿新弟，给所在之地带来了"鲇鱼效应"。

2009年，鹿新弟重新调回实验室，该实验室年创新项目从0突破到第一年的72个，第二年突破了100个，带动实验室研发能力迅速跃居全厂第一。

他自己也是个发明大王，迄今已拥有28项专利。"创新是我生命的一部分。"作为中国发明协会会员、大连市发明协会理事，鹿新弟热衷创造发明，不是为了追逐名利，而是常年养成的工作习惯。

鹿新弟随身携带一台笔记本电脑，一旦遇到工作中的技术难题和问题，他都会一一记录下来，这些成为他持之以恒攻克的目标，也可能是下一个发明的灵感来源。电脑中，他建立了清晰的知识树架构目录，每个技术创新都有详细记录。

在他和同事们的努力下，道依茨发动机零部件国产化已超过99%，产品品质可比肩欧洲水平。

进入互联网时代，鹿新弟还总结毕生经验，致力于推动柴油机维修向数字化、智能化转型。他通过软件技术搭建柴油机质量问题管理平台、柴油机热试视频查询等多个平台，将零公里故障前置，实现资源共享，提高了工作效率。

打破技能工人成长"天花板"

面对难关险阻毫无怨言，而坚强挺立的鹿新弟，却被嫉妒的流言蜚语气哭了。

"创新成果500多项，到底有没有掺水分？""干工作过得去就行了，干吗那么较真？偏偏就他最爱出风头……"

鹿新弟频频获奖，成果耀眼，为人处世却坦荡天真，不世故圆滑，对待工作绝无通融的余地，因此遭人嫉恨，流言四起。原本他不加理会，以为继续埋头苦干多出成绩，事实自然胜于雄辩，孰料质疑声反倒越来越大："造假专家！有本事拿出证据！"人言可畏，建造需要数十年，短短一句话就拆毁。

"凭什么让我拿出证据？"耿直的鹿新弟一身清白，有口难辩，这个50多岁的彪形大汉竟被气得抽泣不止。他为工作披星戴月地付出，只有自己心知肚明。

有一段时间，他心中抑郁难以疏解，深夜开车上高速，狂飙数百公里。之后，在朋友们的开导下，他才重整旗鼓，继续勇往直前。

2015年，鹿新弟当选为全国劳动模范，这一刻，彻底洗刷了他的冤屈。他心情激动，忍不住哽咽起来："经历过无数个日日夜夜的辛苦，终于得到了国家的认可，无论别人说什么，一切都已释然。"

荣誉和责任接踵而至。2018年，鹿新弟履职人大代表，至今已快6年。作为2亿职工代表，鹿新弟以实际行动为发展通道打破"最后一公里"障碍鼓与呼。

为了倾听基层职工心声，鹿新弟经常走访各个工厂车间，与职工们积极交流，认真记录整理，搜集了丰富的"内参"。

履职期间，他共提出42条建议，其中涉及技术工人上升通道等方面的建议19条。其中，《关于提高技术工人待遇，打造高素质技能人才队伍的建议》《关于统筹规划、因地制宜制定和调整<国家职业资格目录>的建议》等5个建议，人社部已下发正式文件落实。2023年，他提出的最新议题涉及发展氢内燃机、新能源汽车电池回收、职业双元制、培训新产业工人等，个个切中时弊。

在为打破工人晋升僵局奔走期间，鹿新弟自身也成为受惠者。2021年7月，鹿新弟终于评上正高级工程师，与他一起晋升的还有一汽其他4名领军技工。

鹿新弟评正高的经历颇为坎坷。在 2019 年国家就出台政策，允许工人参评正高职称。鹿新弟凭借着多项发明专利、全国技术能手荣誉，远超破格申报的资历。2020 年，他积极申请，却被单位一个公章拦在门外："工人历来没有资格评正高。你评上，别人怎么想？"

委屈的鹿新弟并没有打退堂鼓，反而越挫越勇。凭借着 2020 年中国机械工业科学技术奖二等奖的敲门砖，2021 年，鹿新弟再次冲刺正高职称，终于如愿以偿。

为了破解技术工人职业上升壁垒，作为人大代表，鹿新弟曾建议，国家应设"新八级工"，新增特级技师、工人院士两级，让职业技能等级与薪资挂钩，打破唯学历导向，提高产业工人特别是高技能人才的待遇。此前，工人 30 岁就能达到高级技师水准，职业上升进入死胡同。

为草根工人殚精竭虑代言的同时，鹿新弟也在技术传承方面硕果累累，尤其是将自己创新不怠的火炬传给了徒弟们。

自 2012 年起，鹿新弟成立了两个国家级工作室，团队逐渐壮大至 50 多人。他的工作室有个响当当的名号——高技能人才的"黄埔军校"。迄今为止，工作室相继完成 1250 项创新项目，累计获得国家省市级优秀创新成果奖 240 项，20 次获得国际、全国发明展览会奖牌，8 项省部级科技进步奖，拥有 46 项国家专利。

经过鹿新弟 5 年培养，年轻徒弟孙岩迅速成长为工作室副领创人。徒弟孙岩、崔阳的发明有 10 项左右，多次斩获全国发明展览会金奖、省部级科技进步奖等奖项，也开始带徒弟。

如今，鹿新弟仍在继续奔跑，悉心培育下一代人才。他给自己制定了一个宏大的目标：2025 年之前，培养高技能人才 20 名，带领工作室完成 25 项工作任务、500 项技术创新项目、50 项专利，输出培训课程 20 项。

工匠精神正在他心中流淌、手中传承。在鹿新弟眼里，工匠精神是一汽集团的"对党忠诚，产业报国，永争第一"12字箴言，践行在工作中，是"专业专注、严谨敬业、创新传承"，也是对每一个细节倔强较真，孜孜不倦、潜心钻研、永不服输，"把冷板凳坐穿"的劲头。

齐嵩宇

生产一线发明家

在治理困扰汽车行业技术难题"电阻点焊工艺焊接飞溅质量缺陷"中作出重大贡献,创造发明专利技术成果33项,2015年获得全国劳动模范称号

"他说基层的创新是最有价值的，基层的创新最容易激发生产力，要带着团队继续多做这些事。"一汽红旗制造中心综合管理部首席技能大师齐嵩宇说到习近平总书记激励的情景时，憨态可掬的脸上挂满笑容。

　　2011年和2012年，齐嵩宇曾两次受到时任中共中央政治局常委、国家副主席习近平的亲切接见。这激励着他不断在工作岗位上创新，成为一名在智能制造方面的专家。

　　齐嵩宇更是一位发明家，他跨越了机械电器维修和焊接工艺技术的专业束缚，有针对性地学习压力焊接、金属材料与热处理、计算机、单片机、机械构造等多个学科，借助丰富的技术知识和经验，发明专利技术成果33项，其中28项先后获得省部级和世界级创新发明领域奖项，2018年当选全国第十三届人民代表大会代表。

　　从一名车间厂房中的普通学徒工到全国劳动模范，齐嵩宇始终坚信"遇事坚持是成功的关键"。他多年来练就了一身设备维修和轿车车身焊接匹配技术，在治理困扰汽车行业技术难题"电阻点焊工艺焊接飞溅质量缺陷"中作出巨大贡献，并先后获得了国家科学技术进步奖二等奖、中华技能大奖、国务院政府特殊津贴和全国劳动模范等荣誉。

　　现在，齐嵩宇又将他的技能和精神传承给新人。他编写教学材料36套，为公司培训了一支近百人的维修骨干队伍，带领团队为车间设计制造完成了 370 多套生产过程转运器具。他所设计的成果连续多年获得一汽集团年度十佳创新奖，直接节省 930 多万元。

他将微电子电路开发技术、焊点信息同步采集处理技术和计算机技术成功结合，开发出 6 项国家发明专利和两项实用新型专利，解决了困扰汽车行业的轿车白车身焊接过程中，质量监控和检测世界性难题。这一成果在一汽的成功应用，累计创造价值 7646 万元，并在 2011 年获得国家科学技术进步奖二等奖。

他成功研制"电力拖动机构远程监控技术"，获得两项国家发明专利，实现了多项国内第一。这项研发技术获得第八届国际发明展金奖，还被国家知识产权局推选，参加世界知识产权交流会，获得外国专家一致好评，被破格授予世界知识产权交流会一等奖，成为中国"智造"的典范，为国家争得了荣誉。

与一汽的不解之缘

1974 年，齐嵩宇出生在吉林长春一个四口之家，父亲是一名医生，母亲在一汽化油器厂工作，齐嵩宇还有个弟弟。"小时候可以说我基本都在一汽化油器厂大院里跑。"从上一汽托儿所开始，齐嵩宇就与一汽结下了不解之缘。

中学毕业后，为了减轻家庭负担，齐嵩宇到长春无线电技工学校成了电工电子专业的一名学生。在技校上学的几年，每天课程结束，齐嵩宇都要到学校对面的吉林省图书馆继续看书学习，风雨无阻。10 多岁的齐嵩宇出于对电子电路的浓厚兴趣，自己焊电路板，照着电路图将一套电视机零部件组装成家里的第一台电视机。

1994 年，长春无线电技工学校有两个名额可以分配到一汽，名列前茅的齐嵩宇毅然决然地选择到一汽红旗工作，开启了属于他自己的"工匠"生涯。

　　从家到工作单位，需要骑自行车一小时，为了节省时间，齐嵩宇选择住在单位的宿舍。"这样一来'时间'就充裕了，在班组里面不断拆装设备，熟悉电路板内部结构。"齐嵩宇说，时间长了把技术都掌握了，技能也得到了提升。长时间待在维修间不出来，工厂里的"长板凳"成了齐嵩宇的床。学饿了就自己煮面条，他设计了一套"齐式"快餐，用铝饭盒煮面条，拌点母亲给的大酱，直接就餐了。一来二去，同事管他叫"面条齐"。

　　在焊装车间工作期间，除了不断学习焊接知识、焊接技术，齐嵩宇凭借对电子技术的喜爱，常常拆装、维修焊接设备。由于进口机械资料全是英文，他硬着头皮自学英语，拿着辞典在一份份图纸上密密麻麻地标注着。他起早贪黑地学习，为之后的创新发明奠定了坚实的知识基础。

　　"中国一汽集团搭建了很好的舞台，经过多年的培养，我们能很好地展现自己的技能和技法。"20 多年来，齐嵩宇陆续到哈尔滨工业大学、吉林工业大学、吉林大学学习压力焊接、金属材料与热处理、计算机原理与应用、企业现场管理等专业知识，在电气控制领域，掌握了多条日本进口自动化机器人焊接生产线上的高压、低压、弱电控制维修技术，总结了许许多多运行故障快速排除方法。

　　"嵩宇，你懂焊接、懂机器人、懂设备控制方式、懂工艺，红旗 H7 轿车全铝合金后副车架总成的研发任务就交给你，一定要干好。"2014 年，齐嵩宇接到了红旗品牌 H7 轿车全铝合金后副车架总成的研发任务。因为铝合金成形性较差，易发生破裂和起皱，表面还易产生橘皮等表面缺陷，焊接工艺更是难上加难。国外一直以来在技术上实施技术壁垒，在国内对铝合金副车架方面的研究几乎为零，这个任务任谁听了都会一筹莫展。

"当时没开发铝的成型模，只能用钢模压铝，因为材质的不同，减薄率各方面无法控制。涉及焊接，铝合金的焊接熔点低，560 摄氏度左右就熔化了，但是弧焊一上去就 900 多摄氏度，500 多摄氏度熔化就流动，焊就往下淌，化了以后不会形成融核。铝合金的变形又是钢的三倍，一旦焊这儿，那儿就裂开口了，这样就没法用了。"齐嵩宇对当时任务的难点记忆犹新。

副车架从成型到焊接到载荷性试验有一个过程，"不干则已，干就要干到最好"，齐嵩宇马上到哈尔滨工业大学开始学习，随后一个人回到实验室，从焊接工艺、成型工艺再到样件试制、连接工艺……调这调那，将一个个技术难题逐个攻破。迎来无数朝霞甘露，送走几多夕阳星辉，几个月后，由 41 个零件构成（其中，冲压件有 38 个，内高压成形零件有 3 个）的 H 平台全铝合金后副车架研发成功。与钢质后副车架总成相比，单件减重 8.685 千克（减重 40%），按照国际轻量化联盟的测算，轿车每减重 100 千克，油耗会降低 6% ~ 8%，废气排放减少 50% ~ 60%。这一成果的成功，为国家节能减排作出了贡献，"智造"了多个国内第一。目前除了红旗 H7、HS7、HS9、H9、EQM5、H5 的全系列用的都是铝合金副车架。

在齐嵩宇的工作生涯中，也并不是每一次的大胆设想都会被认可，他也曾遭到过质疑。"国车"红旗目前已经是一张凝聚着民族自豪感与自信心的国家名片，但是车辆的研发生产却是一段艰辛坎坷的过程。2011 年 3 月，齐嵩宇作为重点支持红旗项目的技术人员，被调到红旗制造部。作为班长的他带领 13 人组成的技术团队，对红旗 L 平台轿车生产线进行技术保障。

2012 年的一天，车间生产突然停了下来，车间工艺送排风系统变频

器电流超限故障报警，一个大的空调机组坏了，复位后电动机还是不能启动。那段时间为了制造任务车，大家从早晨 8 点一直干到晚上 12 点或者第二天凌晨 1 点，在那么紧张的状态下设备突然坏了，身为维修班长的齐嵩宇压力相当大，急出了满头大汗。他立刻组织人员对电动机进行检查，结果是电动机绕组烧损了。这么大功率的电动机没有备件，购买需要 3 天后才能运到，送修也得 3 天。汇报以后领导同意送修，就这样车间停产 3 天。

这样长时间的停产必定会影响"国车"红旗的下线交付，由于是设备故障造成的，齐嵩宇感觉"压力山大"。工友们劝他不要苦恼：送排风系统的电动机都在系统内部，运行环境恶劣，运行时人是不能够对电动机状态进行检查的，停产检修时电动机的各项指标都是正常的，这样的烧损故障是突发的，很难避免。

话虽然是有些道理，但是齐嵩宇认为不行，这不能成为维修组没有及时发现设备运行异常的借口。向来不服输的齐嵩宇决定把这个故障排查到底。他有了一个大胆的想法：能不能改变这种现状，实现全天候的电动机运行状态监测呢？能不能实现电动机零故障运行呢？

齐嵩宇向他的小团队道出了这个设想："我想研制一个小设备，自动监控电动机运行状态，保证零缺陷，也能让它替代我们维修工，在恶劣的环境下 24 小时运行监测，彻底消除由于电动机故障引发车间停产的问题。"团队成员都非常支持。

为不影响工作，齐嵩宇带领他的小团队利用业余时间开始了对全车间各种控制系统下的电动机电压、电流波形进行测量。在这些日子里，他和他的团队成员的话题只有一个：到底用什么样的方案来监控？

通过不断地观察和测量，方案终于摆在桌面上，大家都欢欣鼓舞，马上干劲冲天地投入制作。齐嵩宇操起了电烙铁，把骑着自行车买来的密密麻麻的电阻、电容和集成电路芯片进行连线搭接。焊接时，一不小心，电烙铁在手上烫个泡，翻转电路板时，手指扎出血都是常事。他忘却了时间，夜以继日地焊接电路板，斗志昂扬，乐此不疲。

经过了无数轮调试，一个最大的障碍出现在了他们面前，市面上所有的电压、电流的测量传感器都试过的，没有理想的。怎么办？要知道传感器就像是监测装置的"眼睛和耳朵"，它测到的信号不准确或出现失真，监控装置就像是"眼盲和耳聋"，是无法正常工作的。

就在大家一筹莫展的时候，齐嵩宇又有了大胆的设想——自制传感器。大家失去了信心，开始质疑，传感器也能自制？"是不是有点想入非非了？"面对团队成员的质疑，齐嵩宇不以为意，企业多年的培养和支持使得他有了充分的技术积累。俗话说艺高人胆大，他对自己充满了信心。

经过几个月的不懈努力和大量的实验数据整理，齐嵩宇终于成功设计出了"电压调制板和高精准电流测量电路"。这些都是填补世界空白的测量电路，他用电路的设计获得了线性度非常理想的测量信号，弥补了传感器测量失真的难题，解决了电动机测量信号后期运算的瓶颈问题，在国内外首次实现了在生产现场成功应用"功率平衡原理"来判别电力拖动机构启动、运行过程早期负载异常状态引发故障的监控技术，运用数据冗余技术解决数据传输通信的难题，实现了电力拖动机构启动、运行监控数据得以远程监控，为维修预防的设备管理理论提供了早期科学判定方法。

齐嵩宇说："预测性维修一直还在学术界讨论，大家也没想到要怎么落地。当时最大的难点是成本，都知道这个玩意儿好，但是太贵了，一个传感器就要 1 万来块钱，加上后期的控制成本，没人去做。所有的传感器都是自己制作的，几百块就能把数据提出来，他们以前都没听说过这样的事。那时候没有这个数据湖的概念，我们叫数据库，实际上就是现在的数据湖。用这个东西分析电动机的劣态状态，可以科学、有目的地去维修保养更换。"

2014 年，在世界知识产权组织的交流会上，齐嵩宇展示了这项研发技术，一时间掌声雷动，金奖再次收入囊中，为国家争得了荣誉，成为中国"智造"的典范。这次交流会，是齐嵩宇在 2014 年上海昆山世界发明博览会获得金奖后，展会组织方之一国家知识产权局推举他参加的。

填补国际空白

2007 年，齐嵩宇研发的"电阻点焊工艺质量监控技术"取得了 14 项国家发明专利，并在一汽得到全面推广应用，2011 年获得了国家科学技术进步奖。

这项发明的由来，要从齐嵩宇 2003 年 3 月刚到焊装车间当电焊操作工说起。

2003 年 5 月的一天，齐嵩宇突然收到通知："你干的转向柱横梁螺柱焊工位出问题了，焊接的螺钉少焊了。"他的心一下提到了嗓子眼："出事了！这之前都有三次了，怎么又漏焊了，以前这个工位上已经有两个人出了这事，都被车间重罚了款。我已经很仔细了，而且每个螺钉我都用记号笔做了标识，采用了自检、联控，怎么回事呢？"

到了总装车间，他突然傻了眼，总装的内饰件已经都装上了，就剩下少焊的几个钉的位置由于装不上件还空着。"这咋补呀，一补焊内饰件就都废了。这不能补焊呀，这下损失可是不小呀。"忐忑和愧疚充斥着齐嵩宇的心。齐嵩宇和后工位联控人员一起被罚款 200 元，当时他的月薪只有 3000 多元。

谁都怕漏焊、错焊的事故发生在自己身上，就连多技能轮岗工作也被迫停止了，可就是在这样紧张的气氛下，错焊、漏焊还是接连发生了几起。补焊工作给企业造成了不小的经济损失，这些车要是流通到市场上，给公司造成的声誉损失是更加不可计算的。

齐嵩宇内心深知这些问题亟须解决，多年的技术经验使齐嵩宇意识到，这不仅仅是单纯的技术和工艺问题，而是一个集工艺、设备、操作方法和现场管理手段为一体的综合性难题，那么能否找到一个解决的办法就摆在了这个遇事不认输的生产一线工人面前。

"一定要把这事儿从源头上解决好！"齐嵩宇暗下决心，要对这一困扰车间管理人员和操作人员多年的质量问题进行攻关。齐嵩宇骑着自行车走街串巷，自己购买了一些电子元器件材料，认真摸索，反复实验。他用单片机制作出一个"电子漏焊监控器"，采用自动化手段，提高现场焊接生产过程中的工序保证能力，消除动作浪费，最终达到降低生产成本、提高生产效率的目的。那时候，他来到这个焊装车间仅仅 4 个月。

2004 年，凭借"电子漏焊监控器"这项发明，齐嵩宇获得了他人生中的第一个国家专利，这项发明还使他摘得了首届全国职工优秀技术创新成果奖三等奖。以前，只有各个大学的教授才能获得全国职工优秀技术创新成果奖，齐嵩宇获得全国职工优秀技术创新成果奖三等奖时，是该奖项第一次授予一名工人。

"我没有满足于之前的发明，焊接问题存在两种极端的情况，一种是'漏焊'，一种是'开焊'。'漏焊'的问题在人的疏忽或者机器人自动焊接通信受阻时就会发生，而'开焊'则是工艺问题，这是当时全世界的难题。我还要提高这个漏焊监控器，使其同时能解决'开焊'问题。"不屈不挠、坚韧不拔的工匠品质在齐嵩宇身上体现得淋漓尽致。

2007 年，经历起早摸黑、加班加点的努力，齐嵩宇应用焊接电极间电压、动态电阻识别等复杂监测技术，解决了困扰汽车行业"电阻点焊自动焊接线电极对中性监测"的关键技术难题。不仅实现了生产过程中飞溅由大到小、由小到无的重大改进，也解决了由飞溅物残留引发车身异响的难题。

齐嵩宇带领大家，将微电子电路开发技术、焊点信息同步采集处理技术和计算机技术成功结合，成功完成"电子漏焊监控器"技术研发工作，并把这一技术提升为"电阻点焊工艺质量监控技术"重大技术成果研发

工作，从根本上解决了"漏焊""开焊"的质量难题。

　　齐嵩宇没有想到的是，这一研究成果，实现了对点焊机自动化控制等关键技术，完成了对焊点即时检验和点焊焊接过程质量的自动控制，从而实现对轿车焊装线的全过程自动监控、自动语音提示报警、自动数据处理记录等功能，达到了对焊点质量100%的即时检验，打破了对焊接品进行破坏性和无损性抽检的现状。这一技术的开发成功，填补了国际上汽车行业治理白车身人工点焊开焊难题的空白。

　　齐嵩宇的发明在生产线上可以说是无处不在，广大一线员工亲切地称他为"生产一线的发明家"。比如他用价值不足 300 元的小型铣床改造研发了点焊电极修磨刀片修复再利用设备，每年为公司节约刀片采购成本 230 余万元；他参与研发的远程遥控无人驾驶技术参加了东北亚博览会和第二届进博会，成为进博会几千家参展商中进入网络平台热搜的第七名。这项技术的研发成功解决了驾驶人员失去驾驶能力后的远程车辆接管问题，为 V2X 无人驾驶奠定了基础。他参与的车人智能人机交互系统研发体验测试平台，应用嵌入式技术和智能力反馈技术，真正地实现了真实感仿真驾驶的实车方向盘及踏板操作能够像真车驾驶一样的模拟量采集，解决了这一困扰仿真研发驾驶研发领域的重大难题。

在 29 年的职业生涯中，从研发到冲压、焊接、涂装、总装，这 5 个领域齐嵩宇均有涉猎，并且都产生了比较好的技术成果。2004 年以来，齐嵩宇一共研发了 33 项发明专利，其中 28 项获得国家科技创新奖。

因突出的创新发明成绩，齐嵩宇在 2014 年被人力资源和社会保障部授予中华技能大奖，享受国务院政府特殊津贴。2015 年以及 2018 年，他先后获得了全国劳动模范荣誉称号，当选第十三届全国人大代表。

2002 年，经过艰苦谈判，中国一汽取得了马自达 6 系列车型的两款轿车与日本同步上市的合同，这意味着集团会取得很大的经济效益，也为自主轿车工艺平台技术积累提供了良好的空间。

然而，就在轿车生产线即将生产的时候，日方提出同步上市的一个条件，就是中方生产的轿车要和日方生产的轿车在外观上有所区别，技术方案就是要在轿车两侧加装装饰条，这样的结果会使中方生产的轿车外观更加时尚美观。

这虽是一件大好事，可是加装装饰条需要在车两侧前后翼子板和侧围上加 36 个直径 9.8 毫米的圆孔，两个车型都要改造，就将要有 12 个冲压模具需要修改设计方案，会延误半年时间以进行生产调试，同步上市的谈判意义将丧失殆尽。

就在这关键时刻，勇于挑战的齐嵩宇站了出来。他提出了钻孔对应的技术方案，这样一来只需半个月就可以完成生产调试，试验和准备就能够对应同步上市的时间节点。

可是钻孔谈何容易，要在 0.6 毫米厚的薄钢板上钻 9.8 毫米直径圆孔，工艺要求上不允许有烧边、压痕、孔变形等质量缺陷，这在工艺上是十分困难的。国内外普遍应用的普通型面麻花钻头，钻出的孔无法保证规则圆孔，不符合生产需要。国内的群钻最主要的缺点是横刃和钻心处的负前角大，切削条件不利，形成较深的压痕和圆孔边缘毛刺，切削下来的废料严重烧灼，也无法满足生产需要。

齐嵩宇知道这个艰巨的任务背后，是中国一汽的直接效益和外方对中国工匠的考验。他默默地在工作室里磨起了钻头，一根、两根……废寝忘食，各种各样形状的端头，磨出一大盒。许多同事开始不理解："大家都在想办法，老齐这是在干啥呢？"

两天过后，齐嵩宇将大家聚在一起，高兴地拿着几根钻头给大家做实验，当看到试板上的钻孔时，大家的眼睛都亮起来，啧啧称奇，钻头只是轻轻地在钢板上划一下，一个非常标准的圆孔就映入大家眼帘。

这是齐嵩宇为这项任务发明的三尖多刃口钻头，能降低摩擦系数，减少钻头刃口与工件接触面积，让钻头刃口只切削孔径尺寸，让多余的刃口不参与切削。这一发明充分满足了一汽生产所需的工艺质量，完全符合技术要求。在大家眼中，齐嵩宇的造诣和特长都在电控、计算机和设备上，这次他展现的研发钻头的技术令人大开眼界。

齐嵩宇通过自己的刻苦钻研，成功研制了针对薄板钻孔的"三尖多刃"钻头，同时他还总结研发了"三尖多刃钻头磨制法"。两项国家发明专利又诞生了，这一研发成果实现了车身在线薄板表面件"孔"加工技术领域的突破，解决了改造冲压模具需要上千万元的资金投入、调试生产也要半年的重大技术难题，成果在生产线上成功应用，7 年时间累计给企业创造价值 960 余万元。他成为一汽轿车名副其实的降成本先锋人物。

点亮前路的微光

多年来，齐嵩宇在学习技能的同时不忘回报社会。2015 年，他开始给长春汽车工业高等专科学校各个年级的同学上课，倾囊相授特种焊接技术、焊接自动化、工业机器人等前沿技术知识。

作为吉林省"长白山技能名师"，齐嵩宇已经在长春汽车工业高等专科学校培养了 2000 多名学生。齐嵩宇组成的三人技术专家团队到新疆阿勒泰地区进行技术支援，走遍阿勒泰地区的所有市县，将经验与技术传授给当地的技工，并和大家建立长期的帮扶对子，让大家能够通过技术帮扶活动真正地把输血支援和造血支援结合起来，为阿勒泰地区工业基础建设贡献着力量，充分展现了他作为劳动模范的责任担当。

除了教授知识、奉献社会，齐嵩宇还积极参与抗灾支援，开展技术援助。2008 年 5 月 12 日汶川地区发生大地震后，中华全国总工会于 6 月 13 日启动全国工会"抗震救灾、重建家园"十大帮扶行动，从全国机械等行业抽调劳动模范、技术能手，组建中华全国总工会劳模技术服务队开展技术援助。作为央企的中国第一汽集团公司，肩负重要使命和责任，一次就选拔了以热处理、焊接、数控工种为主的 10 位顶尖技术专家，组成中华全国总工会第二支劳模技术服务分队。齐嵩宇作为技术精湛、经验丰富的焊接专家，被派往东汽焊接分厂定点进行技术帮扶。

多年来，齐嵩宇在平凡的岗位上做出了不平凡的业绩，为一汽 13 万名职工、为中国机械制造产业职工，树立了创新发明典范，这是属于汽车人的荣光。

新时代顺应新变革，齐嵩宇是中国一汽改革创新的"探路者"之一。2018 年齐嵩宇当选为吉林省人大代表后的第一个提议就是推进我国走入氢能经济时代。这两年他的提议全都跟车联网有关系，特别是 2019 年提出的高精度地图，涉及车联网、智能网联技术以及车路协同等。

面对数字化转型，齐嵩宇说："我之前一直做的都是这些。我获国家科学技术进步奖那个项目，叫自动监控技术，其实就是数字化监控技术。已经采集到数据，有可追溯性，可以分析质量了，其实和现在的数据湖是一样的。"

他现在还在做一个课题：数字技能。在他看来，不管生产线上用了多少机器人实现了自动化，用了多少视觉实现了智能化，用了多少力学传感器实现了力的传感，人还是第一要素。

70 年来，一汽人创业、守业、拓业。任何一个红旗一线的普通工人、普通工程师，血液里都流淌着使命感和责任感，任何一个实验，都会在非常严谨的态度下反复确认，不惜花费心血，不惜牺牲休息时间，他们怀揣同一个梦想：让红旗引领着自主品牌，走上世界之巅。

齐嵩宇也在"红旗精神"的感召下，29 年来坚韧不拔、勇于开拓、自强不息，他希望自己再加把劲，带动更多一线工人成为"金牌工人"，破解技术创新"最后一公里"的难题，"为国内智能汽车的发展添一道微光"。

金涛

"智造"时代高端复合人才

开发国际电气标准中国版本，开创性地实现新老设备电气标准的可靠兼容，节约成本逾5000万元，开启洋设备"延年益寿"新模式，2020年获得全国劳动模范称号

在由汽车制造迈向"智造"的路上，中国一汽涌现出一批"后浪"，金涛就是其中之一。

金涛是一汽-大众长春生产整车制造一部焊装一车间维修工长。从事自动化生产线维修工作23年来，他从一名普通的操作工成长为全国汽车行业高技能人才的领军代表，是中国一汽首席技能大师之一。

金涛父母都是一汽的普通工人。1980年，金涛出生在中国一汽的家属区，大部分学习成长的过程也在一汽。从小到大，时常听父母讲述汽车厂的故事，至今，他仍旧记得父母讲述那些故事时的动作、神情。

他从小就对电器着迷，各种家电经常被拆卸一地。初中毕业后，他进入一汽技工学校学习电气专业，课程的内容重点是机床维修。金涛十分好学，在学校最喜欢跟老师和同学讨论技术问题，回家还用各种电子元件做试验。那时，同学对他的印象就是像个"书呆子"——别人在操场踢球，他却拿着一本电工手册在看。

20岁那年，金涛以综合成绩第一名从一汽高级技工学校毕业，入职一汽-大众。在奥迪A6（C5）生产线上，他从一名点焊操作工干起，2003年8月，以焊装车间第一名的成绩转岗成为一名机电技工。3年后，他成为一汽-大众最年轻的维修电工技师。

在为一汽效力的22年中，金涛先后参与奥迪C5、奥迪C6、奥迪

C7、奥迪 C8、奥迪 B6、奥迪 B7、奥迪 B8、奥迪 E-tron 等 8 款新车型的项目建设。他快速迭代自己的知识结构，系统掌握汽车制造领域的前沿技术，先后攻克多机器人连锁运行等尖端问题百余项。

他开发出国际电气标准的中国版本，开创性地实现新老设备电气标准的可靠兼容，节约成本逾 5000 万元，并开启了洋设备"延年益寿"的新模式。同时，他还彻底解决了"保持激光零间隙焊质量稳定性"这一世界性难题，使中国车身激光焊缝质量领先全球。

2010 年，金涛实验室初步建成；2013 年，实验室改建为金涛劳模创新工作室；2016 年，工作室又被授予国家级技能大师工作室。迄今，工作室获得专利 4 项，建成由 1 个国家级工作室和 3 个中国一汽集团劳模创新工作室组成的工作群，开发课程百余门，完成专业技术培训 5000 多人次，培养高级技师 26 人、技师 72 人、技术骨干 500 余人。

2011 年 4 月，金涛被授予全国五一劳动奖章；2020 年，被授予全国劳动模范、"中国一汽工匠"称号；2022 年，被授予"吉林工匠"称号。

受成长环境熏陶，金涛在学生时代就怀揣一个信念——到合资企业去上班，学习前沿技术，将来为振兴一汽做点什么。

现在，金涛正将其 22 年来积累的技术经验反哺给中国一汽。比如，在红旗工厂的生产过程中，金涛曾率多名技术人员到场进行技术支持，帮助他们一起来提升维修技能，从而提高生产过程的保障能力。

近年来，汽车行业正在发生革命性改变。在一汽－大众进行电动化转型的过程中，金涛所处的焊装领域最大的挑战就是新材料、新工艺的应用。比如铝电阻焊、摩擦焊等，有些技术和材料还是在一汽－大众首次应用，金涛及其团队花费近两年时间，攻克了诸多难题。

同时，一汽－大众还在进行数智化转型，金涛和他的团队同样面临转型挑战。金涛利用业余时间，学习并开发了数字化管理设备运行数据的程序等，他和团队正在打破传统的管理方式和技术手段，来提升整个生产过程当中的能力。

"技术小白"的教训

2000 年 1 月 1 日，是金涛在一汽 – 大众上班的第一天，他的第一个工作岗位是奥迪 C5 生产线的点焊工。

起初，他总感觉会迷路，两三天后才熟悉车间。因为，彼时一汽 – 大众工厂的标准化就已经做得很好，很多地方看起来都相似。金涛回忆，这与小时候他去父母单位，以及上学时到工厂实习所看到的零部件厂完全不同——是更立体和多层级的生产体系。

工作的前三年，对金涛来说既是适应期，也是学习期，他既要适应高强度劳动，又要适应快节奏学习，以补充自己在技术上的不足。

他最大的挑战，一个来自体力，一个是对知识体系的颠覆。

体力方面，奥迪 C5 车间自动化程度不算太高，焊装车间有 10 台库卡机器人，操作时要把几十斤重的手动焊钳抱在怀里，一干就是一整天。几个月下来，高强度劳动让他感到一种从未有过的压力。

知识体系方面，他在校学习的内容基本是机床维修，而在车间使用更多的是焊接设备，机器人和总线系统都是第一次接触。

尽管如此，他也没有怨天尤人，而是向着心中目标，大步流星地往前追赶。至今，金涛仍旧记得，他学会的第一个操作技能是用锉刀修饰点焊电极帽，练习的第一个动作就是如何把电极帽锉圆、锉平，锉完后焊点平整规矩……

在老师傅"传、帮、带"，以及一汽 – 大众培训中心的帮助下，金

涛边干、边学、边培训、边重建自己的知识体系，很快适应了点焊工的工作。

2001年，车间开展全员维修效率提升工作，他有了更多动手维修设备的机会，并通过好学、勤快、善记，逐渐掌握了一些可编程控制器程序修改技术，这成为他后来转岗的一个重要契机。

2003年8月，金涛通过转岗考试，以焊装车间第一名的成绩成为一名机电维修技工。那时，一汽－大众强调一专多能，金涛这样的工人被称为上线电钳工，平时还在操作岗，一旦设备出现故障，就摇身一变成为机电技工，抢修完设备回来继续进行操作。

转岗以后，随着新设备不断增加，焊装车间维修人员紧缺，工作负荷量也在逐步增加。既当维修工，又当操作工，工作虽然忙，但他的心里却很兴奋。因为，他终于有机会接触世界最前沿的电气技术。在此期间，金涛牵头组织了13项革新，都不同程度地提高了工作效率，反响很好。

紧接着，金涛便经历了人生中第一个项目——焊装车间奥迪 C5 生产线搬迁，为后续投产车型奥迪 B6 腾出位置。

　　在这个项目中，金涛负责前部工段设备搬迁、前期准备和后期生产恢复工作。生产线共有 10 台机器人，他所在工段有 4 台，其中两台干点焊设备、两台干螺柱焊设备。

　　除机器人搬迁外，还要完成夹具搬迁，而电箱和夹具之间有安装距离，搬迁后，整个设备布局都要随之改变，需要思考如何让设备布局更加合理，适应实际生产需求。

　　为此，金涛等人对工艺布局进行了优化和改进。他负责技术，另外两三个同事协助实施，专业供应商进行搬运和安装，18 天内完成了搬迁和调试。

　　"任务完成时，我最深的感触就是通过动脑加动手，工作能力突飞猛进，但我还有些不过瘾。"金涛回忆说，完成这个项目更多的是进行技术准备，他凭借对车间现场的熟悉程度，重新将生产设备进行复制和组合，并没有真正发挥和融入自己的技术特长。

　　他没想到的是，在参与第二个项目奥迪 B6 自动化输送设备调试工作中，却遭遇了"翻车"。

　　奥迪 C5 车身运转是用悬链进行空中作业，而奥迪 B6 生产线第一次采用机械化设备滚床输送，也就是把轿车车身放到橇体上，通过轨道输送。工厂抽调焊装车间所有技术骨干参与，两人负责一段。

　　金涛的任务是调试奥迪 B6 自动化输送设备，这是他第一次独立牵头调试网络、调试硬件、设计程序。他想当然地认为，只要按照说明书步骤分配控制器地址就没问题。结果连续作业好几天后，在测试时却发现，地址分配全是错误的。

　　没办法，只得推倒重来，重新编程分配地址。但留给他们的时间已经不多，厂里要求必须在 5 天内完成返工任务。他们咬紧牙关，连续两天作业。孰料一波未平，一波又起，调整后的程序传到控制器上无法运行。

当时出路只有两个：要么升级硬件，但这不现实，不仅会增加成本，而且时间也不允许；要么再次优化程序。他们只能选择后者。项目关键时期，他们连续一周没回家，不分昼夜连轴转，半夜困了，就在办公室里睡会儿觉，醒来接着干。

"当时我是按照自己掌握的知识体系来编程，试生产时才发现，自己并没有完全掌握技术，走了很多弯路。返工调试时，要求把 10 天的工作量压缩到 5 天。由于前期失败对我的自信心打击很大，导致接下来的工作我要反复求证，确定正确再往下做，这个过程用了很长时间。"他说。

后来，他们每人分头验证，再汇总验证结果。相当于把复杂问题进行切割，每人负责一块，从技术上提高工作效率，类似于现在的结构化编程。一波三折后，奥迪 B6 项目终于如期完成。

经过这件事，金涛深刻认识到，对技术要永远怀有敬畏之心。

德国专家叹服

2004 年，一汽 – 大众迎来革命性产品奥迪 C6（C 级车的第 6 代）。为做好此项目，一汽 – 大众派出生产工艺和装备维护技术人员，到德国大众进行 42 天的学习培训。

焊装车间派出 4 人，其中，金涛负责学习激光零间隙焊接技术，其他两人学习中频焊接技术，1 人学习激光测量技术。

激光零间隙焊接技术，是用激光熔化铜料，再把铜料与板材黏结到一起，用于奥迪车身顶盖与侧围之间的缝隙焊接。与以前相比，工艺不同，设备也更复杂。这是一汽－大众首次在车身位置使用这种焊接工艺，可以说是一次脱胎换骨的技术革命。

金涛感到压力很大，他从未接触过激光零间隙焊接技术，更何况整个系统和工艺。还有语言障碍，因涉及大量专业术语，翻译往往也不能用准确的专业语言转译，德国大众车间会英语的德国工人也不多。

出国前，金涛购买了纸质版德文《机电工程词典》，另一同事从北京购买了电子版德语词典。在德国期间，他们4人共用这些工具书，现用现翻。

学习后期，金涛就开始尝试与德国师傅交流，尽可能多地获取第一手资料。

白天，他背着德文词典跟多个师傅学技能；晚上，利用休息时间，请翻译帮助解决一些确定不了的知识点。

42天里，金涛就像是打了一场高负荷的游击战。这段经历也让他的德语水平，尤其是专业词汇和阅读能力大为提高，在日常工作中不仅自己能交流，还能给别人当翻译。

回国之后，金涛等人用一年多时间转化激光零间隙焊接技术，整个工艺按照中国工厂需求进行适应性改造。

相对德国大众，一汽－大众在生产环境、工艺流程、材料运输方面控制难度更高。在转化过程中，从把设备运到现场调试，到第一辆车下线，再到批量生产，他全程参与。

他们的工作成果受到德方高度赞赏。"经过激光焊接系统优化项目，德国专家对一汽－大众的焊装工艺有了真正的了解，对中国工人的技术能力也从问号变成了叹号。"他说。

到后来，激光焊接系统优化项目获得中国机械工业科学技术二等奖，并且申请了专利。紧接着，金涛又对项目进行优化，力求做到最优。最终，这个优化项目获得全国发明展览会金奖。

新材料、新工艺挑战

22 年来，金涛先后参与奥迪 C5、奥迪 C6、奥迪 C7、奥迪 C8、奥迪 B6、奥迪 B7、奥迪 B8、奥迪 E-tron 等重大项目建设，除奥迪 Q3 项目外，几乎将一汽 - 大众奥迪项目一网打尽。

这些具有前沿性的技术，让他在第一时间接触到了新设备、新技术和新知识。

比如因奥迪 A6L 的畅销，为满足用户更高需求，一汽 - 大众计划在高产的同时进行换型改造和新能源混合动力车型共线调试。为避免在此期间的产量损失，需要日产增加 30 台，外方专家给出的改造方案需投资近 1400 万元。

金涛凭借对工艺和设备熟悉的优势，毅然提议自主开展线体改造。他重新规划工艺分布，挖潜设备能力，自行改造完成的 7 套中频焊接设备，就直接节省投资超过 60 万元。为压缩工艺节拍，他每天工作超过 16 个小时，对数以万计自动控制信号进行分析和优化，有时为了关键的一秒，要调整上百个程序进行测试。生产线的节拍在这份坚韧中一秒秒缩短，最终，缔造出批量车型的生产效率提升 10%、节省改造费用超 1000 万元的改造奇迹，金涛也因此得到一个新称呼"主刀医生"。

在不断地磨炼中，金涛经历了各种各样的技术攻关，与此同时，他的技术和能力开始趋向成熟。2012 年，他荣获全国五一劳动奖章。从 2016 年到现在，金涛工作室已获得 5 个中国机械工业科学技术奖，包括涂胶柔性化生产系统、铝铸件脱屑等项目。

在生产中发挥重要作用的是铝铸件脱屑项目。2011 年，奥迪 C7 项目导入工厂，原来焊装车间主要生产钢制车身，从这时开始生产铝制车身，铝车身生产制造工艺成为最大的挑战。

奥迪 C7 项目有两大特点：一是车身与发动机连接的减震装置、承担车身重量的弹簧腿变成铝铸件，1 个铝铸件可代替 10 个钢件，使得这些部件的总重点减轻 1/3 左右；二是车身 4 个门变成铝材质。

金涛第一次在焊装中引入清洗钝化表面处理技术，这是全新工艺。现场有 13 个槽子，把车身部件按时间点，放到不同槽子里处理。过程很复杂，和油漆工艺接近，包括水处理、化学处理等。

铝件加工有两种方式，一种是铆接，通过机械变形把材料连接到一起，另一种就是激光焊接。以弹簧腿为例，铝铸件结构本身比较脆，在铆接过程中会脱落一些铝粉，粘到加工件表面。二次加工时，铝材会被粘下去，加之铝材容易出现裂纹，不仅对生产影响很大，而且粘掉的地方会不平整，影响车身表面质量。

经过观察和思考，为防止铝铸件落屑，他提出两种方案。第一个方案是采用隔离法，将铆枪和工件进行隔离，优点是更改的工作量少，可以快速实施，而且对原自动化工位影响不大。难点一是异丙酮有机溶剂具有挥发性，不太环保；二是异丙酮有机溶剂对设备有影响，会导致成本增加。

第二个方案是在冲压时用油脂做隔离，油脂本身具有拉延作用，可帮助成型。优点是只需在模具表面喷上薄薄的一层油脂，用量几乎可以忽略不计。难点是要变更机器人的安全区域划分，且正好在中间位置，需要重新规划工位功能。原来工位分为两个区，现在需要分成 3 个区，第 3 个区的功能是当安全门打开时，机器人开始涂液压油作业，不影响工位节拍。

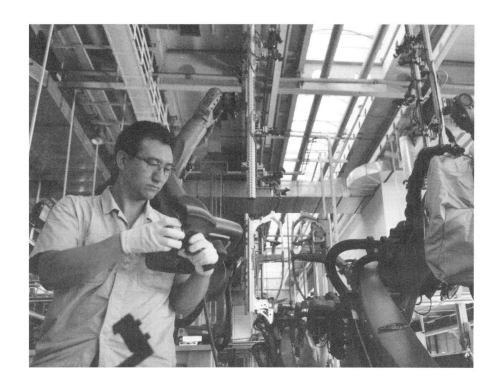

　　经过权衡，车间采用了第二个方案。铝铸件防落屑项目实施后效果好得惊人，最低实施标准达到一天能多处理 15 台（辆）车。再算上清理成本和返修件成本，保守估算一年能节省成本几十万元。

　　2018 年到 2019 年间，金涛已经成为焊装一车间维修工段工长，团队有 53 人。这一年里，他们几乎同时投入 3 件事情：一是奥迪 C7 生产线改造；二是奥迪 C8 项目前期规划及批量生产；三是奥迪纯电动车投产。

　　这是他入职以来接受的最大挑战。焊装工艺使用的进口装备，以往产品生命周期基本为五六年，现在奥迪 C7 产品换代，导入奥迪 C8 项目，但设备还处在生命周期内，如何对奥迪 C7 七条线体进行评估、改造、规划，让它们继续发光发热？

　　金涛决心对整条线体进行跨代升级，但这样做没有案例可以借鉴，因为德国都没有这样大规模自主执行维修、保养、改造的项目。由金涛牵头，组织一线骨干进行创新，挖掘旧设备潜力，依靠自身力量，完成了 31 类 634 台设备的维保工作，同时利用旧备件 739 种，近 5000 件。

新设备融入旧线体存在电气标准差异，金涛对两种国外标准进行梳理和适应性改进，开发出国际电气标准的中国版本，实现了新老电气标准的可靠兼容，突破线体利旧的瓶颈，节约成本超过 5000 万元，并开启了洋设备"延年益寿"的新模式。

奥迪 C8 项目前期规划完成，实现批量生产后，金涛转到纯电动车项目。新项目车身构造变化较大，在装配工艺上，它的铝件使用量最多，包括后底板、弹簧腿、车身外覆盖件和四门两盖翼子板。

此外，在生产工艺中，一要导入铝点焊，二要导入摩擦焊。这两方面，一汽都没有经验，尤其是后者，在亚洲尚属首次应用。

摩擦焊的技术工艺并不是特别难，控制过程也比较容易，但问题在于设备很贵、维护成本很高。在前期过程中，金涛团队做了整个设备类型的梳理和整个备件替换的工作，用最少的备件来保证设备的正常运转。

铝点焊方面，金涛团队一直在做质量提升。在一体化铝焊接中，经常要使用大张的板材，焊接的板材的边缘、平整度、冷却系统的影响都非常大，金涛团队需要对焊接系统优化。比如做了速冷电极的开发（已经申请专利），单独开发了电极的休眠系统。

这套设备占地数十平方米，运行起来冷却系统负担很大，也容易出现问题。他们做了备用的冷却系统，相当于低投入做了一些冷却系统。通过优化设备的结构，优化工艺参数、电极形态、铣削方式、冷却系统，做到低成本的运行和高效运行，还有一些专修的工具。

这种设备数量虽然不多，但是对一汽－大众来说，是一种比较新的领域，金涛团队想通过这种新设备的引进，把新技术发挥到极限。从这款车上，可以看到大众汽车集团向电气化转型的决心与轨迹，而对于金涛等人来说，最大的挑战就是新材料和新工艺的应用。

合资反哺自主

金涛还将所学赋能于中国一汽发展，在红旗工厂的生产过程中，他和团队也提供了一些技术的支持。

如红旗车现在顶盖生产使用激光切焊工艺，这个工艺也来源于德系技术。在这个过程中，金涛和红旗的技术人员一起来分析这个过程，帮助他们制定工艺流程，完善产品的质量，包括在后续的表面修磨、质量提升方面一起做交流做工作。

2023 年，他还去红旗工厂帮助工人优化激光焊的质量。红旗 H7 大约在 2018 年、2019 年开始生产，前期金涛就在配合进行此工作，包括从 2022 年开始，支持繁荣工厂的生产运行。

繁荣工厂的建设标准比一汽–大众现行所有车型的建设标准都要高，一是自动化的程度；二是在建设过程中也考虑到后续车型的柔性化的功能更全面；三是在生产管理过程和数据化的过程更完备。

2022 年 10 月，金涛单独派了 5 名技术人员到红旗工厂去进行技术支持，帮助他们一起提升生产过程的保障能力，还有人员技能的提升。这个过程中，金涛等人挑战最大的就是汽车制造流程当中的数字化。

和过去不同，现阶段市场竞争和产品需求有更高的目标，生产过程中的数字化就是工人追求目标的一个手段。

比如，在汽车生产过程中要做到多车型的混流生产（也就是柔性化生产），一个生产线生产多个车型。在这个生产过程中，有很多零件相似度很高，甚至有的可能外观看着都是一样的，只有几个孔的位置不一样。这个过程中原来传统要用人目视来检查或者用一些传感器来检查，人最大的风险是稳定性的问题。用传感器来检查，最大的问题则是灵活度不好，每种车型要有相应的传感器跟它配合。

于是，他们尝试用民用的视觉系统来检查，把民用的一些技术应用到工艺生产当中去，做工业质量的检查，这也是以一种数字化的方式来解决问题。但它的投入很低，一个民用的摄像头几百块钱，整个系统几千块钱，相比之下如果以工业方案做这样一套系统，可能花费十几万或者几十万。

2019 年，金涛开始把设备进行联网，通过自己编的 Python 程序来读取数据、处理数据、检查数据，还把数据按照期望进行管理，甚至是进行变化点的管理。在参数发生变更以后，可以收到提醒，做新旧数据的对比，把这些功能集成到系统里。虽然这个功能开发的时间比较晚，但开发出来之后，解决了长期的低效率的问题。

再比如设备的动态监控，读取焊接设备的过程参数，通过参数建立数据模型来判断设备运行状态。原来用的是计划性检修，按照这个设备的属性进行计划，到时间点就进行维护，看起来是比较科学的，但是实际上现场的工况是不一致的，可能会额外投入了维修的时间和经费。

如何来判定？把这些数据联网读取出来进行分析，哪些该做，哪些不该做。还可以通过动态的传感器来分析它工作过程中的稳定性。这些工作是金涛和团队自主通过技能提升，以小投入的形式来开展数字化的代表。

一汽－大众在 2018 年前后，陆续开展数智化转型。从公司整体层面，有体系、有系统地进行数字化转型，这是一项非常昂贵的工程，需要尽量减少试错成本，再大规模、重资产地投入。

　　金涛等人则立足工作的角度，以低成本的形式来开展一些数字化的工作。以先导车间的形式，做小规模的数字化系统的构件，在这个过程中进行测试，进行优化，发掘它潜在的优势，再逐步推广。

　　最大的困难是，在这些过程中工人们需要利用大量的业余时间学习Python、JAVA、宜搭编程等，这些能力是包括金涛在内大部分人的空白区。金涛带着大家一起上课，一起来做一些开发工作。

　　在努力提升自身的同时，金涛也发扬中国一汽"传帮带"精神，坚持"做事先做人，传艺先传德"，言传身教，把工作室打造成创新、育人的新高地，把多年的学习心得、操作经验毫无保留地传授给他人。

　　一直以来，金涛努力将个人打拼变为技术骨干带领下的梯队协作。2010年，以金涛名字命名的实验室挂牌，用于解惑授业；2013年，实验室改建成劳模工作室。金涛被大家称为"班主任"。

　　此外，工作室在大数据应用、设备智能管理、车身连接新工艺等领域取得突破，获得了包括中国机械工业科学技术奖在内的一系列重量级奖项，获得专利4项，已有1个国家级工作室和3个集团级工作室。随着新能源汽车产业高速发展，汽车制造智能化水平不断提升，金涛建议以高职院校为培训平台，帮助一线产业工人学习掌握智能制造领域的职业标准和技能，培养具有国际化视野的高端复合型智能制造人才。

　　从2018年开始，他探索校企合作。现在金涛工作室已经建到了学校，既能为未来的一汽人做转型培训，还能够依托学校的一些资源，特别是知识资源来提升自己和团队，互利互惠。

　　金涛和他的团队每年给高专做120学时的专项课程，也辅助高专老师共同开发一些课程，为现场项目做支撑化的转换。比如员工参加全国的技能大赛，学校老师也会给员工做辅导，员工可以在学校进行训练。2022年，金涛工作室获得了工信部机器人程序员大赛二等奖，参赛人员就是在长汽高专技能大师工作室里进行的训练。

金涛号召一线工人抓住机遇，努力学习先进的制造技术，努力用数字化手段解决生产难题，在攻克难关中不断提升自我、完善自我，成为汽车制造领域的行家里手，努力为汽车强国作出贡献。

在 23 年的工作生涯中，金涛始终不断探索解决问题的新方法。他认为，即便有了 20 多年积累，也不能被经验主义、惯性思维所引导，只有不断找到新的解决办法，才能获得提升；要拥抱变革，坚持学习，专注技术发展，跟上行业变革的步伐。

周惠弘

以"精益"促成长

通过多项尖端疑难课题研究，掌握多项核心技术，降低了大量设备保全费用，2018年获得中央企业劳动模范称号

"一步步往前走，不断地设定更高的挑战目标。"这是对周惠弘成长之路的总结。他现在是一汽丰田长春丰越分公司总装课保全系系长。

　　此前，他曾担任过一汽热电厂电气实验室班长、一汽丰田长春丰越公司设施原动力课保全系长、涂装课保全系长等职。自 1988 年参加工作以来，他一直秉承"在攻关中提升自身能力、在学习中扎实技术本领"的理念，工作成绩节节攀升；他认真牢记习近平总书记视察一汽时的重要讲话精神"要把关键核心技术掌握在自己手里"，主动挑战技术和管理上面临的尖端课题。

　　工作 30 多年来，周惠弘一直兢兢业业、克己奉公、永葆本色。他带领团队用两年左右时间把丰越原动力保全职场力水平做到丰田事业体第一，也曾与外方代表据理力争为工厂节省大笔保全费用，在新成立的保全系，把丰田 TPS 管理方法贯彻到团队管理中，圆满地使整合后 300 多人的保全队伍平稳过渡……

　　几十年来，周惠弘始终迎难而上，敢于接受挑战、勇于履行责任担当，为一汽动能公司、丰越公司、一汽丰田和中国一汽高质量发展贡献了力量，也收获了荣誉，先后获得一汽劳模、长春市劳模和"长春工匠"等荣誉。

　　在追求自我成长的同时，周惠弘不忘技能传承，自编《新员工综合试题》《TPS 方法题库》《原动力专业技能》等 10 多部题库，把自己从丰田学到的管理方法运用到人才育成中，不仅自己通过学习获得丰田 GL 职责讲师资格证书，还培养了 16 名青年技术骨干走向重要岗位。

在他身上，既有老一辈劳模、工匠传承下来的勤奋钻研、无私奉献的精神，又与时俱进，有着新时代技术型、智慧型人才的素养。

勤能补拙自奋蹄

1985 年，16 岁的周惠弘初中毕业后，考上了水电专科学校电专业。水电专科学校一汽技工班是在老厂长沈永言倡议下，专门为一汽动能公司的后续人才培养建立的，周惠弘所学为电专业。

周惠弘一家都是一汽职工，父亲于 1954 年响应号召，从千里之外的上海来到长春支援一汽建设，是厂里的老八级电焊工，3 个哥哥也全在一汽工作。作为一汽人，他们知道能考上这个专业不容易，认真刻苦工作了一辈子的父亲，还再三叮嘱他要努力学习、积极向上。

刚进学校时，他面对老师讲授的工厂电气设备、线路图专业陌生内容，觉得学习很吃力，有些跟不上。第一年下来，在全班 40 名学生中成绩排名到中后。为了不辜负父亲的期望，每天下课后，周惠弘总是泡在校图书馆里埋头学习。二年级期中结束后，他就挤进了班级前 10 名，还当上了自动装置课代表。

1988 年，周惠弘毕业分配到热电厂，当时电气车间有运行、检修和试验 3 个专业，尤属试验班专业特殊、技术性最强，主要从事电厂设备的继电保护专业试验工作。周惠弘在选拔考试中脱颖而出，和另外两名同学一起考进了试验班，跟着试验班班长潘洪来、师父刘哲儒学技术。

周惠弘进入试验班后，平日跟着师父对着设备学一次图、二次图、继电保护基础与电气设备校验，下班回到家还不忘背图纸，直到图纸上每一支线路、每一个元器件都印到他的记忆里。

然而，理论和现场实际之间相差较大，当他走进车间开始和真正的设备打交道后，很快就遭到了现实沉重一击，体会到"纸上得来终觉浅"，过去几年虽然死记硬背了一堆理论知识、图纸，但遇到设备异常的他还是分不清哪儿是哪儿，更别说怎么排查隐患、消除故障；还有各种很复杂高深的发电机保护、距离保护、主变保护等保护校验和保护定值计算要学习，周惠弘顿时有了挫败感。

看到儿子消极的样子，父亲经常用自己的成长历程来鼓励他。这位一汽设备修理厂的老八级电焊工，电焊技艺水平相当高，一辈子兢兢业业、勤劳刻苦，从普通维修工一路成长起来，曾获得先进生产者的荣誉。他用自己的经历告诉周惠弘：要相信厚积薄发、勤能补拙、熟能生巧。

在父亲的鼓励下，周惠弘又重新燃起了学技术的热情，复杂的电路看不懂，就从培养增添个人的电子电器兴趣爱好入手，先拿家里的彩电、音响、冰箱、洗衣机等电器练手，琢磨研究学习修理，并且借助《电子报》《电器维修》这些报刊学修家电，修着修着就在单位修出了名。通过修好一台台电器，自己在修理成就中获得喜悦感，对电子电器也产生浓厚热情，同事家里电器坏了都来找他修。

时间一久，周惠弘积累了维修电器的丰富经验，掌握了电路的基本原理，学会了看各类电器图纸。触类旁通，设备出了故障，他拿起二次图也知道该从哪些地方着手进行检测，继电保护试验技术水平跟着提高了很多，自己也越来越喜欢上了电气这个专业。

1995年，热电厂开展环境改貌打赢翻身仗的"安全生产双达标"活动，如果达不到电力行业热电企业安全评价标准，将面临被关停的风险。当时工厂里的设备大多是20世纪50年代一汽建厂时的设备，还有很多都是老苏联设备，40多年下来，跑冒滴漏不断，故障停机频发，设备翻新起来难度很大。试验班的工作任务是承担所有电气方面老旧设备的改造任务，因为周惠弘是单位的青年岗位能手，车间领导就把这个重任交给他。周惠弘组织了一支10人的团员青年队伍，仅用了8个月的时间让几十年的老化设备脱胎换骨、焕然一新，各种电气设备重新燃起原动力。

周惠弘喜欢对设备疑难问题攻关，每一次攻关都是对自身技能的提升。受父亲的影响，他相信人与人之间的差别不完全在智商，而在于谁更刻苦更能坚持，所以他享受每一次挑战，全身心地投入每一个课题的攻关中。

领悟精益管理精髓

2006年，已经担任热电厂电气试验班班长的周惠弘听到一个消息：一汽正在选拔优秀班组长支援一汽丰田建设。一汽丰田是一汽和丰田在2003年成立的合资公司，2006年泰达第三工厂正在建设中，一汽计划选派优秀员工去，同时把丰田精益生产（TPS）的经营管理理念带回来。

这个消息让周惠弘十分心动，他对丰田的精益生产管理早有耳闻，尤其是当上试验班班长后，一直有一个心愿，就是到丰田去看看，学习丰田先进的管理，提高自己的班组管理能力。他积极报了名，经过各级层层筛选，从动能公司脱颖而出，和一汽集团各公司选派的20多人一起进入了最终的面试。

面试这天，周惠弘带着复杂的心情走进考场。当时，75岁的父亲已经病重住进了一汽总医院，父母在不远行的道理周惠弘懂，但去天津丰田的机会也是他梦寐以求的，哪一个他都放不下。病榻上的父亲知道后劝他："你有这个好机会一定要去，人生有几次这样的机会？"在父亲的鼓励下，兴奋期盼中又夹杂着一丝沉重的担忧，周惠弘内心五味杂陈。

面试考官是从一汽丰田来的领导和技术人员，他们向周惠弘抛来一个又一个技术问题，他都对答如流。当时周惠弘年纪不过 37 岁，曾获得过一汽的红旗岗位称号，又是全国百佳班组的班组长……这些成绩让他在面对考评时游刃有余。8 月末，收到丰田的报到通知后，周惠弘 9 月 1 日到天津报到开始工作，10 天后的教师节这天，就传来了父亲辞世的消息。

"父母之爱子，则为之计深远"，周惠弘深知自己能够到一汽丰田，其中包含父亲的付出和遗训，尽管难过，但不能辜负父亲的期望。在天津两年多的工作，他又像回到了学校时代那样刻苦，全身心地扑在工作上，从外方的专家、管理者身上学习原汁原味的丰田工作方法。

当时，他担任泰达工厂设备课班长，在建的工厂设备一切都新颖先进，很多设备正在安装调试中，新招来的员工也没有经过专门训练，操作水平还达不到生产要求，周惠弘既配合解决各种设备的调试问题，又负责新设备的验收和电气技术指导。

泰达设备课的员工多数为新人，面对复杂的电气操作很难胜任独立作业。周惠弘便积极承担起对员工的电气专项培训。他把自己当初在动能热电厂学习的那套经验毫无保留地教出来，对于新设备自己先研究明白原理、绘制出二次接线图，彻底吃透后，再把电气工作流程以通俗易懂的方式教给大家，到实际设备中讲解作业操作、表计检测方法。去天津之前，有同事提醒他，教会徒弟饿死师父，但他想的却不一样：大家一起有缘在一汽丰田工作，我要把我所学全部经验与技能传授给他们，为公司作出贡献。让他欣慰的是，带出来的 7 位电工都成长得很快，都成了技术骨干。

周惠弘工作中经常和外方的技术专家、管理人员打交道。靠着过硬

　　的技术解决了一项项新投运中的电气设备问题，并赢得了外方专家的尊重。

　　一天夜里，正在公寓的周惠弘接到中方课长"十万火急"的电话："老周，你赶紧过来。"他赶到厂里之后才知道，原来是工厂突发全面停电引起生产停线了，车间黑灯瞎火、一片沉寂，不复往日的机器轰鸣。外方支援的几位专家已经急着鼓捣了半天，也没找到问题根源，看到来了个中国工人，这位经验丰富的专家一开始还不放在眼里，嘴里嘟囔着"你不懂""有危险别靠前"。周惠弘不卑不亢地告诉他："你看我的，我告诉你一步步怎么安全处理。"凭着这么多年积累的排障思路经验，他组织并自己动手对相关各个电气柜保护调查、线路电缆进行标准确认摇测，很快就查到故障出在一个 PT 柜设备上。

凭借继电保护修理的经验，周惠弘判断切除故障设备不会影响生产，提出先排除 PT 柜恢复生产。外方课长不认同他的提议，直面反对，说"不行"，但最后还是被周惠弘说服。事不宜迟，人们立即按照他的提议进行操作。很快，供电恢复了，工厂瞬间灯火通明，生产设备运转的轰鸣声再度响起，中外方工长、厂长都兴奋起来。后来又经过一系列事件，周惠弘用他的专业能力、过硬的技术水平，"征服"了外方技术专家，尤其是外方课长。

在与外方的工作交流中，他也学到了丰田精益管理的精髓。以前每当设备出现问题，外方课长总爱追问一系列"为什么"，一个厂房照明的金卤灯坏了，他也会问："为什么坏了？"刚开始周惠弘特别反感这个问法，一个照明灯"坏了不是很正常嘛"，课长接着问："那么，为什么别的没坏？"

这句提问确实难以回答，时间一久周惠弘慢慢就领会理解了，课长常问的"五个为什么"代表了丰田管理的思维方式，通过提问一步步地引导他找到问题的根源，并找出解决问题的对策，而不能靠以往跳跃式、惯性思维工作。这也正是丰田精益管理中核心的"5Why 分析法"。

学以致用，以技服人

2010 年，长春丰越项目重新启动。长春丰越前身是 2003 年 7 月成立的长春一汽丰越汽车有限公司，2005 年 8 月，四川一汽丰田有限公司以资产并购的方式完成合资。2008 年丰越西工厂奠基开工后，受金融危机影响而搁置了两年。

　　项目重启后，项目组希望周惠弘能够过去参与筹备工作。当时他已经从天津一汽丰田回到了一汽动能热电厂，在生产技术室负责管理热电厂生产并担任生产管理组组长，一年多时间给工厂管理风貌带来巨大改观。他推行的能源标准化、生产标准化管理、设备基准管理、设备倾向化管理方法沿用至今。

　　听说他要走，厂里舍不得他，厂领导专门到技术室办公室找他："在这儿工作不挺好吗？"周惠弘也左右为难，他是热电厂培养出来的，毕业就进了热电厂，这是他挥洒青春热血的地方，也见证了他从一个懵懂新人成长为一名出色的管理者，他对动能有着深厚的感情。而且，2009年他从一汽丰田回来之后，把在丰田学到的管理经验贯彻到工厂生产和设备维护中，正干得风生水起。

　　到了这年"十一"，周惠弘又收到丰越召唤的信息，这次他心动了。"丰田让我学到更多知识，对能力有更大的提升，应该趁现在年轻再往前努力一下。"抱着这个愿望，2010年11月，周惠弘正式调到了正在筹备中的长春丰越西工厂项目组。

　　刚到的时候，丰越项目钢结构基础才完成，四周被苞米地包围，11月末的北方已经入冬，厂房内还未暖封闭，四周围着厚厚的棉毡子，也挡不住北方冬天刺骨的冷风。工人就在这么恶劣的环境下赶工期，工地上彻夜灯火通明，机器轰鸣声不断。有了之前在丰田的经验，周惠弘很快就适应了丰越的工作节奏。

　　丰越当年投产定下的目标是年内生产6.45万辆卡罗拉，全厂上下一条心都奔着这个目标，冲劲十足。但电力供应却不给力，当时各车间进线电源由10千伏供电线路供电，经常这边车间机器还在轰隆隆运转，那边突然"啪"的一声，出现不明原因的跳闸。工厂整体电气系统图都是周惠弘一笔一画一条条线路地绘制出来的，他相信丰越的设计没有问题，问题应该出在设备安装方电业局那边。

周惠弘指出的设计计算整定值可能存在问题，没想到对方技术员态度强硬很难沟通，一口咬定自己的计算符合标准规程，没有问题，还拿出公式给周惠弘演算了一番，指向丰越这边变压器不合格、有问题。周惠弘又回去核查十几条线路及变压器的参数数值、查阅相关标准规范。

这么多年和电能、动能打交道，他判断问题肯定就出在定值计算法上，又折回去和对方谈判。

他摆事实、讲标准、列依据，指出对方采用的普通算法，没有考虑到整车厂的焊接、冲压、涂装等工艺采用的都是特殊变压器，短路阻抗小输出电流大，计算的定值不符合继电保护可靠性、选择性，以及特殊的使用。经过往返多次技术沟通，最终凭借有条理的依据标准将电业局技术员说服，放开并应允了周惠弘自主计算整定丰越厂内电气保护定值的权限。

丰田技术中心（TTCC）每年会对丰田中国事业体各公司从生产、品质、成本和人才育成等多维度进行职场力评价，考察设备的稳定程度、故障率、保全计划是否健全等。2012年丰越刚投产，在TTCC来考评后，外方课长对结果很不满意，批评丰越原动力各项工作进展都"太慢"了，人员技术能力水平比较低。周惠弘想，日本丰田工厂也是经历几年职场建设，给丰越时间也一定能达到。他立下"军令状"："课长，给我三年时间，我一定会快速地让我们原动力部门成长起来。"

周惠弘把在一汽丰田学到的经验带到丰越，用丰田TPS的方式培育人才。当时丰越的员工大多是从长春各大职业院校新招的学生，基础薄弱也没有经验，周惠弘自己编制了《新人综合素质题库》《TPS方法题库》《原动力专业技能》等多部题库，模仿当年他初入动能车间时领导的人才选拔方法，教育和选拔人才。他将自己绘制的丰越工厂电气系统图教给大家，带着他们像自己当年那样背画出来、熟悉设备、吃透理论知识后，再带员工到现场看设备，手把手地教他们操作方法、异常检测法。在周惠弘的悉心培养下，有5位技术骨干凭借业务能力当选了班长。

到2014年年末，丰田TTCC评委再来丰越的时候，评审专家惊喜地发现，不到三年的时间，丰越的原动力保全职场力已经从一两年前的80%、90%，提升到了96%职场力稳定化水平。当时丰田事业体属下有GTMC广汽丰田、常熟丰田、天津一汽丰田，还包括丰田锻造、丰田发动机这些企业，而丰越在这些企业中，与GTMC并列排在第一位，被称赞为进步最快的公司。

2016年，考虑到5大工艺的车间保全人员能力较弱，设备可动率不达标，重复故障频发，丰越公司经管会决定提升保全人员技能水平与保全能力，开展对内部保全的整合计划，把车间的保全人员全部规划到设施原动力课，由周惠弘等同志带领，成立了保全系。保全是从日本丰田引进的概念，是通过TPM的4本柱来保持设备的完好、不让设备发生故障以打造不坏的设备为目标，去实施设备的保养、润滑、紧固、调整、测试。原来这些人员分布在总装、焊装、涂装和冲压、成型等5个生产车间，再加上原动力，保全系成立后，将6大车间整合在一起，员工达到330多人，团队管理和能力提升的重担又落在了周惠弘身上，公司任命他出任保全系系长。

周惠弘以前也干过管理工作，但这次还是感到肩头的担子很重，不仅因为这次要带领300多人，更重要的是，保全员工当中有不少来自其他各个公司，工作风格也各不相同，有些人员经验丰富、资历很深。另外涂装线、焊装线的机器人等设备，总装线的工艺设备、冲压压力机、成型机等，这些制造工艺设备他更是闻所未闻。

周惠弘是从工人中成长起来的，技术是他的根本，技术强他的腰杆

就直，讨论问题时也有底气，但遇到这么多自己不熟悉的方面，怎么办？因为是新体系，还得重新按部就班从稳定队伍、完善基础管理开始。到了保全系后，他花了半个月时间制定了一个包含133项工作推进开展的行动表，逐项推进落实完善保全新的机制。其中围绕安全、品质、生产、成本和人才育成5大任务来制定评价体系表，每个月对20个组保全工作打分、评价，并和每个人的能力业绩等绩效挂钩。

这个评价体系工作表推行宣贯时并不顺利，有几个组联合几十人拒绝，有的人甚至直接问："系里凭啥来评价我？"为了顺利开展工作，周惠弘就组织各组讨论，一个项目一个项目地展开对评价标准的讲解。遇上反对意见，他耐心倾听，动之以情，晓之以理，让大家明白，凡事得讲标准，标准不落实工作干不好。一个多月时间，周惠弘努力做通了9个有想法班组的工作，逐渐把分解分裂的保全变成了一支规范化的正规军。

周惠弘认为，很多工人虽有很高的技术水平，但缺少精益求精的劲头和专注的精神，才导致工作能力比较弱。"公司把保全这么大的体系交给我，我一定要带出一支合规、具有正味的队伍。用我的经验传承，打造一支作风硬朗、勤奋钻研的团队。"他以丰田的TJI方法指导工作，专门培养出30多位班长，让工作达到了标准化、规范化。至2018年，保全系的各部门整体保全能力有了显著提升，设备可动率从原来的98%提升到99%。设备可动率是指生产时间与稼动时间减去故障时间的比值，是检验TPM所要达成的重要指标，可动率越高说明设备越稳定。别看仅1%的提升，背后付出的心血只有周惠弘才能体会。

坚持更高目标

2018年春，保全系完成了自己的使命，保全各部署回归到各生产车间；周惠弘被安排去了技术最复杂、品质标准最高的涂装课，担任保全工段长。他对涂装设备是半个门外汉，大面儿上他有保全经验思路，但涉及具体技术研究的事情，不懂技术的他认为无法开展业务。从内心来说，他不情愿接受这个安排，但当时他已经是长春市劳模，使命感又促使他不能拒绝组织上的安排。

刚到涂装课时，周惠弘明白带好年轻人要讲究方式方法，不能一味说教，要先和年轻人交朋友，日常以丰田的工作方法给大家做培训，也从完善保全日常基础做起，培养大家认真工作的态度。他发现设备点检的保全计划清单存在许多漏洞，为此成立了标准化课题组，对现场不符合设备点检保全要求的项目逐一调查梳理，他说，"我不懂涂装技术，这个事情你怎么修我不细问，但是干没干却能看出来。"他经常拿着点检表，到现场挨个去核对保全后的设备状态。另一方面，他也在一次次组织技术上的尖端课题研究中，学习提升自己的技术水平，潜移默化地赢得了大家对他的认可，让大家觉得"这位老师傅经验还是有的"，慢慢地在年轻人中树立起了自己的威信。

2019 年，外方支援者提出一批老朽化设备更换计划，但更换车间里所有的设备部件，项目预算计划数千万元。当时车间里很多设备使用才六七年，且没有出现任何异常征兆。周惠弘不同意这样更换设备，因为会给公司带来巨额损失，本来状态很好的设备，没临近寿命就换掉是无法充分发挥价值的，他认为更换周期标准无依据不成立。因此，他与外方产生了分歧。外方支援者"欺负"周惠弘不太懂设备和技术，让他自己去做个中长期项目规划。他不服气，"你觉得我做不好，我越要做好"。

他从系统调出涂装课的保全计划，依据经验罗列出重要设备部品，逐一查询历年的异常故障履历，根据履历来判断设备的使用周期。他还组织各个班组骨干反复修正完善各项目周期方案，历时 3 个多月，终于编制完成了涂装车间第一套设备中长期 10 年（2020—2030 年）保全千项计划，弥补了保全中长期项目的空缺，为设备保全周期提供了充分依据。

当时车间有 130 多个变频器，外方支援者认为 8 年就该陆续更换，提出先期换掉 52 台变频器，早期预防以避免出现故障影响生产。而实际上，这些三菱变频器才使用了 7 年左右，52 台变频器全换，备件费就要几十万，周惠弘一听就不同意，跟外方的主担各执己见，谁也不服谁，事情还传到公司外方部长那里。

周惠弘为了说明自己的理由，也拿出依据和他们据理力争：他仔细翻阅研究厂家的技术资料，找到了变频器具有寿命到期的预警说明，发现厂家给出的使用年限是 10 年，又对标了其他同行业的使用情况，个人凭经验判断实际使用中如果保全做得好、做好温度管理，能延长使用到 12 年至 15 年不坏。在他指导实施的两次变频器异常诊断操作试验，效果明显证明了周惠弘判断的正确性。到现在各变频器设备同比发挥超出 4 年价值，12 年过去了，那些变频器还可以继续正常工作。

2019 年，公司从日本川崎机器人采购了十几块新品主处理器电路板备件，刚装上就出现通信不良、黑屏等问题，厂方坚持是交换过程中出现了损坏问题，建议公司重新下单订购新主处理器板。眼看这笔花了 52 万元采购的备件搁置，周惠弘于是仔细学习研究技术资料，采取各种办法检测，结论是电路一切正常，多次示教未果让研究再次无从下手。

周惠弘静下来和小团队分析机器人电路结构，判断应该是部分程序有问题。他和厂商派来的技术员分享了自己的分析结果，还和团队共同设计了诊断检测办法，用 RS232 串口线串主机来读取程序，终于发现了问题。

在有力的验证下，川崎也认真向丰越递交了调查整改报告书，出现问题的电板是因为按普通工艺制造疏忽造成，这一问题的产生反映出制造工序上的不足，川崎承诺对主处理器电路全部返厂免费解决。周惠弘推进了厂商电路组装工序的完善，避免再流出到市场，还赢得了合作方的赞誉。因为项目问题的研究解决，周惠弘也获得了一汽集团公司优秀成果奖。

2021 年，习近平总书记在一汽视察时曾强调：一定要把关键技术掌握在自己手里。周惠弘把这句话作为思想引导、精神动力，在班组里选拔几名素质全面的技术骨干，组成了一个"高精尖技术创新小组"。

2022 年立项以来，周惠弘带着"高精尖技术创新小组"的成员做了大量工作，了解设备故障成因、设备交换失败将造成多大后果……又组织开展了多次研讨会，讨论各种解决方案。新来的外方主担得知周惠弘正在研究喷涂数据电路交换技术难题，2023 年初帮他请来了日本专家指导，在大家齐心协力的合作下，这项搁置了 10 年之久的难题终于被拿下了。

2023 年年初，他指导小组的成员按照做出的标准作业手顺书全部掌握了交换技术。看到喷涂数据交换技术的成功，机器人手臂动作自如地进行各角度喷涂作业，喷膜品质没有丝毫瑕疵，当初立下的誓言可以如愿兑现了，周惠弘悬着的一颗心终于落下了。

30 多年来，直面挑战、攻坚克难是周惠弘工作的写照，跨越不同岗位和专业带来的挑战，还受公司指派去组织带领总装课保全系团队，面对新体系面向新征程树立新目标，是压力也是他前进的动力。现在，他每年都会给自己立项，要求自己跳出工作边界去挑战更大的技术难题，"一步步往前走，一步步往前干，不停地设定一个更高的目标"，从一名普通工人到劳模、"长春工匠"，到政协委员，周惠弘就是这么一步步脚踏实地走过来的。

在制造业数字化转型大势所趋的当下，周惠弘的一个新课题，是把"高精尖技术创新小组"成员培养成适应数字化和数智化的人才。在这个过程中，他依然走在前列，从干中给大家做表率，把精益求精、专注、钻研的工匠精神传承给大家。

吴殿维

国车卫士不辱使命

两次参加红旗国庆阅兵车生产保障，圆满完成 APEC 峰会、"一带一路"峰会、上海进博会等一系列国事活动，以及国庆 60 周年阅兵、"九三"阅兵、国庆 70 周年阅兵保障任务，2018 年获得全国五一劳动奖章

国庆阅兵、APEC会议、G20杭州峰会、"一带一路"峰会、金砖国家峰会……对于绝大多数的国人来说，这些扬国威的重大国事，那些定格在美好的记忆中的盛大场面，都是通过观看现场直播的方式欣赏到的。

中国一汽红旗工厂的吴殿维不一样，他每一次都在现场！因为，他是国车红旗最出类拔萃的服务保障人员、如影随形的亲密伙伴、最可靠的忠诚卫士。可以说，他的人生因红旗而不同。

2009年，国庆60周年阅兵，吴殿维负责检阅车的服务保障工作，并在检阅后登上天安门，观看了阅兵式和晚间的焰火表演。

美国总统出访的"规矩"众所周知：那就是在天上一定要乘坐"空军一号"，在地上一定要乘坐自己从美国空运过来的凯迪拉克专车。2014年11月，红旗L5终于迎来了一个巅峰时刻：国家主席习近平访问新西兰，把红旗L5作为专车，这是中国的领导人首次自带专车出访。吴殿维作为主席专车的服务保障人员，见证了中国国家主席出访第一次自带专车，他也成了汽车工人中随行国家主席出访的"第一人"。

毫无疑问，这一次的随行责任重大，使命光荣。每天都有特别严格的日程安排，几点吃饭，几点出发，坐哪个车，都有明确的规定。吴殿维时刻保持着高度戒备的状态。"说不紧张是假的，不过当司机问我车的状况时，我每次都特别肯定地说：放心，没问题！"尽管吴殿维对经自己手出来的车充满自信，但直到行程结束，他悬着的心才真正放下。

"这是我们国家领导人第一次自带专车出访，我作为随行的汽车工人，也应该是第一个。"吴殿维心里非常珍视这个"第一"，因为，这份荣耀不仅仅属于他自己，更是属于寄托着国人厚重情感的中国一汽红旗品牌。

2015 年，中国人民抗日战争暨世界反法西斯战争胜利 70 周年阅兵，红旗车被选定为抗战胜利 70 周年庆典的专用阅兵车。吴殿维又担负重担，成为服务保障团队一员。前期从零部件入口验收到装配过程质量控制，及整车下线质量评审，特别是涉及安保验证项目，每道工序他都全程跟踪并认真填写随车检验卡，全部项目都要进行二次确认，共确认关键特殊技术点 89 项，质量控制点 135 个，同时积极配合军方进行安保检查及信息技术验证。其间为确保检阅车万无一失，在可靠性的环节上他制定了两套应急方案，为实现"零隐患，零故障，零抛锚"打下了坚实的基础。他还与小组成员一起制定了质量控制方案，从隐患预防到控制要点，明确了电器和底盘两大项控制项目，包括日常维护保养技术要求等 130 余项。阅兵任务圆满结束后，他得到了部队官兵和制造部领导的一致好评。

精湛是怎样炼成的

作为国家领导人检阅用车和国宾车，红旗的特殊性不言而喻；保障国车红旗在所有重大国事中万无一失地完成使命，没有过人的专业能力是万万不行的。从参加工作到现在的二十几年里，吴殿维全身心投入红旗事业里，正是凭着勇于奉献和一丝不苟的工作作风，多次获得"集团公司劳动模范""长春市劳动模范""吉林省劳动模范"等荣誉称号。

翻开吴殿维成长的履历,一条跨越式的提升轨迹呈现在眼前:参加工作27年,有24年在整车装调岗位上!

1991年,刚刚参加工作的吴殿维在当时的一汽车厢分厂当起了冲压工人。他就是喜欢汽车。3年后表现突出的他,被派往轿车分厂驻北京服务站。职业生涯中的首度进京,让吴殿维的工作重心从冲压工艺转向了汽车维修。在服务站,远离家乡和亲人的吴殿维一干就是多年,手磨出了老茧,磨出了经验,更磨出了浑身的精湛技艺。2006年,吴殿维回到长春,在原一汽轿车公司红旗事业部总装车间扎下了根。也正是这次调动,让吴殿维的人生,与检阅车和国宾车结下了十几年的情缘。

国庆60周年红旗检阅车项目组成立于2007年,吴殿维有幸成了其中的一员。在生产准备初期,他负责整车电检与整车机械维修工作。在装配样车的过程中,吴殿维发现:由于检阅车电器零件间的匹配极为复杂,装车前又无法验证,造成功能质量问题时有发生。怎样才能在源头上解决这个难题呢?一个制作模拟电路台架的构想浮现在吴殿维的脑海中。

有了这个想法,吴殿维简直像着了魔一样,一有时间,就把整车电路图全部铺在物流库的空地上,蹲在地上看,趴在地上看。泡面成了他最常规的餐食,纸箱成了他经常眷顾的床铺。功夫不负有心人,两个多月过去了,他脑海里的那个模拟电路台架,终于变成包括灯光、音响、空调等全部电器接口的电路运行状态检测工作台,并成功投入使用。这个台架免去了安装工作的后顾之忧,大大提高了装配效率,更成为后续车型装配工作的质量把关法宝。

时光在忙碌中飞逝。500多个日夜斗转星移,2009年10月1日国庆节,当红旗检阅车不辱使命,完美谢幕,吴殿维和在现场的几个弟兄紧紧地

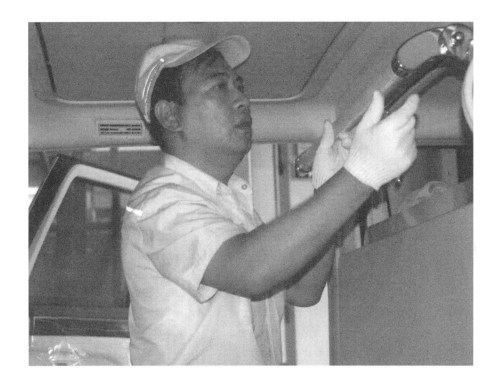

拥抱在了一起，喜悦、激动、自豪……

吴殿维对维修技术的执着追求，不仅把服务保障塑造成了高端品牌，也让自己越来越自信、越来越强大，担重担的机会也多了起来。

2013 年的上海车展上，红旗 L 系列高级轿车隆重亮相。几天之后的 2013 年 4 月 25 日，时任法国总统奥朗德访华，承担接待任务的，正是全新红旗 L5 国宾车。2014 年 5 月在上海召开的亚信峰会、2014 年 11 月在北京召开的 APEC 峰会等，红旗 L5 都是礼宾用车。从那个时候起，吴殿维的服务保障，就开启了常态化模式。由于任务的特殊性，服务保障是一年 365 天 24 小时待命状态。作为服务保障组组长、业务骨干，吴殿维凭借丰富的工作经验和过硬的技术技能，得到了有关领导的一致肯定。

一次演练中，驾驶室突然窜出呛人的浓烟，试验人员一下慌了神。

这时，有着多年维修经验的吴殿维镇定地说："别慌，把车靠边停下，先换一台车，别耽误演练。"换好车后，吴殿维第一时间开始排查。很快，吴殿维发现是由于驾驶员不小心的误操作，使护衣与雨刷连杆发生了干涉，导致电机烧毁。找到症结，吴殿维马上进行更换调整。从查找故障到最终排除，吴殿维仅用了 5 分钟。

"要超越，坐着没有机会，走着有一个机会，跑着有两个机会，一直跑就总有机会。"吴殿维常说，是红旗这片热土成就了自己，他对红旗的那份挚爱，时刻为自己添加着永不停歇的动力。

一生无悔的红旗人

吴殿维对红旗的热爱可以说是深入血脉里，他的父亲也是干了一辈子红旗的老红旗人。熟悉吴殿维的人都知道，他在自己微信和 QQ 上的名字都叫"我是红旗人"。

"我是红旗人，我爱红旗车。没有红旗，就没有我的今天。全力以赴、全身心去做好本职工作，既是我的职责所在，更让我感到无上光荣。"这是吴殿维的心里话。他还说，人生中的很多事都无法把握，而自己能把握的，就是全身心投入工作，一心一意地去干好它。

2015 年初，"九三阅兵"检阅车项目启动，6 月份完成车辆检修任务，7 月份完成检阅车生产任务，项目整体历时 24 周。作为项目组的骨干成员，吴殿维团队负责 4 辆红旗阅兵主车、两辆红旗 H7 陪阅车、3 辆新闻采访车、71 辆红旗国宾车的服务保障工作。他们每周定期对车辆进行检查，并在配合阅兵部队演练后进行特别检查，对异常问题进行应急处理，做到了 24 小时待命，随叫随到。吴殿维的目标只有一个，那就是万无一失。

在这期间，吴殿维配合进行了 12 次单车演练，1 次综合演练，并在天安门进行了 3 次单独和全要素演练。阅兵结束后，吴殿维和他的同事们获得了中央和军队领导的高度赞扬，并受到嘉奖。

也就是在这次服务保障期间，吴殿维第一次对自己的宝贝女儿食言。2015 年 9 月，吴殿维的女儿就要升入初三了。在中考冲刺前的最后一个暑假，原本答应带女儿去看海的吴殿维，却在 5 月底就开始阅兵"备战"，不仅没能陪女儿去看海，而且当他从北京"凯旋"时，女儿的假期早已结束了。

当时，女儿已经升入高中。由于自己居住的小区离学校有 10 多公里，所以每天都需要接送。而经常出差、无法接送孩子的吴殿维，硬是把爱人从一个夜晚不敢独自下楼的小女人，逼成了自己开着车、每天早出晚归接送孩子的"女汉子"。

5年多来，吴殿维在外进行服务保障的日子，要远远多于在长春的时间。他曾在2009年国庆60周年阅兵时创下的"连续服务保障100天"纪录，在6年后的2015年"九三阅兵"时，提升到了124天。

　　十几年里，吴殿维参与国家级重要活动、礼宾接待的服务保障工作260多次，国内外行程累计达到7万公里，仅长春至北京就往返100多次，为国家多个用车部门培训操作人员240多人次。在这期间，吴殿维参与各类技术改造236项、质量改善360余项，培养一线技能人才、车辆维修人员32人……

　　作为一个爱红旗干红旗的人，吴殿维有一个梦想，那就是把红旗车干成"极致标准、极致要求"，让我们的红旗品牌真正做成中国第一、世界著名。"只有这个梦想成真了，我这辈子才没白活！"他说。

　　（据《第一汽车集团报》，2018年5月22日，于春燕）

杨永修

担纲高端发动机"智造"

参与并承担红旗自主研发的发动机、变速器及整车底盘等汽车核心精密零部件等加工任务，攻克上百项技术难题，节创价值1200多万元，2021年获得全国五一劳动奖章

在刀具高速旋转切削下，金属碎屑如同卷起的刨花，灰扑扑的金属坯块，很快就蜕变成了精密锃亮的发动机壳体。

整个过程像变魔术一般行云流水。当这颗汽车"心脏"如同艺术品一般展现在眼前时，金属光芒和完美精度彰显着工业之美，映照着杨永修兴奋的面庞。

对旁人眼中枯燥乏味的金属零部件切削加工，年仅36岁的杨永修却痴迷其中。他长着一张娃娃脸，参加工作刚满13年，但可千万别小看他——他是最年轻的"大国工匠"，作为数控铣床操作专家，专业技能登峰造极，被评为"一汽首席技能大师"。

杨永修陆续将中国青年五四奖章、全国技术能手、全国行业工匠、全国青年岗位能手等60多项荣誉揽入囊中，享受国务院政府特殊津贴。2021年，他被中华全国总工会授予全国五一劳动奖章。

2023年2月16日，杨永修被评为国资委"央企楷模"先进个人。跟杨永修一同登上领奖台的，还有中国空间站系统总设计师——航天科技杨宏，以及中国商飞C919大型客机控制律团队、航空工业集团歼-20飞机攻关团队、白鹤滩水电站建设者团队等国之重器担纲者。

据悉，全国央企楷模每年仅有10个名额，包括6个个人奖、4个集体奖，代表着国资央企奋楫向前的磅礴力量。在合影中，杨永修是最为年轻的面孔。作为一汽历史上首个"央企楷模"获得者，他也打破了全国汽车产业在此奖项上零的纪录。

目前，杨永修已完全掌握刀具、核心部件编程等汽车零部件核心参数，实现了技术自主自立自强，先后完成技术资料总结 23 篇，累计获得国家专利近 40 项，成为民族汽车品牌向上冲锋的护旗手。

从一名普通铣工逐步成长为获奖无数的劳模，杨永修付出了异于常人的努力。与汽车行业大潮共舞，杨永修将自己的职业生涯目标紧密锚定一汽的新能源战略。他预见到，将来不可避免会遇到难点痛点、技术攻关，势必要扩大自己的知识技能储备。

笨鸟先飞，8 年磨一剑

杨永修出生在一个平凡的家庭。他来自河南省商丘市夏邑县，父母是大字不识的农民，哥哥姐姐初中就辍学。为供他读书，父母前去郑州打工，母亲当了居民小区的守门人，父亲则骑着三轮车天天清理垃圾。

在如此艰难的环境下，杨永修努力学习，成为全家人改变命运的希望。然而 2006 年他首次高考仅过专科线。次年复读，仍未得偿所愿，与梦想的医学本科失之交臂。此时，他面临着艰难抉择：虽然成绩高出三本线 100 多分，但选择就读三本，家庭难以承担高昂的学费。思来想去，杨永修选择报读专科。

彼时，中国汽车行业进入高速发展的黄金时代，汽车工业成为杨永修的首选目标。翻阅着招生手册，他发现长春汽车工业高等专科学校（简称"一汽高专"）往年录取分数较高，出于对一汽红旗检阅车的强烈印象和爱国热情，他毫不犹豫填报该校。而在选专业时，他选择了技术含量高的数控专业。

来到一汽高专所在地长春，这里的一切都让他感到新奇和充满活力，甚至连暖气片都是第一次见到。长春是著名的"东方底特律"，汽车文化浓郁，拥有新中国第一个汽车制造厂和第一辆汽车，被誉为新中国汽车工业的摇篮。

数控专业的核心课程之一是数控铣床操作。学校的实习操作机床在另外一个校区，与住宿楼相隔两公里。在校三年，杨永修坚持步行去实验室练习，从不间断，即使是在零下30摄氏度的冬天、大雪纷飞的季节也不例外。

为掌握这门技术，杨永修每次练习都是最早到，最晚走。老师下班离开之前会把钥匙给他，交代他记得锁门断电。毕业前夕，老师拍着他的肩说："你小子行啊，这几年学费值，练习的成本绝对比学费贵。"杨永修却嘿嘿一笑。一台数控铣床，只要一动刀子就花钱，刀具磨损、电费都在其次，最贵的是金属材料。杨永修却每天都练，"金属毛坯堆到墙角一大堆"，换来的是一个个银光闪闪的零部件成品。

在校3年，杨永修勤学苦练，实验室、图书馆都留下他孜孜不倦的身影。他的学业始终保持在班级第一，毕业时可以优先选择单位。大众、一汽技术中心、大连变速箱厂、一汽大连发动机等多个热门单位都把他视为"香饽饽"。面对选择的困惑和未来的不确定性，辅导老师一席话让杨永修茅塞顿开："大众很火，挣钱也多，但主要是流水线装配，可惜你这几年学的一身技术。如果到汽研去，工人少，技术人员多，对你的长远发展更有好处。"

杨永修便下了决心，2010年7月入职长春的一汽技术中心试制部。但等待着他的，是一座座难以逾越的大山。

上班第一天，杨永修傻眼了："主体建筑竟然是六七十年代的老房子，跟心目中的现代化厂房差了十万八千里。"他被分到普通机床班组，而不是与专业对口的数控班组。车间的老式机床，比1987年出生的杨永修年龄都长。带他的是一个老师傅，还有俩月退休。强烈的失落感袭来，但杨永修明白，这是对新员工实习期的考验，于是暂且忍耐坚持下来。

不承想，这段经历后来竟成为他最宝贵的财富。老式机床的手工操作让杨永修留下了深刻的肌肉记忆，也为后期技术提升打下坚实的基础。

但杨永修还是天天盼着早日进入数控班组。3个月之后，2010年10月28日，他终于如愿以偿，先后当上了霍崇宇和仰慕已久的国家级技能大师王智的徒弟。这个日期他记得非常清楚。

更大的挑战来了，工作中实际使用的海德汉系统语言跟学校学的那科语言完全不一样："师傅的编程代码像天书一样，根本看不懂。"杨永修只能用最笨的办法学习，"师傅上传完编程代码，等机床开始运转后，我就拿个小板凳趴在机床控制操作面板上，开始抄写代码，后面标注汉语对应指令、注意事项，不懂的地方再去问师傅、去图书馆查资料，一点一点积累。"

杨永修疯狂学习，短短一年多，积累了厚厚一摞笔记本，每一页都密密麻麻，记满各种英文代码符号、标注文字、图形图标、每把刀具的参数等。度过这个痛苦的阶段，他终于对代码烂熟于心。扫除拦路虎，他开始尝试自己编程，调试加工零部件。

他独立完成的第一个复杂加工件是V501减速器壳体。"500到600毫米大小，需要倒镗，里面大外面小，需要计算好镗刀进入前偏离中心的角度，然后再回到中心进行加工，很考验技巧。我必须通过代码来调整角度，腔内加工看不见，只能凭听觉判断是否有问题，暂停之后确认没有问题，再启动，继续加工。"

"师傅当时出国，我用半个月独立完成这个任务。感受到每天的进步，

心里特别兴奋，攻克难关的那种成就感对我意义非凡。"杨永修回忆起这些往事时，眼里有光。

他总结道，与传统铣工的普通加工不一样，高级数控铣工必须掌握CAD/CAM编程，成为"全能型选手"。能够自如编程的前提，是精通机械制图、机械加工工艺、机床操作、刀具选择、夹具设计和制作等基本功，并对加工异常情况如零件回弹、变形等处理游刃有余。

以编程这项核心技能为例，又分手动和自动编程两种。手动编程需要在机床面板逐字敲代码，一旦输入错误就有可能酿成重大事故，因此需要反复检查。而自动编程还需要熟悉多个不同厂家的编程软件，掌握并熟练应用多达上百个设置参数。

在杨永修的车间，可以看到有上百种铣刀，长、短、粗、细不均，还有螺旋的、多刃的、带钻头的，每个刀具的特性、转速、功能都不一样，需要根据不同任务适配工装夹具、确定切削参数、编写加工程序、设置刀具路径。为驯服这十八般兵器，杨永修没少下苦功。

仅仅两年的时间，杨永修就脱颖而出，从当初的小白晋级为"中国一汽技术能手"。但他并不满足于此，还利用业余时间攻读了长春工业大学本科。他还对"全国技术能手"发起冲击，这是全国数控铣工的最高段位，师父就曾获得"全国技术能手"荣誉，是他最直接的榜样。

2015 年 10 月，杨永修代表吉林省，参加全国总工会、科技部等联合主办的第五届全国职工职业技能大赛。但在这次比武中，他输得很惨。回头来看，他感触颇深："这是一个重要转折点，让我对技术有了崭新的认识。"

比赛前一个月，杨永修才第一次接触自动编程。他从妻子的亲戚家借一台笔记本电脑，安装了软件，利用工作间隙和下班时间开始拼命学习。虽然是临时抱佛脚，他也拼尽全力，但比赛前一天对软件仍不熟悉，无法在规定的 6 小时内完成任务。

比赛当天，他硬着头皮上场。下午 3 点比赛开始，晚上 9 点裁判宣布比赛结束，杨永修的参赛作品没完成，都是毛刺毛边，手上刺得到处都是血口子。比赛时不允许戴手套，主轴转动时一旦手套缠进去会造成严重的安全事故，主轴不转的时候，心急火燎的杨永修也顾不上戴手套。裁判关切地说："小伙子，你赶紧把手上的血止一止。"杨永修说："不用不用，没事。"火速处理干净就把作品上交。

成绩一出，全国 80 多人参赛，杨永修排名 30 多位，名落孙山。杨永修失眠了一整晚："虽然付出很多，但是没有方向、抓不住重点，编程特别慢，而高手们三下五除二就能出程序。"

杨永修意识到：未来还靠手动编程肯定不行，再不向数字编程转型就要被淘汰，必须得学习先进技术。他痛下决心，回到长春就花费 3500

块"巨资"购买电脑。没有学习教材，就从网上打印了1000多张PDF资料，开始写写画画，照着操作试验，一步步试错。

当时，他的孩子刚1岁，无论在单位还是在家，杨永修只要有时间就心无旁骛地学习。等待数控铣床执行任务的半小时空当中，他立马就投入一旁电脑中去学习。

第二年，杨永修代表吉林省参加第七届全国数控技能大赛，选择了难度最高的五轴铣床，一举夺得吉林省第一名、全国第三名。吉林省的整体排名一下从全国20多名上升到了第9名。但"全国技术能手"只颁发给前两名，第三名的他错失这块奖牌。杨永修心中仍有遗憾。

他边工作边坚持学习，继续秣马厉兵，报名参加2018年9月的第六届全国职工职业技能大赛。备赛时，杨永修的技术已经非常纯熟，5个小时出头就能完成任务。将近一个月的突击时间里，他找了个郊区的旧厂房，白天上班研讨工艺，深夜练习。伴随着他的是一盏昏暗的小灯和疯狂"围攻"的蚊子，但他专注于编程，丝毫不敢分心。功夫不负有心人，他终于拿到一等奖，捧回了"全国技术能手"奖杯。

算起来，为逐梦"全国技术能手"，从2010年毕业前夕代表学校冲击学生组国家竞赛算起，杨永修付出整整8年，终于在31岁圆梦。

这一刻辉煌无比，但其中的辛酸曲折也不足为外人道也。比赛结束后，在宝鸡回长春的飞机上，他回忆着这8年的过往和对技术的坚持追逐，坐在窗边泪雨滂沱。这几年来，他有多难，只有自己知道。妻子怀着二胎，挺着大肚子，白天还要独自送老大上幼儿园。杨永修为了备战，帮不上任何忙，心中的愧疚无以言表。

勇闯技术难关

杨永修为一汽承担的重磅任务之一，是 V12 发动机试制。V12 发动机是所有发动机中的顶配，拥有 12 个汽缸。早在 2008 年，杨永修的师父王智便成功完成 V12 发动机的试制加工任务，其后杨永修接过接力棒，不断迭代升级。

加工 V12 发动机缸体，需要用到 100 多种刀具。"缸体上有 100 多个孔，结构复杂，有数不清的斜面，为保证缸体和缸盖严丝合缝，要求合格误差范围在 0 ~ 0.02 毫米之间，但我和团队要求必须低于 0.015 毫米，大约是一根发丝直径的 1/5。"他说。杨永修深知，极致的精度直接决定着这颗"心脏"的健康跳动。

在缸体精加工中，杨永修多次对程序优化、反复校正程序，解决发动机缸体主轴承孔同轴度误差的加工难题，保证同轴度在 0.025 毫米以内，并确保缸孔与主轴承孔的垂直度要求。

此外，V12 发动机缸体还面临着超细长斜传感器孔加工等大大小小的棘手难题。杨永修和团队每天要做几十次实验，耗时半年多，终于成功完成任务，让这颗澎湃的心脏搭载在国庆阅兵的红旗车上。

V12 发动机缸体只是红旗复兴的里程碑之一。2017 年 8 月，一汽换帅，徐留平走马上任，开启一汽史上首次大刀阔斧的改革，重建企业架构与研发体系。2018 年 1 月 8 日，红旗新品牌战略出炉，复兴红旗成为一汽的首要任务。杨永修及团队也加入到这场光荣的战斗中。与此同时，一汽研发总院也在集团的市场导向变革下，激发了组织活力与员工斗志。

即便是疫情期间，红旗仍不负众望，取得了亮眼的业绩，产量 4 年增长 63 倍，从昔日的中等生变为优等生。红旗成功的背后，凝聚了中国

一汽上下许多人的心血，包括杨永修在内的一汽研发总院承担攻坚重任，成为红旗品牌的坚实技术后盾。

中国一汽研发总院有设计、试制、试验三大部门，杨永修所在的试制部为承上启下的核心关节，红旗等自主品牌的最新车型的核心零部件雏形便诞生于此。

杨永修主要承担红旗自主研发的发动机、变速箱及底盘等核心精密零部件的数控加工工作，先后完成红旗 V8、V6、4GB、4GC 发动机、6MT、DCT350 变速箱 30 余项国家级、集团级重点项目的试制任务，累计攻克 130 多项技术难题，节创价值 1200 多万元。

在红旗主力车型 HS5 的量产中，杨永修多次突破量产的技术瓶颈。

2019 年 3 月底，杨永修曾"空降"武汉，前去解决红旗 HS5 副车架生产精度不合格的技术难题，通过 11 天连轴转，采取改制刀具等措施，生产效率提升 16% 以上，技术援助效果立竿见影。

杨永修经过排查发现，问题在于副车架四角的耳片太薄，加工中无法固定，刀具来回操作都无法精准受力，导致上部粗厚、下部细窄。"关键是要通过编程等方法解决耳片的垂直度。我把刀具改造为上大下小，避免耳片受力不均的状况。这家工厂使用的是低成本国产机床，刀具只有上下方向，无法拐弯，于是我又加装固定刀具的一个装置，实现了侧铣头精准定位的功能。"反复摸索调试之后，杨永修成功化解了这次"危机"。

疫情最严重的时期，红旗产品量产频频遭遇断供窘境。杨永修因此先后 4 次出差，成功完成复产技术辅导，解决了 30 多项技术难题，在原效率基础之上提升 20% 以上，助力红旗实现 2020 年度年产 20 万辆的目标。

在集团上下全力保供下，疫情 3 年，红旗创造了生产和销量奇迹。2020 年、2021 年相继冲破 20 万辆、30 万辆大关，2022 年继续增长至 31 万辆，每年销量都在刷新纪录。

为满足狂飙突进增长的产量，杨永修作为后端铣工，不断推动三轴设备改造升级，让复杂立体多角度一体化加工的难题迎刃而解，提高了效率和质量。

就在 2020 年，杨永修又被"请"回了普通机床班组，作为技术带头人，他带着十几名 90 后新员工跑步前进，激活了一潭死水，3 年后彻底完成了数控加工转型。

在此期间，他使 V12 发动机缸盖的加工效率大大提高。发动机缸盖承载着巨大的机械压力和热负荷，是汽车最复杂的零部件之一，集成数百个面和孔。该部件原本在价值 800 万元的进口德国四轴数控设备上加工，而普通班组只有几台不到 90 万元的小型三轴设备，根本无法承担复杂的立体加工任务。

杨永修解释道："相比三轴加工机床的三维直线轴，四轴加工中心增加了一个旋转轴，能实现更为复杂的加工。三轴机床的铣刀不能拐弯，侧面加工得拆卸翻转重新定位，费时费力，而且会产生较大误差。"

　　为此，改造三轴设备，使之能够通过一次装卡完成多道工序，成为杨永修面临的重要任务。光是与找正定位相关的发明，杨永修就贡献了四五项。

　　其中一项发明是校正装置，由设计制造的底座和转台组合而成。"把缸盖放在装置上，就可以 360 度旋转，无须反复组装。而进口设备都无法达到 360 度旋转，最大旋转只有正负 120 度。"此项创新成果获得中国一汽科技创新一等奖。现在已经有 4 台设备经过改造升级，同时配套发明改进近 20 种工装夹具，生产几十套 V12 缸盖，精度、效率大幅提高。

　　在杨永修团队发明的另一种找正装置上，磁性底座通过连接杆连接激光仪固定篮。进行工件校正时，发射出激光束呈水平竖直十字相交，可快速通过激光与零件的加工线重合程度来调节工件，极大地提高了工作效率。

　　为让发明成果迅速被大家共享，杨永修还总结了易学好记的"转台搭建八步骤""三步操作找正法"，让工人几步就能精准操作到位："通过校验棒来辅助验证，在这个圆形棒上方和侧方压上千分表，来回移动测试，精度误差以及是否垂直就一目了然。"

　　在车间，效率就是生命。杨永修一有时间就琢磨如何提高生产效率，消除冗余程序，他开发编制了多种宏程序指令，将烦琐的编程指令集成化、模块化，应用于深孔钻、倒镗循环、枪钻循环等复杂加工环节，在类似的零件加工场景中可以通用，省时省力。

　　如今，V12 发动机缸盖已经小批量生产，一汽正在突破发动机 45% 热效率的极限，杨永修也承担着研发试制任务。低油耗、高动力是发动机两大性能指标，也是竞争力的重要维度。

2021 年，一汽首台 42% 热效率发动机下线，为进军 45% 的"行业无人区"打下了坚实基础。45%，这个简单的数字却意味着结构上的巨大变化，加工难度、精度、整体设计、后期系统控制等多方面挑战浮现。

经过艰辛的研发与试制，一汽的 45% 热效率单缸机已进入台架验证阶段，量产逐渐显露曙光。

随着汽车行业进入百年未有之大变局，新能源汽车战场竞争愈演愈烈。2023 年，红旗锚定 2025 年新能源汽车销量超过 50 万辆的新目标，全力投入新能源赛道。

新能源汽车的轻量化、集成化趋势，对数控铣床操作后端加工冲击很大，提出了更高的要求，也是摆在杨永修面前新的"硬骨头"。

比如，新能源汽车零部件材料将传统钢材替换为铝合金、镁合金等，更为轻薄坚硬，随之带来结构上的巨大变化，角度、支撑设计趋于复杂。一体化压铸加工容错率更低，需要更高的精度，相比零部件分开加工组装，挑战成倍放大。此外，新能源汽车的激烈竞争带来更高的生产效率，对自动化程度需求也大大提高。

做民族汽车品牌向上的护旗手

2020 年 7 月 23 日，习近平总书记视察一汽研发总院，嘱托大家"把关键核心技术掌握在自己手里"，在现场的杨永修将这句话牢记心中，也在日后的工作中交出了漂亮的答卷。

实现技术突破，往往需要几代人的奋斗。在中国一汽，师徒传承制度历史悠久。正是师徒一代代研究积累，才逐步突破被国外封锁的技术。

身为大国工匠、央企楷模，杨永修对自己提出了更高的要求："以前只需一个人默默耕耘、恪尽职守，现在则需要更多的爱国情怀，顾全大局、传承技术，带好一支能打硬仗的青年军。"

团队，成了杨永修的工作重心。

事实上，团队和榜样的力量，是杨永修自我超越之路上强大的外部助力。他最早进入一汽研发总院的初心很简单，"有一个稳定的工作，能够养家糊口，减轻父母的负担。"正是在中国一汽工匠氛围、团队创新源头活水的浸润下，他才能够一步一个脚印与朝阳行业一起成长，伸手摘星。

杨永修有两位终生难忘的精神楷模：李凯军和王智。

杨永修刚上一汽高专时，就在一场全国劳模李凯军的讲座中大受震撼："他是技校生出身，居然能实现大国工匠的高度！"此后，校友王智也来讲座。时任中国一汽研发总院试制所数控班班长、中国一汽工人高级专家、国家级技能大师工作室领衔人的王智，仅比杨永修大 10 岁。这些一流工匠有血有肉的经历、坚韧不拔的精神成为杨永修心目中的灯塔："他们能成功，我也可以尝试。"

杨永修进入一汽研发总院后，拜王智为师，朝夕相处中，师父的提携帮助令杨永修终生感恩。

刚入职时，王智声名显赫却不善言谈，杨永修心中忐忑。"没想到师父对我特别好，向我倾囊传授毕生绝技。2018 年我参加全国技能大赛，他陪着我集训了 1 个月，每天 16 个小时的高强度，手把手带着我一步步前进。我能拿到全国技术能手，功劳也有他一份。"

经过多年磨炼，杨永修的角色也从"徒弟"升级到"师父"。2018年，杨永修师徒工作间成立，旨在传绝技、带高徒。在杨永修的带领下，徒弟们见贤思齐，飞速成长。2016 年以来，该工作室共培养出 12 名徒弟和培训了 1200 多名学员，自主解决技术难点 60 多项，获得集团级以上荣誉 116 项，国家级荣誉 23 项，为集团公司培养、储备了一大批技术过硬的高技能人才。

为帮徒弟们快速成长，杨永修有个六字经，即：一对多、多对一。

在车间，经常可以看到杨永修一对多的"现场教学"。一旦他发现生产中的问题有很好的解决方法，就召集大家停下来，通过问题启发徒弟们。一起成长，这就是杨永修行之有效的"一点课"策略。如今，这个以 90 后为主的团队形成了创新的浓厚氛围，发明专利踊跃，多人成长为省、市技术能手。仅在 3 年之内，徒弟张兴野参与发明达 24 项，李继东也有 18 项之多。

其中一项有趣的小发明是一个"碎屑清理装置"。机床加工中，金属碎屑清理是不可缺少的流程，但人工操作过程中容易受伤、效率低、存在安全隐患。为此，杨永修和以李继东为代表的徒弟们集思广益，联合发明了一种数控机床专用铁屑收集装置，解决了上述问题，并且能够进行分类收集。

杨永修还教导徒弟们，从各种不同"师父"身上取长补短、广泛求教、开阔思路，即"多对一"。

除此之外，杨永修还积极推广"校企双导师"制度，通过企业和职业院校的联合培养，让企业、学校、教师、学生共同发展共享成果。在这种理念的指导下，杨永修与长春汽车工业高等专科学校产教融合发展中心合作，针对难题进行联合攻关，共同申请了"数控刀具磨损监测方法"的专利。

目前，杨永修已进入国家裁判资源库，并多次在国家技能大赛中担任裁判员和技术指导。

2023 年，杨永修还有了一个崭新的身份，首次当选为全国人大代表，肩上的责任和使命也更加沉甸甸。

全国两会期间，作为吉林省唯一来自中国一汽的代表、唯一一名产业工人代表，他带来 4 份议案，涉及新能源汽车技能人才培养、加快职业本科建设等。基于产业观察和对一汽高专的实地调研，他提出了"加快新能源汽车技能人才培养"这条深思熟虑的建议。

同时，他还发现，出于对职业专科的学历偏见，学生和家长只注重本科学历，这将造成未来产业工人队伍数量急速下降。冰冻三尺非一日之寒，他说，"如果持续下去，三五年之后，产业技能型人才的空缺日益放大，将会给产业发展带来困难"。因此，他也在议案中大力呼吁："加快职业本科建设，助力区域支柱产业发展。"

此外，他还站在产业一线，为国家高端数控设备的腾飞建言：机床是工业母机，高端数控机床设备的技术水平，更是衡量一个国家核心制造能力的标准之一。国内数控机床设备和关键核心技术研究还很薄弱，中低端竞争激烈，高端数控机床设备严重依赖进口，"卡脖子"难题并没有彻底解决，建议国家加快高端数控设备的研发，加强顶层设计，开展系统规划。

这些议案得到广泛的报道，激发了社会层面深层次的思考，也引起了决策层的关注。

春风得意马蹄疾。回到工作岗位中，杨永修仍然坚守在数控铣床旁，将工匠精神镌刻到每一个零部件中，率领着团队乘风破浪，续写新的传奇故事。

冯斌

26 载练就"圣手模医"

解决了 J6 型解放卡车生产中多项技术难题，完善"凸凹模光线检测法""凸凹模样板研配法""凸模交替研磨法""刃口精密研磨法"等多项实际操作技术，2021 年获得全国五一劳动奖章

作为一名模具钳工，45岁的冯斌被授予省部级以上的荣誉称号和奖项，双手都数不过来。

冯斌是一汽解放汽车有限公司卡车厂冲压车间模修工段班长，高级技师，全国技术能手。和无数模具打交道的26年间，他练就了一双圣手，虽外表粗糙、骨节粗大，但治疗模具问题手到擒来，人称"圣手模医"。

荣誉和成就得来并不容易。冯斌不仅是土生土长的长春人，还是一汽第三代子弟兵。在家庭氛围的熏陶下，冯斌对中国一汽有天然的归属感与奉献之情，愿意将一腔热血抛洒在他热爱的工厂和土地里。

自19岁进厂以来，冯斌一直工作在冲压生产第一线，遇到不会的问题，他死磕也要进行下去，从不向困难低头认输。经过多年摸索，冯斌先后解决了15项质量难题，完成12项技术攻关，消除模具生产安全隐患130余项。

一汽解放每款明星车型，都有冯斌在背后为产品质量维护撑起的一片天地。得益于此，J6、J7等耳熟能详的产品在推出市场后广受消费者好评，也使得解放卡车在向重型化发展道路上树立起了行业标杆。

他发明的"凸凹模光线检测法""凸凹模样板研配法"等多项实际操作技术被推广横展至整个模具维修及制造行业，其中"模具凸凹度检测仪""手工线模具自动化退料装置"和"大型双动式拉延模具改造技术的应用与推广"先后 3 次获得国家机械工业科学技术奖。

一路走来，冯斌成为许多青年工人心中的榜样，全国技术能手、中央企业劳动模范、吉林省劳动模范、吉林省首席技师……无数技术工人穷尽一生都在追求的目标，冯斌未及天命之年就已揽获。

作为全国五一劳动奖章获得者，冯斌的榜样作用激发了身边工人们的奋斗热情。他带领的班组成了厂里的"优秀党员团队"，以他为带头人的劳模创新工作室被评为吉林省首席技师工作室。他带领团队不断创新工艺和方法，已累计为企业节创经济价值超过 500 万元，实现创造产值超过 5000 万元。

做一个有技术的人

革新、奋斗、创新、攻关、维修、人才培养，这是冯斌创新劳模工作室日常工作的几大关键词，他和他的班组围绕上述工作，时常进行通宵抢修工作，这也为他的过往增添了诸多难忘的岁月。

能够走到今天，冯斌的长辈和师父起到了至关重要的作用。他的爷爷和父亲都曾是一汽的工人，在祖辈、父辈的熏陶下，冯斌从小就有了扎根一汽的梦想和接班的意识，认为长大后在一汽上班是应该做的事。

像冯斌这样的三代一汽人组合，已经不为常见了。他的爷爷是红旗轿车第一代钣金钳工，做了一辈子表面件和内饰零件的他，不厌其烦地将一份工作从始至终坚持下去，对一汽有独特的情怀。父亲也将其一生都奉献给了一汽，最后从一汽解放退休。1978 年出生的冯斌生活在一个极具汽车文化氛围的家庭，从小在厂区里生活、上学，习惯了在一汽的日子。作为一汽子弟，他与一汽共成长。见证一汽与大众、丰田等跨国公司巨头结下情缘，组建合资企业，集团规模进入高速增长期，再到自主品牌红旗迎来新的春天，建设红旗工厂……中国一汽的圈子越扩越大，他在汽车技工求学路上也越走越远。

1994年，冯斌迎来人生第一个转折点——学习模具专业。在爷爷和父亲的影响下，冯斌初中毕业后就报考一汽技校，决心未来当一名一汽工人。在报考前，冯斌对模具没有概念，报考时有很多工种供选择，可以选择去当时话题度较高的大众，但只能做一个生产线上的操作工人。

"我选择学习模具专业，完全是因为爷爷、姥姥和姥爷的建议。当时学习模具的人很少，我并不理解他们的意图。"冯斌说，以前汽车生产主要靠工人们的手工操作，模具还没有被大规模使用，而后来汽车生产逐渐转向自动化，模具的作用才渐渐凸显出来。他也体会到了老一辈的良苦用心——"他们想让我当一个有技术的人"。

模具的产生代表着标准化生产、自动化时代的到来。爷爷非常具有前瞻性，他们意识到自动化就是汽车生产的发展方向，冯斌由衷感谢老一辈的建议。

在技校的专业学习，为冯斌日后工作打下了坚实的基础。他所在的班级，是学校与德国合办的项目班级。因模具专业超前，冯斌所在班级的人数全校最少，一共20人，不及别的班一半人数。

并且模具专业班的任课老师和实习老师，专业知识较为扎实，都从德国学习回来，他们带着现代化学习理念、教育理念、技术理念而来。就全球汽车产业而言，当时德国职业教育体系、工业体系较为先进。

模具专业的前瞻性，也让技校领导生出培养人才的心思，他们希望学生学习德国人的敬业精神，未来能够踏踏实实工作。因此，老师在授课时也会向学生传授德国制造理念等知识。

冯斌说："我记得特别清楚，技工学校进门处有一面大镜子，上面

写着'工人技师的摇篮'，是校长题的词。我每天一进门就能看到那几个字，心里开始有初步印象，认定未来的发展是做一名优秀技师。"以今天的成绩来看，冯斌算是如愿以偿。

"到现在来看，我肯定是喜欢这一行。"冯斌感慨道。当进入模具领域后，他知道模具是复合性行业；随着自动化、智能化发展，他看到模具在工业体系里的地位越来越重要。

在当学徒时，他并没有这么深的认识，只知道学模具很累。在 20 世纪 90 年代末，一切还需要手工研磨，年仅 20 岁的冯斌双手布满硬茧。因长时间掐捏油石研磨，他右手 3 个指头出现了轻微变形，指腹凹陷。

现在也有需要手工的时候，如汽车造型上的流线型，在生产方面，就需要手工研磨。即使数控技术非常发达，但最后还需要人工打磨修研。一路走来虽然辛苦，但冯斌觉得所有付出皆值得，他认为这份手艺永不过时。

热爱是最好的老师。1997年，冯斌从技校毕业，与班上所有同学一起进入一汽车身厂。刚进入一汽的冯斌，就被清扫班来了个"下马威"。班上所有人都被分到行政科服务班组（也称"清扫班"），做现场卫生工作。

这让刚毕业的冯斌一腔热血无处发散。"进入清扫班心里有些落差，不明白一到单位怎么就去扫地了呢？"冯斌的工作生涯中，第一次出现疑问。好在清扫班存在的意义，是帮助刚毕业的学生以最快速度认识工作环境，应届生工作小半年后，就能被分配到专业岗位。

1998年元旦，冯斌被分配到工艺装备科做本行工作。当时冲压车间的工人是现在的数倍，但产量不如现在。如今在各车间，大部分环节都是自动化操作，和以前人工操作方式已大不一样。在冲压车间，冯斌遇见了塑造其命运的另一重大影响者——方向远。

"我从小在一汽长大，干活又比较实在，到工装科就分到一个很好的师父，叫方向远，他是全国五一劳动奖章获得者。"这句话看似平淡，但却能听出冯斌对方向远的仰慕之情。

此后数十年，方向远对冯斌的传授，都在冲压车间里的一间专家工作室里进行。该工作室彼时叫模具学习工作站。如今，该工作室更名为冯斌劳模创新工作室，上一代的劳模精神在这里得到延续。

工装科分出不同工作内容，如生产表面件、生产内部零件、生产厚板件等，冯斌和新同事进工装科后，根据不同工作内容，被分为四个班组，一个班组在专项工作内容上工作3个月，再换为下一项，以此熟悉工作内容和工作环境。

从红旗世纪星到马自达，再到解放J6、J7，师父一直带着冯斌，直到2016年退休。师父身上有很多优点，那一代人经历过苦日子，他告诉冯斌："要像热爱生命一样热爱自己的岗位，在岗位上干好自己的工作。"

在实际工作中，方向远时刻体现出自己的责任心。做模具工作的老钳工大部分工作时间需要蹲着，因此几乎都有腰椎间盘突出问题。"以前需要生产4吨半的小车，模具也小，模修工人需要蹲着操作，长久会带来腰椎疾病；我们这一代条件变好，生产模具体积变大，我们需要趴在上面进行拆卸或检修工作，对腰椎影响变小。"从冯斌这一代工人开始算起，工作环境逐步得到改善。

当时，方向远50多岁了，却坚持在一线干活。冯斌等人想着帮他干，但出于责任心，他非得自己上去干。研一套模耗时一两天是常态，方向远为了完成工作任务，在模具上一趴就是一上午，但因为腰病问题有时还需要徒弟把他背下来。

方向远的工作精神深深影响了冯斌等人。"有这么好的榜样在团队里，大家的提升意识都很强。"冯斌说。

2002年左右，小红旗100准备换型第二代，更名为红旗世纪星，产量不大。但当时有一个模具被压坏，发生生产事故，需要抢修。为了实时跟上进度，方向远带队在现场熬了三天三夜不下线。时至今日，冯斌回忆起这些往事，仍旧充满敬佩之心。

大战自动化

2003年是冯斌个人成长的关键时期，也是一汽解放从手工化生产到自动化生产的重要转型期。冲压车间进行技术升级改造，要打造第一条自动化生产线，正是这条自动化生产线，让冯斌的技术得到质的飞跃。

当时，正逢一汽引入马自达时期。2003年，一汽与马自达达成合作协议，一汽轿车和马自达签署技术合作协议，双方基于一汽轿车的生产资质投产全新的马自达6。

该车型要实现在国内生产，需要建设一条自动化生产线。并且，马自达6的模具需要匹配大型压床；纵观一汽全厂，只有生产解放的车间符合这一条件，即冯斌所在的冲压车间可以打造大型冲压件。解放虽然生产商用车，但2000吨的压床设备与轿车通用，于是这一重任就交给解放车间执行。

过去的生产线上，模具需要人工放置板料、人工操作，成型后再完成后续工序。生产马自达6要打造自动化生产线，需要对解放车间进行全方位的技术改造。而车间可以说是一无所有：设备方面，冲压车间生产设备没有自动化基础；人员方面，从操作到技术、维修，也没有自动化技术。

改造时，引入的生产线是美国的自动线，使用六轴机械臂。冯斌一帮人是第一次接触该技术，中间转换过程挺长，遇到不少问题。

在方向远带领下，班组迅速成立了一个小项目组（马自达专线）。组里有两名钳工，冯斌是其中之一，负责日本邮寄过来的模具。方向远则到日本验收马自达模具。因为时间周期，他在日本验收后寄回国内，徒弟们则在厂里接收调试。

当时马自达管理模具的专家来到一汽助阵，冯斌跟着日本专家做自动化调试，主要负责机械手调试和模具调试。模具调试工作量很大，占比达到制造的40%。与此同时，模具不能只局限于做出来，还需要做到能生产出产品，才算完成80%进度，后期维护占比20%。

和冯斌之前工作相比，自动化生产模具变化较大。如在生产一个零件时，需要将其包裹成型，但在冲压后，零件就被包上拿不出来，必须对模具进行收缩，零件才能拿出来，这就要求模具在自动化里是可移动的。冯斌需要控制移动时间，在冲压时撑起来，压完收缩零件才能脱离模具。

自动化节拍是 1 分钟生产 4 个零件，一个行程是 15 秒，一开一合间只有两秒时间控制模具，让其完成打开与合上的任务，这就需要用气压来控制角度，难度很大。

这些问题最开始由日本专家解决，他们不告诉冯斌解决办法，自己做完全程调试，导致冯斌等人不知道解决方式。升级改造刚开始不久，全国遭遇非典，日本专家纷纷回国，很多设备与模具原始数据的设定和调试都无法正常进行。

这时候，方向远从日本回来，给徒弟们讲他对于上述问题的理解。在思考和实践一个月后，冯斌慢慢琢磨出原理。他们先把模具拆下来，研究每个气路的作用，再研究顺序，接着弄明白次序，再上设备编模具的程序，设置好后，再配合机械手送到下一序。

现在厂里用的设备还是那时改造后的设备，但换了一次机械手，表面件产能达到 8 次。

自动化生产线给解放的产能带来成倍提升。"刚上自动线时，很多人认为机械手不安全还笨，没有人灵巧；如果时间安排不妥当，机械手还容易打架，出现事故，所以心里不接受机械手。"冯斌说，因为自己上过夜大，对它的接纳度比较高，他认为自动化是趋势。

"现在的自动化生产能力，放在 20 年前想都不敢想。机器对人的替代也很明显，以前一到上下班厂里全是自行车和人，现在看不到这个景象了。"他感叹道。

非典大概持续一年半，这期间他们都在做调试，等到国外专家回来时，他们已完成自动线和模具，马自达 6 基本进入量产阶段。

自动化探索阶段有多难？冲压车间人员没有自动化技术基础，20 世纪 50 年代修建的老厂房没有自动线，与同期自动化的大众、丰田完全不一样，他们有一块地，可以凭借想象、经验建设，解放只能在固有基础上改造。

冲压方面，大众、丰田工厂有传送带，零件生产完后，废料顺着地下就被运到厂房外。但解放没有条件，只能一人做一个大耙子，在零件生产完后，冯斌等人需要把废料耙出来。当时为自动线服务的人，可能比手工生产时期还多。

等所有条件慢慢成熟后，自动化生产已经实现质的转变。自动化生产线的转型，让冲压车间生产方式以及人的思想观念都发生了转变。这与现在做智能化、数智化转型也是类似道理，刚开始大家的接纳程度肯定不高。

"一旦转型成功，再往回看会觉得自己真是提高了一档。"冯斌说。

J6：又一重大转折点

冯斌在马自达生产线上负责模具的生产维护、质量提升，直到2008年前后，一汽马自达建成自己的生产线，将乘用车生产工作从解放车间转至自建工厂，解放的生产主力变为J6型重卡，产品重点转到国内物流方面。

2008年，J6已经走出国门，在汽车市场有了知名度；到2012年，J6产量得到提升，开始进入高产时代。那时，国内电子商务开始发展，物流行业进入快车道，冯斌感觉全中国的速度都快起来了，消费者需求在快速转变。

从技术角度来看，J6的设计踩到了消费者兴奋点，契合第三空间带来的家庭生活、工作需求，并且踩准了国家发展节奏——截至2022年，J6连续6年重卡第一，在全球商用车产品中也是销量冠军。

为了让 J6 跟上时代需求，冯斌在这期间遇到了不少新难题。2012 年起 J6 处于生产爬坡期，解放车间生产节拍越来越快，质量要求越来越高，产品量越来越大，难度也越来越大。因此生产线上换了机械手，原来的机械手承压能力不足，抓不动大件产品。这也给冯斌等人带来新的难题。

为了抓取更重的产品，要求机械手速度降下来，达到缓冲目的。但冯斌刚开始不懂，以为快就是好。他们听说大众、丰田每分钟生产 15 次后，就有上量的冲劲，想提高生产效率。结果由于生产节拍过快，出现很多问题。

冲压车间的冲压产品较多，加上换型产品，冯斌所在班组一共 7 个人，要对接近 90 个品种、一共 480 套工序做生产维护工作，工作量变大。"我们通过节拍配合，希望劲往一处使，结果冲劲大，我们又不懂，速度过快，导致机械手减速器刹不住，出现机械手变速箱、减速器损坏问题。"冯斌解释说，如果是合理科学匹配，都可以避免这些问题。

找出原因的冯斌等人，在吸取教训后，合理科学分配任务，水平慢慢得到提升。"所以干得快并不意味着好，还得保持科学的发展节奏，才能面对更重要的转型工作。"他总结道。

在个人成长方面，冯斌也得到了飞速提升。2012 年，各行业模具发展越来越快，人力资源和社会保障部、机冶建材工会组织全国模具工技能大赛，方向远在行业里面比较权威，消息较为灵通，就让冯斌报名参赛。最后冯斌一举夺冠，获得全国一等奖。"我获奖后，师父特别高兴。"冯斌特意强调。

从那以后，在精益求精方面，冯斌慢慢对工匠精神有了更深的理解。2016 年，方向远退休，冯斌接过担子，在 2017 年真正当上班长（以前只带过小班），带着班组做预检修工作，当年预检修 400 余套，排查出 180 余项安全隐患。

当时自动化生产线的重点是，要稳定生产和提速。

J6 模具从 2004 年开始设计，2015 年到 2018 年达到最高产。设计时间跨度较长，模具也从手工线转为自动线，生产中经常出现螺钉松动问题，零件掉下来能把整个模具压碎。

冯斌清楚记得，从 2016 年 12 月到 2017 年 3 月，一共发生了 36 起相同事故。这样的事故会对模具造成严重损坏，如果维修不了就需要停线停产。有一次模具压坏了，为保证不停线停产，冯斌带领团队开始加班抢修，人力和工作量成倍增加，四五个人用一整天才勉强修完。

模具压坏就很难恢复，冯斌团队必须保证装车生产，以及不能停线，如果总装停线一个小时，至少损失 10 万元，这些费用车间承担不起。当时最保守的方案，是在当前序生产中，冲不下来的孔使用手工钻，保生产不停线。但有一次模具损坏特别严重，整体都倒下来了，领导在现场盯到半夜 12 点，也没想出太好的办法。

冯斌想，能不能找个东西将其顶起来，于是拿出修车用的千斤顶把模板支起来，支起来后模具恢复基准，上面的孔位可以通过手工修复。

冯斌忙到凌晨 4 点才回家休息。中午，他睡醒后接到领导电话，说可以正常压零件了，整个人松了一口气。他们用千斤顶支撑的办法，冲压出一部分零件储备，换来维修时间，将损坏部分按照正常程序进行维修更换。

从那时起，冯斌脑海开始产生预检修的概念。在他看来，维护自动线生产，就是跟机器人赛跑，必须做到比机器人快，才能预留准备时间，做少量工作保证大量生产。

冯斌认为，生产维护是有次序的。截至目前，之所以他们每批生产都能维护住，靠的就是预见性维修和检修。

迎战新时代

设计 J7 时，所有零件都已改为单动式冲压生产，整个生产结构都已改变。2022 年，最后一台双动式压床被淘汰，其寿命接近 30 年。

近两年，J7 产量开始提升，对于冯斌而言，生产难度也在增大。相比 J6，J7 面积增大、板料用料更厚、生产难度提高，精度要求也相应提升。其生产精度要求严格对标沃尔沃，这意味着各项指标难度大幅提升。与此同时，在智能化时代下，J7 未来或要实现智能化装配，也是新难题。

冯斌认为，J7 的难题主要体现在质量方面：其一，J7 造型与 J6 相比变化较大，棱角分明，更有霸气肌肉感，这导致在生产过程中维护难度增大。如一些零件在成型过程中，对模具的磨损程度更严重，导致废品率增高，返修品也大幅增加。其二，冯斌还需要不断学习新的技能手段。通过 J7 的生产维护，解放正在努力引进新的技能手段，如应用新的焊接技术维修遇到的新问题。同时引进科技化手段，如表面硬化技术、表面侵镀技术，延长模具使用寿命，提高生产效率。

"大型模具在生产过程中会出现磨损，板料越厚，形状越复杂，磨损程度越严重，易造成质量缺陷，加长我们的生产维护时间。"冯斌表示，当前主要目标有两个，分别为提高产品质量、减少生产停工时间，以此提升生产效率。

冯斌认为，作为一名钳工，必须主动接受新技术，进行复合型发展，通过自身技能成长，来满足生产维护的需要；并且还要融入数字化手段，如激光扫描、蓝光扫描，给现有模具进行逆向建模，以此提升解放产品的数字化能力；利用数字化手段测量，还能提高维修精度。

"数字化是未来发展趋势，我们能通过数字化手段进行预检修的安

排，提高产品生产能力。"他说。

目前，冯斌正在做大型模具的表面恢复工作，通过引进新的技术手段，恢复其原始技术状态，提倡自主维修，降低成本。对于新产品，冯斌意在通过维护提高其生产适用性，如 J7 的新模具进入量产后，可能会遇到废料排放、换型等问题，这需要通过实际生产的观察判断，用经验逐步解决问题，最终目的是提高生产效率。

培养人才也是冯斌的重要任务之一。"每一个到我们厂里从事生产操作的年轻人，都是未来的宝贵财富。"冯斌很看重进厂的年轻人，他希望多带徒弟，通过两方面来完成对徒弟的培养：在技能方面，训练徒弟本身工种的操作技能，并进行复合能力的培养。如从事钳工的年轻人必须学精密焊接，将来才能维护好手里的工作。在精神方面，从方向远到冯斌自身，都是全国五一劳动奖章获得者，他希望这种精神能够传承下去。

虽然冯斌传承的心比较急迫，但他目前就带了一个徒弟。"工人职业成长通道闭塞、成熟期拉长，导致新加入的人较少。"他说。

技术工人的个人成长需要考级，从初级到高级技师，国家的职业技能鉴定是五级制。冯斌认为，现有的五级制有年限要求，从初级到高级需要 15 年，让很多有天赋但年龄大的人望而却步。

冯斌在 40 岁时收了一个 45 岁转岗来的徒弟。徒弟能力很强，工作也很用心，但年龄让其几乎没有发展的机会，最后他放弃了考级。他建议相关部门，在复杂技术工种人才的培养和发展上，要加大投入和调整力度，如加强法规对人才成长期的保护。

在带徒弟时，他首先会让徒弟学好技术和手艺活，在个人成长方面树立目标，包括工作和生活。其次，在为人办事方面不能斤斤计较。"不管你当不当劳模，你在团队里要想生存下去，必须要有奉献精神。如果太斤斤计较，不仅发展不好事业，可能人际圈子、家庭生活都会遇到难题。"这是冯斌给徒弟的建议。

他还建议，应该抱着正能量往前看，才能有目标、有动力。此外，还有责任心，即对工作、事业、家庭都要有责任心支撑。他时常对徒弟说，不需要徒弟担重任，但首先要把自己手头工作做好，热爱自己的工作，如果被拽着、推着执行，会让工作变成累赘，自己也没有方向和头绪。

新能源时代的转型发展，给冯斌带来较大的危机感。他认为，尤其是在制造型企业，如果没有超前应变意识，可能就会落后，不管什么工作都需要科技积累。

冯斌带领劳模工作室团队为企业输送了一大批高技能人才，先后两次获得全国模具工技能大赛团体冠军和多次个人优胜奖。团队成员在他的帮助下，有 20 人以上晋升为技师、高级技师，多人荣获"全国技术能手""长春工匠"等称号。因为成绩显著，冯斌创新劳模工作室还于 2020 年被评为吉林省首席技师工作室及国家级重点双创工作室。

一汽工匠精神代代相传，每代人都加入了自己的注解。对于冯斌爷爷一代的汽车工人而言，他们为中国汽车工业打下了最坚实的基础，与祖国共成长，艰苦奋斗、勇争第一是他们永不动摇的信念。

沿着爷爷、父亲的教导前进，冯斌作为一汽第三代工人，有天然的使命感。回望一汽过往 70 年，他将老一辈的创造精神和艰苦奋斗精神作为座右铭。"艰苦奋斗永争第一，是一汽的作风和目标。员工应该有这样的大局意识。特别是在社会竞争激烈、技术垄断背景下，没有这种意识的人，只能给别人打工，或者逐步被淘汰。"他说。

冯斌认为，这种精神十分契合十八大以来的宣传理念。"像甘于奉献，我师父身上就能体现这种责任感和奉献精神。以前做解放时一张白纸，全凭艰苦奋斗拼搏出一条路，我师父甚至能在模具上趴 3 个月。"冯斌说。

行业的薪火相传，离不开"前浪"对"后浪"手把手式的指导和帮助。在冯斌等人的带领下，一汽工匠人才梯队正迎来朝气蓬勃的新生力量，他们自信满满接过沉甸甸的接力棒，让个人在高技能发展道路上闪现更多光芒，助力中国汽车飞驰。

王智

数控匠人为红旗造"心"

完成国内首款Ｖ型12缸发动机的自主加工
任务，填补了国内Ｖ型发动机制造空白，使大
红旗检阅车拥有了中国"心"，2022年获得全国
五一劳动奖章

2013 年初秋，一汽集团及子公司领导手捧鲜花，满怀深情，站在长春龙嘉国际机场接机口，热切地等待着王智及其团队凯旋。在一片热烈的掌声中，王智接过领导手中的鲜花，眼含热泪，胸前那块沉甸甸的奖牌格外引人注目。

2013 年 9 月 19 日，中美国际数控机床技能大赛在美国费城落下帷幕，这是王智参加中美国际数控大赛载誉归国时的感人景象。

王智和他的团队凝心聚力、精诚合作，代表中国一汽在 3 天的紧张比赛中，凭借扎实、精准、过硬的专业技能，充分发挥团队优势，全面展示了一汽人的专业技能综合素质，在与国际对手同台竞技中获得金奖第一名，以精湛的技艺征服了"洋对手"，以无与伦比的匠心彰显了大国实力。此时的王智像是载誉而归的奥运冠军，但他的高光时刻却不止于此。

王智现为中国一汽研发总院整车开发院试制部机加中心数控班班长，也是中国一汽首席技能大师，国家级技能大师工作室带头人、红旗工匠创新工作室集群领衔人。

他扎根生产一线 24 年，一直坚守在一汽新产品研发试制阵线上。在曲轴抛光换型调试技术攻关项目中，王智定义了 300 多个技术参数，设计夹具 42 种，突破国外技术封锁，累计节省成本超过 210 万元。先后设计专用工装 200 余套，改制刀具 200 多个，节省生产成本近 100 万元。

王智言传身教，先后培养高级技师 13 人，依托王智国家级技能大师工作室开发培训课程 43 个，累计培训 1600 余人次，培养出了一大批复合型技能人才。

2022 年，王智被中华全国总工会授予全国五一劳动奖章，他以实际行动践行着工匠精神，成为新时代突破和掌握关键核心技术的标杆。

"做研发产品的多面手"

王智出生于 1978 年，父母都是地地道道的农民，日出而作，日落而息。他成长的村子距离一汽工厂不远，叫同心村。同心村有一部分村民和王智父母一样，靠种地为生，还有一部分村民身穿蓝色制服，这身行头是一汽工厂的标志。每每看到身穿蓝色一汽制服的村民，小王智便心生向往，在他年幼的心中，身着蓝色制服成为他的梦想，一汽是他一生的情怀。

人生中，总有种种重要关头或转折点，决定着命运，影响他的一生。1995 年，王智迎来人生转折点，这是他实现蓝色制服梦想的关键一年。

这一年，王智初中毕业后，准备报考一汽技校，但被学校告知，此次招生条件之一是城市户口，农村户口的王智，迫不得已选择报考中专。也许他命中注定与一汽有缘，就在其报考完中专后，接到乡政府的通知——同心村的农村户口人员可以去乡政府报考一汽技校。

于是，王智的父亲带着他前往乡政府报名。最终王智被一汽技校和中专同时录取。王智的老师们推荐他上中专，因为那时中专毕业后的学生十分受欢迎。他们认为，成绩一直位居前列的王智，选择中专前途无量，一汽技校则还要熬很久。而王智却说："技术决定着人能走多远，一汽

技校虽然累，但成长会很快。"

最终，王智还是选择进入一汽技校，完成小时候的蓝色制服梦。他怀着无比激动的心情，踏入一汽技校的大门，但想要穿上一汽制服，王智还需要 3 年的学习、钻研。

1995 年秋季开学不久，王智和同学被学校推荐到沈阳丰田金杯培训中心，学习数控铣。与普通铣床相比，数控铣需要用计算机编程传输到数控铣床，根据程序编辑路径加工零件，有更高的技术含量。从小就对汽车向往的王智，在老师的带领下，脚踏实地从零开始，带着好奇慢慢探索数控设备，遇到不懂的问题便虚心请教老师。他的努力，老师都看在眼里。当时，学校里只有一台数控铣床，只有老师认可的学生才能去操作，王智便是其中之一。

"我第一次操作数控铣床时非常紧张，小心翼翼地操作着，生怕把床子弄坏了，这可是全校的宝贝啊。"王智回忆道。

接触数控铣床后，王智更加坚定要努力学习理论知识，认真实践，努力掌握数控专业技能。1999 年，经过三年的刻苦学习，王智从一汽技校毕业后，便被分配到中国一汽长春汽车研究所工作。那时候，王智的成绩可以在一汽招聘的各子公司中任意选择。

最终选择汽车研究所，是因为他觉得，研发单位对自己技能提升更有帮助，对企业发展作用更大。王智不想到生产线上常年只干一种产品，他的愿望是扎根一汽，做一名研发产品的"多面手"，哪里最难便去哪里。

车、钳、铣、刨、磨、数控、镗床……机加车间涵盖多种机械加工专业岗位。刚到单位的王智，有些不知所措，"刚进机加车间时，无从下手"。因为单位加工的零件跟学校学的完全不同，后者都是标准六面体加工，而前者却是各种异形怪状复杂的壳体零件，不同零件、材料，加工方法不同，这都需要从零开始学习。

21 岁的王智，开启了两手准备。白天，他跟着老师傅学习设备操作，学习新的装夹方式，积累经验。到了晚上下班后，王智报了计算机专业专科自考，学习 CAD 软件、Pascal 编程软件等。他痴迷编程，希望能将一些小程序运用于工作中。为了快速学习，王智经常在单位琢磨编程开发，到深夜才骑自行车回家。

功夫不负有心人，经过 3 年的刻苦自学，王智的编程技术取得很大的突破，做出参数求点坐标软件，大大提高了节点坐标计算的工作效率。那时候，车间现场的电脑过于老旧，无法安装 CAD 软件，所以碰到坐标求点问题时，工人一般手工画线用三角函数进行计算，这种方式复杂、耗时且不能保证完全正确，需要反复验证。王智所作参数求点坐标软件，只要输入参数，便可得结果，最终这一软件测试成功，得到了广泛应用。

成功都是留给有准备的人。当王智看到同事运用此软件节省了很多时间时，一种喜悦感油然而生。王智深知这喜悦的背后饱含着多少努力和付出，反复学习、测试，千百次做尝试。做软件时，运用到 Pascal 语言所有的函数指令，王智不懂，便买 Pascal 语言编程书、函数字典，一个个查命令，寻找能实现功能的命令函数，反复实验。

那个时代，计算机还不像现在如此发达，几乎没有懂电脑编程开发软件的一线工人。年纪轻轻的王智，成为研究所里为数不多懂编程的工人，为他后来的成就奠定了基础。

路虽远，行则将至。2004 年，王智迎来了职业之路新的起点。凭借日常工作中积累的经验，在吉林省第一届数控大赛中，王智拿到第二名，并获得吉林省技术能手称号，被授予吉林省优秀高技能人才称号。这是王智第一次获得省部级荣誉。

王智怀着执着专注、一丝不苟的钻劲，将童年的梦想变成了现实，终于穿上了曾让他羡慕的蓝色制服，而在这一抹蓝色下，还包裹着一颗红心，让发动机这个汽车"心脏"强烈跳动。

"享受突破的过程"

追逐着鹿的猎人是看不见山的，当你心无旁骛地去钻研某一件事时，你就会忘记周围的一切，这也便是工匠精神的实质，王智正是用这种精神激励着自己前行。

2009 年，新中国成立 60 周年庆典当天，当红旗检阅车缓缓驶过天安门广场前，在车间会议室中，王智和工友们目不转睛盯着直播，激动得红了眼眶——红旗检阅车上搭载的 V12 发动机，正是他和工友们制造出来的！V12 发动机填补了国内 V 型发动机的制造空白，实现了从设计研发到生产制造的完全自主。"当看到红旗检阅车亮相天安门广场时,感觉所有辛苦都是值得的。"王智回忆道。

一年前,他被选中参与试制 V 型 12 缸发动机。V12 发动机是我国第一款自主研发的顶级乘用车发动机 CA12GV,该发动机意义重大,它的成功与否决定着我国能否完全自主研发制造 V 型 12 缸发动机。

接到任务时,王智感到十分荣幸,同时压力很大。从任务下达到检阅不足一年时间,还要为后续整车装配调试留出时间,这意味着留给王智的时间只有 5 个月。

车间主任对王智及车间几个技术骨干说:"这个项目意义重大……务必保证万无一失。"

时间紧,任务重。V 型发动机结构更加复杂,对加工精度、设备、人员技术水平要求极高。当时,只有少数国际著名汽车厂商才拥有该项制造技术。车间的首要任务是更换新设备、新刀具。而应用新刀具、操作新设备、编程,王智和团队几乎从零开始学习。

在此期间,王智和团队遇到多个棘手问题。其中,包含两个挑战性极大的问题。

其一,缸盖燃烧室深度和位置误差。CA12GV 对加工精度要求非常高,误差不能超过头发丝直径的 1/3。而缸盖燃烧室深度和位置误差直接影响燃烧室容积,对发动机整体性能影响很大。王智通过对夹具、程序和毛坯的检查和测量确定了误差主要原因源于铸造毛坯基准误差过大。

试制进度陷入僵局。王智每日蹲守在设备旁摸索、学习。一周后,经过多次失败,他开发出数控系统自动测量补正宏程序指令。在宏程序指令下,自动控制测头进行测量定位,并对数据进行分析、计算,控制设备通过三个直线轴、一个旋转轴,一个坐标系旋转,摆正毛坯,得出两个极限值,再取两个极限的中心定坐标,最终保证了燃烧室位置和深度的尺寸精度。

其二，枪钻甩折，险出事故。试制过程涉及油道孔等深孔加工，深孔总长达700多毫米，加工难度很大，一般刀具无法做到。枪钻可实现深孔加工，但枪钻对动作要求非常严格。由于枪钻结构特别，刀杆刚性低，加工时枪钻在孔外应低转速运行，如果转速过高会使枪钻被甩折。但设备数控系统没有枪钻循环指令，枪钻编程需要对枪钻每步动作进行分步设计。

在试制过程中，王智的同事就经历过两次惊险的枪钻甩折场景。当时，枪钻在高速旋转下，直接甩折，将设备防弹玻璃直接打裂。"钻头跟子弹似的，嗖的一下就出去。万幸的是，现场没有人受伤。"王智说。

为了避免潜在的危险，王智想到利用西门子高级编程语言编辑枪钻钻孔循环指令，解除后顾之忧。将整个枪钻加工过程模块化、自动化，减少人为干预，避免分步编程的烦琐。操作人员不需要把控每一步动作，只需给定参数，系统自动规划和执行每步加工动作，提高了加工效率、可靠性、安全性。运用枪钻钻孔循环指令后，车间再也没有发生过枪钻被甩折的事故。

V12发动机的试制过程十分艰辛，但聆听到国产发动机引擎轰鸣声时，他总是心潮澎湃。"让国产汽车'心跳'更强劲。"是王智从始至终的目标。

他的成绩不是偶然获得，而是日日夜夜刻苦学习厚积薄发取得的。工作多年来，王智一直保持着良好的学习习惯，夜深人静的时候还在灯下啃业务，每当有人问他累不累的时候，他总是笑着说："我喜欢有难度的事情，喜欢挑战，我很享受不断突破的过程。"

王智所在的试制部正是如此。试制是研发中承上启下的环节，试制人员将设计师创作构想加工转换成实物，提交实验部门，采集实验数据。

若数据不符合要求，设计部门继续优化产品，重新试制、实验，直至实验数据满足要求，产品才能上线投产。试制的质量直接关系到实验数据的真实性和可靠性。

王智经常身着白色工装，戴一副黑框眼镜，文质彬彬，沉默寡言。朴实的外表下，藏着一颗"为中国汽车产业崛起而研发"的心。从业24年，王智利用大量业余时间，学习研究数控加工技术、计算机编程，并自学CAD/CAM软件，测绘建立数控设备3D模型，编写开发机床仿真驱动参数文件，实现了机床动态模拟加工及碰撞检验功能。他还开发CAM软件五轴后置文件，实现了编程输入格式与数控系统的无缝连接。现在车间数控设备的五轴后置程序和仿真驱动参数文件都是王智开发的。

他是敢于突破、勇做技术创新的探索者。

王智始终坚守于一汽新产品研发试制阵线。先后解决缸盖燃烧室误差、超细斜长孔加工、缸体主轴孔精度控制、凸轮轴孔同轴度误差控制等多项技术难题，提炼出超行程找正法、卧式加工中心角度坐标系自动设定方法等 12 种操作法。其中，他开发的卧式加工中心工作台旋转坐标系补正指令，在多角度面加工时得到成功应用，将原有加工效率提高 300%，获得了全国发明展银奖。

他前后调试确定 300 余个参数的含义和功能，设计辅件 42 种，成功掌握曲轴抛光换型的关键技术，实现了曲轴抛光从单一品种向多品种快速换型试制技术突破，为一汽累计节约成本 210 万元，该项目获得了全国职工优秀技术创新成果奖。

在汽车核心零部件上，王智完成国内首款 V 型 12 缸发动机加工任务，填补了国内发动机空白，让红旗检阅车装上了"中国心"。

他也是辛勤耕耘，勇做桃李技艺的"育人者"。

一花独放不是春，万紫千红春满园。王智不仅在技术上精益求精，还言传身教，助力高技能人才队伍建设。

他先后担任一汽劳模传承师、吉林省职业技能竞赛特聘专家、中国劳动关系学院特聘研究员、长春汽车高等专科学校及吉林省工业技师学院客座教授，并多次担任国家、省市技能大赛的技术指导、裁判长等职务，不断发挥自身技能优势，带动和培养更多青年走技能成才、技能报国之路。

王智发扬一汽匠人"传帮带"的优良作风，为国家培养出了一批兼工艺员、编程员、操作员 3 个岗位能力于一身的知识型技能人才。

他就是"大国工匠"，中国一汽首席技能大师，国家级技能大师工作室带头人，红旗工匠创新工作室集群领衔人。凭借着 20 余年磨一剑的专研精神，用时间淬炼本领，用汗水浇灌理想，用实际行动践行工匠精神，用奋斗创造了汽车产业上一个又一个的奇迹。

对于王智来讲，试制专业是一种追求。他有一颗对汽车的敬畏之心，有一种责任感和使命感——中国要掌握自主研发的核心技术。

正是这种情感，促使王智攻坚核心技术，也成就了他。2009 年 5 月，王智被吉林省人力资源和社会厅授予吉林省技术能手称号。2010 年 11 月，被中华人民共和国人力资源和社会保障部授予全国技术能手称号。2011 年 12 月被中共吉林省委组织部评为吉林省首席技师……

1999 年以来，王智扎根生产一线 24 年，攻关重点项目 90 余项、解决技术难题 260 余个、获得国家专利 24 项，获得中华技能大奖、全国五一劳动奖章、国务院政府特殊津贴、中央企业优秀共产党员、全国技术能手、吉林省劳动模范、吉林工匠等各级奖励及荣誉 100 多项……这一串数字，是对王智工作最好的诠释。他是勤奋钻研、锐意进取的先锋者。

荣誉加身时，王智迎来了另一块"硬骨头"——曲轴自主换型的技术攻关。

曲轴是发动机最重要部件之一。发动机要想实现自主研发，就需要先攻破曲轴自主换型技术。当时曲轴抛光设备属于"交钥匙工程"，即我国从国外采购设备，外方调试好设备，保证当时产品加工合格，然后交予中方。

"交钥匙工程"有一个最大的弊端——购买方没有话语权。由于设备厂家技术封锁，每当产品需要升级换型或新产品试制时，均需要向设备厂家支付高额技术支持及辅件费用。王智研发 V6、V8 发动机时，找到国外厂家想要换型，但是被告知，新产品换型需要支付人员、技术支持费用 100 多万元。

王智十分不服气："我们必须要掌握核心技术，解决掉这个'卡脖子'问题。"他内心一直在问自己，"我们能否实现曲轴抛光的自主加工，不再指望别人？"

"总要试一试吧。"王智下定决心。2013 年，以王智为主的曲轴自主换型攻关项目成立。整整两个月，王智带领徒弟及两名工艺员，不断摸索调试，从设备操控、程序参数、辅件设计及制造、机床部件调试等四方面进行技术攻关。

设备操控及调试上，"交钥匙工程"只教装卸零件的基本操作，并不把调试参数、检测精度等关键技术拿出来，所以自主研发的技术全靠王智团队摸索出来。

辅件设计及制造上，王智团队根据曲轴尺寸、形状重新更换了42种零部件，其中，从设计、加工再到调试、安装等，均是由王智团队绞尽脑汁想出方案后用双手实践出来的。

程序参数上，王智及团队重新解析300余个参数含义及功能，探索了各式软件算法。

凭着一股子"坐得住、钻进去"的干劲，王智及团队最终掌握了曲轴加工工艺的关键技术和方法，突破了外国技术封锁，实现了曲轴从单一向多品种快速换型试制的突破。

这次曲轴自主换型技术攻关，为一汽后来的发动机技术提升奠定了基础。2022年，在曲轴尺寸全变的情况下，全新V12发动机升级款的曲轴加工也全部自主完成。该款发动机匹配红旗高端混动车型。

王智以不移的决心、坚定的信念，完成多项重点攻关项目、解决各种技术难题，让各型号汽车的"中国心"更加强劲地跳动。

2013年，王智带团队参加中美国际数控技能大赛，以80多分的最终成绩，获得大赛金奖，超出第二名近20分。

正是这一次获奖，让外国人对中国数控技术刮目相看。"很惊讶，无论是设备、刀具、软件，这些都是美方选手用了好多年的，没想到你们只学习了短短几个月，竟然在制件数量和质量上比分领先。"闭幕式上，美方裁判长惊讶的语气中透露着一丝佩服。

但他不知道的是，这个成绩是王智及团队经历了多少次苦思冥想、挥汗如雨，多少天后半夜回家第二天依旧早起训练的坚持换来的结果。

24 年时光里，王智坚守一个岗位，以足够的耐心保持"苟日新、日日新、又日新"的节奏，他的目标是"求本领的炉火纯青，求质量的尽善尽美，做一个良匠"。

试制铁军精神代代传

加工中心操作台前，王智目不转睛地盯着正在运转的设备，仿佛忘记了外面的世界。隔壁桌上保温杯的盖子已经一天没有被打开。

这是王智试制 V 型 8 缸直喷增压 (V8TD) 发动机时的场景。同 V12 一样，他为这款发动机倾注了诸多心血——规划编程每把刀具的运行轨迹、输入上万个字符、调试设备……王智盯着每一个步骤，观察着细微的变化，保证精密壳体零件的准确加工。

为了让这款发动机从设计图纸变为现实产品，王智率团队夜以继日，将首台成品发动机的机加试制周期由原来计划的 45 天压缩到了 30 天。V8TD 发动机仅用 1 年时间，完成了从概念设计到首台样机试制的开发工作，实现了 110 天全新机型最快试制速度。

2021 年 5 月，该发动机在研发总院试制部完成试制，这是一汽自主设计的国内首台 V 型 8 缸直喷增压（V8TD）发动机。V8TD 基于国内唯一的 V8 平台全面升级打造，最大净功率达到 485 千瓦，最大扭矩为 850 牛·米，相比上一代产品，动力性指标提升了 73.2%，可媲美国际同类机型的领先水平。其作为红旗至尊车型的核心动力，是支撑红旗高端车型的战略性发动机产品。

24 年时光里，王智完成了 GB、V6、V8 等核心零部件自主加工任务，让一汽在自主创新路上走在前列；完成 N701 减速器技术攻关项目，结束依赖国外进口的历史；完成冬奥会雪车项目的加工任务，助力我国国产雪车实现零的突破。

这些成绩都不是一蹴而就、信手拈来的，而是王智本着"择一事，终一生，不为繁华易匠心"的坚守精神，夜以继日、千锤百炼铸就的。

2009 年，V12 发动机试制成功后，王智又接到十分紧迫的任务——试制 DCT350 变速器。

王智改进刀具、优化夹具，解决深腔精度孔、异形面加工干涉、装夹变形等技术难题，完成了变速器前壳首轮试制加工任务。

变速器后壳加工原本是交给外委厂家加工的，但在后壳一处间断长轴盲孔加工上，精度总是达不到要求。一汽又找了几个厂家，都干不出来。最终，任务还是回到王智手中，改制导引刀具几天几夜，他在夹具上制作导引墙，采用导向加工方法顺利解决问题。

"把单位当家"已经成了王智工作的写照。好几次参与项目工作至深夜时，王智和工友累了躺在单位的沙发上就睡着了。第二天早上，所长来到单位，看到他们疲惫的睡姿，拍了一张照片，第二天在媒体就刊登了名为《试制铁军最美睡姿》的报道。

"铁军"形容王智并不为过。他以"钉钉子"精神扎根车间，车床、铣床、磨床、线切割、五轴加工中心……车间里的多个工种他都干过，手上的茧子越来越厚，水泡破了起、起了破，王智从未抱怨过。王智特别喜欢苏轼《晁错论》中的一句话："古之立大事者，不惟有超世之才，亦必有坚忍不拔之志。"

如今，王智将"钉钉子"精神传承至后辈，为基层培育出了更多技能人才。其间，王智的角色一次次发生改变。

第一次改变是在 2008 年，数控班组建青年文明号，王智担任号长，成为青年员工的带头人，带领年轻同事一起学习、提升技能、改善质量、技术攻关，先后 3 次获得吉林省青年文明号称号，3 次获得全国青年文明号称号。

第二次改变是在 2012 年，王智被评为集团高级专家，担任数控班班长，负责班组任务分配、人员制度管理，带领班组完成核心零部件自主加工任务。其间，班组被评为集团标杆班组、吉林省及国家级工人"先锋号"的称号。

第三次改变是在 2016 年，王智劳模创新工作室成立。该工作室聚焦试制领域技术攻关、技术创新、技能传承等活动，在 2018 年升格为国家级技能大师工作室。近几年，工作室创新成果获得了 32 项创新项目奖项，申报国家专利 62 项。

N701 减速器的攻关及雪车研发，就是王智劳模创新工作室负责的项目。2021 年，王智团队用 3 周时间，解决了倒镗加工、夹具设计、球铁加工性能摸索、刀具切削参数的规划问题，保质保量完成了 N701 减速器的试制加工任务。

近年来，王智相继开发了 43 个培训课程，培训 1600 余人次，团队成员先后获得超过 200 项荣誉。在王智带动下，数控班个个都是行家里手。他的徒弟中已有 13 人成为高级技师。其中，杨永修是首席技能大师。

2018 年，杨永修参加全国职工职业技能大赛，王智带领杨永修进行赛前集训，每天从早上 6 点到晚上 10 点，逐一排解难点，最终杨永修夺魁，并获得了全国技术能手称号。"劳模工匠是怎样'炼'成的，在师父身上就能找到答案。"杨永修十分佩服师父。也正是在王智的影响下，杨永修才能成为央企楷模。

2023 年，王智带着团队继续前行，承担起两大重任。其一，国内首款 V 型 12 缸直喷增压发动机(V12TD)B 样机 3C 件的自主加工任务; 其二,实现 V12TD 发动机小批量加工能力。

3C 件是发动机 3 个核心部件,包括缸体、缸盖、曲轴。1 月,V12TD 在一汽研发总院整车开发院试制部成功试制下线。相比于 A 样机,B 样机,V12TD 试制持续时间更长,任务更重。如今生产设备已陆续进厂,接下来,王智团队就要对设备、加工工艺、程序进行调试。

未来,V12TD 搭接混动系统,将成为一汽新能源转型战略中重要支撑。面对新能源大势,红旗作为一汽高端化战略承接者,全力以赴转型新能源。

如今,以电池、电机、电控为主的三电系统逐渐取代燃油车"三大件"(发动机、底盘、变速箱),成为电动车核心零部件。王智的攻关方向也将改变——向新能源汽车核心零部件自主试制方向靠拢。

与时代同频,才能保证工匠精神的生命力。"只要能设计出来,我们就一定能加工出来,"All in"新能源,全力以赴,背水一战。"王智依然自信。

17 岁,童年梦想的种子深深扎根,45 岁,种子开花结果。多年来,王智以"壁立千仞匠心添笔,风华正茂制造卓越"的坚守,践行着汽车自主研发之初心使命,未来,王智以"春泥护花"之心传承匠人精神。

当夜色渐浓,一切归于沉寂,万籁遁于无声,机加车间工作台上依旧亮着灯。听着汽车发动机的嗡嗡轰鸣声,几代人连续传承的工匠精神仍在隐隐"流淌"。

抱朴守拙,行稳致远。王智将岁月交给磨穿铁砚、精进不休;将青春熔铸核心技术,兀自耕耘,在继承中发展,在发展中继承,铸就属于一汽的辉煌荣耀。

牟少志

以毫厘之心铸精密模具

        攻克集团首条世界最先进冲压伺服线产能提升项目，生产线设计节拍由每分钟 10 次提升至 17 次，对多套模具工艺改进和优化，2023 年获得全国五一劳动奖章坐在车间模具操作台前，眼睛时刻盯着工具的落脚处，手里握着各类细小工具——像有灵魂似的，在体型似坦克般的模具上，轻舞旋转。若发现毫厘误差，就要找到"病根"并拔掉，有时甚至为缩小 0.01 毫米误差在厂房待至凌晨两三点。

　　这是一汽 – 大众长春生产冲压中心模修车间工长、高级技师牟少志的工作日常。

　　想要车身外观及质量达到最佳，毫厘级误差都不允许出现。牟少志以百分之百的专注，投身模具的冲压塑形。"这是一个特别需要较真的职位。"他这样评价自己的工作。

　　在一汽 – 大众首条伺服压机线效率提升项目中，他带领团队用时两个月，完成了 5 种车型、42 个制件的节拍提升，突破了当时行业内大尺寸冲压件生产节拍 12 次 / 分钟的瓶颈。

　　他还总结出铝件掉料屑维护方法、修冲结构优化、涂层应用、刃口钝化等，降低因铝件料屑导致的返修率 50% 以上。创新方面，他发明铝料模具负角度研磨器，提高了铝件模具维修质量。

　　2015 年，牟少志培训站成立。2019 年，它被评为吉林省首席技师工作室；2020 年，被评为国家级技能大师工作室。截至目前，牟少志工作室已申请专利 9 项，发表论文 18 篇，累计攻关重难点问题 130 多项，总结技术资料 40 多篇，开设培训课程 17 门，培养出省级以上技术能手 20 多名、长春工匠 3 人，还培养出 70 多名模修工，分布在一汽－大众五大基地。

2017 年，牟少志被授予全国技术能手；2019 年，荣获中央企业劳动模范称号；2020 年，被授予中国一汽工匠称号；2021 年，被聘为中国一汽首席技能大师，是首届聘任 10 位受聘人员中的唯一一位 30 多岁的年轻人。

2023 年，他获得全国五一劳动奖章，并当选吉林工匠年度人物。

从学徒到技工再到专家，牟少志迈着铿锵有力的脚步前进着。从业 17 年，他以毫厘见成败，将匠心精神融入一个个模具。

在一刀一锤中成长

"真是给我挣面子了！"收到牟少志发过来的总装悬梁焊接成功的图片时，他的主管经理没有想到，连资历丰富的老焊接师傅都办不了的事，牟少志却做出来了。

2022 年，一汽轿车二厂总装遇到一个痛点——总装悬梁损坏。在二厂生产过程中，需要用悬梁挂钩运输车辆，相关人员装配制件。由于总装线悬梁结构设计上有个上坡，每当运输到此位置，悬梁便会撞击、磨损。悬梁是铝制品，正常 8 毫米厚，但最终磨损至极薄，每到此位置便会报警，一天至少 8 次报警，频率很高。总装厂生产迈腾、大众 CC 等 6 款车型，若悬梁损坏，或造成停产风险，损失严重。

为清除后患，总装负责人找到一位资历较老的焊接师傅。老师傅还有一年将退休，经验十分丰富，但他一看铝件太薄，直接表示焊接不了。

该负责人听闻牟少志研究过铝件且愿意研究，就找到他。牟少志去现场观察后，锯下来一块材料回去用半小时研究后，发现融合性还算不错，便告知对方没问题。

但这么大的事需要领导决策，负责人联系到牟少志的主管经理。经理问牟少志："你能行吗？"他斩钉截铁地说："没问题！"其实经理内心非常忐忑，因为二厂生产任务太重，不能因为任何技术失误耽误生产。

时间紧任务重，总装生产线不能长时间停产，经过反复协调，最终给牟少志仅7个小时，不仅要求焊接完成打磨，还得完成整线的试运行。实际操作之前，牟少志已经把现场带回的材料自己做了实验。

牟少志带了两个副手帮忙，他们用了3个小时不间断焊接，把铝轨进行了焊接修复，再用两个多小时进行打磨，再用20分钟试车，最后提前近两个小时攻克了该难题。

能做别人无法做到的事情，背后是别人无所及的艰苦锻炼。如果只是满足于应付，得过且过，是无法追求卓越的。牟少志所做模修工工种，对综合技能要求很高，需要掌握钳工、机械加工、焊接等技能，其中焊接使用频率最高。焊接质量好坏直接决定模具维修的基础。

一名好模修工一般需要六七年成长期，想要独立完成工作，至少也需要四五年时间，这是一个漫长的过程。但牟少志是一个喜欢和自己较劲的人，通过不断学习和加练，从刚进模修班组到独立从事模修作业，他仅用了3年。

2007年，牟少志刚进入模修班组。为了熟知每道工序模具功能，知道生产过程中第几道工序出现问题，他开始拆检车间所有模具及工序。一个车型有数十个制件，每个制件再乘6道工序，仅模具就200多套。牟少志每周拆检3套，确定每道工序模具的对应用途。最终用一年多时间，完成了所有模具及工序的拆检工作。

有了系统知识，还要积累现场经验。为了争取更多的实践机会，做组内工作时，无论是门板模具，还是翼子板模具，牟少志都亲自上手，细致拆解，了解成型部位及功能。通过训练，在学徒时期，牟少志就曾解决了世界性行业难题——翼子板料屑问题。

由于模具成型时要求精细，即使是一根头发丝掉入模具，也会造成零件报废或返修，所以查询问题出现在哪儿十分困难。他披星戴月，守在模具旁边，用时两个月，与他师父把某车型因料屑导致的停台时间，由千件30多分钟降至千件10分钟内，返修率由10%以上降至1.2%。

连轴转已成为牟少志的工作常态。有一次，在培训期间，他和同事晚上练习忘记时间，半夜培训室里还有一闪一闪的光线，值班大爷巡逻时，以为是着火了。最终经过解释、"认错"，他们获得老师的"特赦"，拿到了培训室钥匙，每天他们都坚持练习到八九点。

"人最难战胜的就是自己。任何人，我可以去挑战他，但是自己如果有惰性了，或者自己思想滑坡了，是很难去攻克的。所以我自己需要不断地去挑战自己这个局限。"牟少志对自己要求很严格，这是儿时的心愿使然。

1984年，牟少志出生在吉林省公主岭市怀德镇，他从小就喜欢汽车，在村子里偶尔看到一辆，就会眼巴巴看很久，直至车消失在马路尽头。

牟少志喜欢车，也想造车。2006年10月，他成功进入一汽－大众冲压车间当学徒工。当第一天进入车间，看到现代化生产线、挥舞着机械手的机器人、在车间不断穿梭繁忙的物流叉车、先进的自动化压机、整齐有序的车间布局时，他十分惊讶，同时更加坚定了造车信心。

进入一汽－大众后，他17年专注模修，参与了捷达、宝来、高尔夫、迈腾、奥迪A4L、奥迪Q3、奥迪Q5L等车型模具的验收、调试和质量改进工作。

　　2010 年，牟少志独立从事模修作业后，第一个重点项目就是某一车型侧围压料板的复制。这是牟少志第一次自己动手、单独复制调试模具。这套生产模具是从南非买回来的 20 世纪 70 年代的模具，由于模具侧围第四道模具的压料板使用年限过久、使用频率过高，经过长期受力变形已经无法修复。但由于模具还有两年服役期，所以需要对侧围模具变形的压料板进行复制。经车间讨论，牟少志和两名学徒接受了这个任务。

　　由于侧围模具压料板是斜面，调试起来比其他模具更困难。为了迎接这一挑战，牟少志提出通过安装调整平衡块来解决。经过对比不使用平衡块和使用平衡块调试，他发现其实使用平衡块，并按照平衡块着色，让压料板两面等高往下，效果更好。其间，由于要经常仰头操作砂轮机，经常会有砂轮末进入眼睛，他不得不半夜痛苦就医。但最终，他们逐批次调试，足足调试了 3 个月，攻关成功。这个平衡块成为模具调试在线解决问题最快速、有效、简单的办法。

成功与失败的差别就在于能否全情投入。"干一行，爱一行，钻一行"是牟少志的准则。他是吉林省奋斗青年的代表，是敢担当、能吃苦、肯奋斗的新时代好青年。39 岁的牟少志，尽管工作年限不比其他一线工人长，但他却是中国一汽首席技能大师、中国一汽工匠。

2022 年，牟少志成为质改区的工长，负责揽境、揽巡、奥迪 A4、奥迪 Q5 车型模具的工艺验收、结构验收、现场调试。但在一款新车型生产中，出现制约质量提升的问题——右侧围上横梁有光影缺陷，即光到达某一位置时有弯度或平行度变化明显。针对这一问题，模具厂家调试 3 个月也没有解决："我们无能为力了，你们要是能调试就接手。"

彼时，该车型产量正处于爬升的关键节点，"必须在 1 个月内解决"，领导下了死命令。牟少志接下这一个"烫手山芋"。他仔细检查模具基础后，更加认为这不是一个好差事，因为该模具压料板着色状况非常不好，且凸模已经被厂家烧得面目全非。这意味着需要先对凸模和压料板重新烧焊，恢复基准后，才能进行调试。

他几乎一个月没有休息，天天和模具打交道，从车型分析到翻边，定下优化方案。第一步，先将着色研到 90% 以上，用一周时间对 300 毫米长、30 毫米宽的凸模和压料板进行大面积焊接。研修最考验精度，差个两三道极有可能失败，两三道相当于头发丝 1/3 的精度。完全恢复着色有些困难，于是在大线保产过程中，只能低速，14 次的正常速度，还达不到。经过不断探索，牟少志分析出，造成速度一快对制件产生回弹的原因是，压料板结构倾斜角度过大。

第二步，便进行模具凸模形状补偿。补偿办法是，切割不同种类制件，放置至模具上，观察回弹量。这是拉延模拟、模具模拟甚至电脑软件模拟做不来的。通过夜以继日的测试，牟少志确定回弹量为 0.8 毫米，把 0.8 毫米烧焊补偿后，又对压料板精密研修，最终，达到了制件和凸模完全贴合。研修完后，他又把压料板研空。为防止缺陷窜动，牟少志还对窜动部分烧焊补偿，过渡至 350 毫米左右，将缺陷和压料板着色都研上，缺陷终得以解决。

主动攻关，大胆出击

"小牟，你得了第一名！"2014 年全国第三届模具工职业技能大赛闭幕式前一晚，领导找到牟少志，告诉他这一消息。听到这儿，牟少志眼眶湿润。

这个第一来得并不容易。2014 年 9 月，经过层层筛选，牟少志以各项比赛全部第一名的成绩，获得代表中国一汽参加全国技能大赛的资格。参加比赛前，他们在吉林省技师学院进行了为期 15 天的封闭赛前培训。其间，每天考完试回到宿舍，他裹着被子学习到凌晨，休息三四个小时后，爬起来继续学习。

这个比赛是全国性比赛，除理论知识外，更多比拼实际操作能力，这是获得综合好成绩的关键。实操考试内容是一个铝合金级进模具的组装、调试与出件，包括拉延、修边、翻边、整形、落料一整套程序。考试要求即在 6 个小时内完成组装，而这份工作在日常调试过程中需要两天才能完成。

牟少志十分平静地做好规划——先思考组装难点，再认真观察现场零件细节，理清思路后，在大脑里对所有装配工艺进行预演，最后组装。距离比赛结束还有一个多小时，现场大多数参赛选手还在埋头苦干时，牟少志已经抱着作品去排队压件。成品出来后，压机员对此表达了肯定："你这件是目前为止，我看到的第二个非常好的成品件！"

牟少志是那年中国一汽参赛代表团中最年轻的一个。获得第一的他将技能水平体现到日常实际工作中，并以技术攻关逐梦匠心。面对技术难题，牟少志有自己的标准，维护着匠人的荣誉和称号。

2016年初，由于冲压车间原7条老旧生产线逐渐被拆除，所有零件需转往两条新的冲压线生产。由于生产线大幅减少，为满足生产要求，必须进行生产提速工作。在提速过程中，新设备的发罩节拍能达17次／分钟，但某车型的发罩只能达到10次／分钟，如果继续提升产能，会出现各种质量问题。

通过现场排查，牟少志最终发现生产瓶颈是气路结构缺陷所致，即当节拍过快，生产线上用以抓零件的机械手只有吸的动作，没有吹的动作，这样直接导致零件变形报废，严重制约生产效率。

若维修耽搁时间太长，将面临没有零件供应焊接车间装车的局面，牟少志压力巨大。为解决这一问题，他先是晚上加班，在网上搜索真空发生器的工作原理，学习气路相关知识。然后花了近一天时间进行模具创新，在原有气路基础上增加一组气路，使其既有吸的动作，又有吹的动作。但最终上线调试还是失败，他迫不得已又将气路恢复。

"我还想再坚持一下，试试改进气路。"牟少志并不甘心，在修复完压机与模具连接的管路故障后，他申请再次尝试调整为新更改的气路。项目调试组组长迟疑了一下，但很快坚定地拍了拍牟少志的肩膀："好，咱再试一次。"得到组长首肯后，他信心倍增，撸起袖子用最快速度调整气路，再设置参数，最终使得这一车型发罩节拍从每分钟10次提升至15次，减轻了转线生产压力。

2019年是牟少志工作上的关键一年。这一年，他设计的负角度靠尺获得国家专利，攻克制件开裂问题，这是他精益求精、勤奋钻研的必然成果。

由于车间现场铝件模具逐渐增多，铝件修边料屑问题尤为突出，对刀口进行负角度处理能明显减少料屑带来的影响。但同时，负角度研修对精度要求很高，一般会用到靠尺。但有些镶块受结构限制，比如L形，找不到合适的靠尺，就要找垫块辅助，研配这个垂直度。每次去找这些垫块，时间都很长，甚至比干活时间还长，精度也无法保证，后期要是出现停台，还要反复维修，工作量极大。

通过总结现场需求，牟少志自行设计了负角度靠尺，并于2018年申报专利，2019年获批，这是四工段第一个成功申报的专利。负角度靠尺能适应不同大小、形状镶块的使用需求，且作为量具使用，能够保证整体研修精度，大幅减少现场人员日常模具修理工作量。待领导认可后，委托供应商加工。牟少志学过数控，知道怎么控制关键尺寸，就全程跟着供应商。成品出来后，使用效果不错，模修四区又加工了4套。一段时间后，其他工段也提出需求。2020年，扩大到青岛、佛山分公司。

主动攻关、未雨绸缪已经成为牟少志的工作之一，他犹如车间的万能扳手，哪个关卡过不去，就上前修理一番。例如，2019年制件开裂项目攻关。什么是缩颈？例如板料在生产过程中，正常厚度为1毫米，生产完厚度变成0.5毫米，从1毫米变为0.5毫米过程中的减薄就是缩颈，如果出现开裂情况，这个件就得报废，制件减薄是有一定标准的，超出都将不符合质量评审要求。牟少志经过统计发现，在众多车型生产过程中，每次都能在严格的质量把关下发现缩颈拉裂，达每月60多次，占用了大量的人力及技术资源。而且产量越大，发生问题次数就越多。在一汽-大众五地六厂中，长春生产基地产量最高。

牟少志解决一个后盖内板制件开裂问题时，经过了3个阶段，这也是解决千分之 0.5 的概率问题的执着。

其一，他从涂油的油品、压机、模具成型工艺等几个维度突破。首先，试验制件表面板料上的涂油，在不同位置涂油，看有什么改善，但没观察出规律。其次，通过压机不同位置、不同拉伸压力，观察在成型过程中压力的变化。虽然拉裂频次有所降低，但并未消除。

其二，模具自动件制件压料进行试验，上下反复烧焊，没有找到症结，在对上下走料控制时，再次降低了拉裂频次。

其三，牟少志分析板料，如开卷物料线断面质量毛刺，发现断面质量光亮带不同，间隙小的光亮带稍宽，比较均匀的光亮带占 1/3 左右。他沿着光亮带探索，发现了问题：通过对开卷模具进行优化，让每个光亮带做到均匀，彻底消除了缩颈开裂问题。

解决问题后，为了防止问题再次出现，牟少志专门制订了一个维护周期，并定期检查，也分析出产生此问题的根本原因，模具的积屑瘤，对此模具进行先进工艺的涂层处理，避免模具问题的产生。

这为他解决某车型前门内板音响孔拉裂问题奠定了基础。2020 年是长春生产基地拉裂次数最多的一年，达到 11 次。牟少志负责攻克这一难关。为了不影响生产进度，他只好选择在周六日攻关。过程中，遇到了很大的困难——前期拉裂模拟实验后所制订的方案，不仅没有解决问题，还使得拉裂频次增高。牟少志顶着很大的压力对问题进一步分析，最终按照拉裂增加的工作反方向开始调试，问题得以消除。

这次经历后，他也进一步成长："在不确定的问题上，不能害怕产生问题就不去做，在没有经历过的问题上大胆去做，才能最终解决难点问题；要持续发现问题根源、梳理解决问题的方法，为长远车型难点攻关总结输出。"

别人做不了的，牟少志做，别人做不到的，他努力做到。秉承着对技术、产品始终不放弃的钻研精神，工作 17 年间，牟少志以工匠之精神投身模具研修终有所成。

何为"工匠"精神？他有自己的见解。

第一，轴的精神。一汽劳模工匠乃至每一个平凡的一汽人，在岗位上都有一种轴的精神，缺陷解决不了不善罢甘休，用轴的精神，攻关每个缺陷。

第二，苦的精神。中国一汽发展 70 年，少不了一代又一代一汽人艰苦奋斗的精神。从无到有，是一个非常难的过程，得益于一汽人不断坚持、自力更生、艰苦科研才不断发展壮大。

第三，创造的精神。在新时代发展中，一汽劳模工匠用创的精神不断锐意进取，创新技术、创新发展。在习近平总书记的嘱托下，掌握关键核心技术更是成为重中之重。创造的精神将伴随一汽发展，促进一汽发展。

在转型中担起重任

"质量属于无止境的追求。"在质量上，牟少志不允许有一丝一毫的误差。随着全球低碳节能的推行，新能源车成为行业新赛道，科技创新成为保持核心竞争力的关键所在。竞争中，只有坚守"工匠精神"抵住资本诱惑，才能不误发展之机。转型之路上，牟少志肩上的担子更重了。

"数字化转型确实是一个难点问题，我们都是学些机械类及模具类传统技术，对数字化、编程等知识不熟知，日常工作解决的是模具间隙、制件凸包等缺陷，不会像电气维修专业工人学习编程、做软件一样，能快速适应。"牟少志等模修工面临着数字化转型中的工作适应性问题。

　　但耐得住寂寞、禁得住诱惑的工匠精神，促使牟少志等模修工释放创新力量，驱动一汽转型发展。创新从不能一蹴而就，这源于牟少志十几年如一日的钻研以及对行业发展趋势的研究。大众汽车转型过程中，牟少志承担起模修专业的轻量化和数字化转型重任。

　　聚焦在模修专业的汽车轻量化问题，即如何持续降低铝件垫料屑问题。牟少志总结了3个具体做法。第一，降低频次。摸索铝件修冲电镀应用，修边时如果有镀层，就会减少模具和制件摩擦产生的作用力，从而减少积屑瘤产生。第二，制件表面涂油，修边时表面有一层油膜，会减少积屑瘤产生。第三，改进维修方法，像上模的刃口钝化和负角度应用，下模的刃口锋利程度检查，以及工序件毛刺处理等方法和技术。目前一汽－大众对制件返修率的控制水平已经处于行业领先水平。

"汽车行业生产中主要是创新发展，降本增效。一是往数智化方向发展，二是从技术上创变革新。"他说。基于冲压生产过程中的痛点问题，牟少志团队近几年致力于模修工作数字化探索，并承担起了车间数字化转型的几个项目。

　　项目之一是，废料滑道传感器应用。模具生产过程中，板料不像开卷那么大，制件成型过程中要把多余部分修掉，流到废料沟里运走。这就带来一个问题，废料可能在排放时，卡到废料沟模具里，不被人看到。废料如果堵住，就会造成模具损坏，或者堵完后，产生一些制件返修品。针对此痛点问题，牟少志对所有生产（废料的）模具进行统计，在模具上增加废料排放检测装置，堵废料频次较高时增加传感器，实现数字化监控。

　　项目之二是，收料线监控系统。在制件生产过程中，车外壳车门包括内外板，均是单独的件，它们就像是一张纸似的板料，比纸厚、沉、刚性好。冲压中，首先用模具把四周包裹凸模、凹模及压力圈三部分，凹模和压料圈压四周，凸模再成型。但在成型过程中，四周压上板料，板料会往里面流动，补充形状需要。每次流动的多少会对制件质量有一定的影响。流动多少的变化受板料性能参数、油品参数、压机参数或者其他波动影响。如果流动少了，板料的刚性塑形变形，会造成制件局部开裂，最终造成制件报废或起皱。在高速生产过程中，该问题无法人为监控到，于是牟少志应用数字化视觉识别技术，在模具四周装上摄像头，对门内板 A、B 柱易出现问题的两区域的收料线边进行拍照，并跟生产数据基准值对比——实际值曲线在基准值上下波动，波动多，减压；波动少，加压。

　　牟少志认为，从传统技术向数智化方向转变，不单单是技术上的提升，更是思想上的提升。在他工作期间，无论工作简单还是复杂，他都以精益求精的理念工作："汽车是大投入的行业，不是一锤子买卖，要靠口碑赢得市场，所以要有精益求精的质量精神，用高品质、高口碑赢得市场的认可。"这也影响了一批人，工作细致入微，做到极致。

牟少志团队也在模具生产中向柔性化生产探索，为的就是降低停台、提升质量。

橡胶压料板技术探索与应用。生产的冷冲压模具都是钢性模具，是用不同材质材料的钢材制作的，在冲压中涉及多道工序，生产中不可避免产生细小的料屑。这些细小的料屑如果垫到模具上就会造成制件报废或者返修，如果不返修，在后面喷漆中就会产生明显缺陷。带着问题，牟少志想出用橡胶压料板保证制件质量，同时去消除这些料屑产生的质量影响问题。在生产过程中，牟少志调试好质量后会进行生产验证，若质量没问题，将对其进行长期生产跟踪，深入探究料屑问题，解决生产痛点问题。

当牟少志一次次攻克难关，摘得技能之冠，想的不是个人的功名，而是如何将自己所拥有的工匠精神传递下去。多年来，他培养出20多名省级以上技术能手、长春工匠3名，还培养出模修工80多名。并指导团队在国家大赛获奖，为一汽人才储备奠定了坚实的基础。

一个人的思想最不好调整，但牟少志坚信唯真诚打动人。在与团队学员沟通时，牟少志主要是传递正能量，用鼓励的话语引导他们做好工作。他常说："能为公司节约一分钱是自己作出的贡献。"在工作中，牟少志亲自带学员参加大赛，并一条一条带他们过材料。凡事亲力亲为，以思想作为基础，让每一位入职人员了解一汽发展历史，了解老一辈一汽人的艰苦历程，才能知道自己的幸福来之不易，以技术进行传承，以现场问题进行开展，以没有解决不了的问题为出发点锻造一批高技能人才。

牟少志认为工匠精神在一汽有3种传承途径。

一是一代代一汽人培育子弟，在家庭熏陶下进行传承；二是一汽文化的传承，在成长过程中不间断地学习老一辈人奋斗的历程，学习一汽发展精神；三是工作过程中精神传承，手把手、面对面地传承技艺。

在中国一汽70年发展史上，有许多像牟少志般的劳模坚守初心，将工作变成事业，从制造走向智造。牟少志一辈子只干一件事，一刀一锤诠释着虔诚，17年磨一剑，他执着于0.01毫米，以热爱对抗岁月漫长，匠心如星星之火可燎原。

付胜

领潮时代洪流

　　解决设备疑难故障39项，攻克76项技术难题，负责并参与设备改造项目108项，完成国家实用新型发明专利两项，申报发明专利1项，2023年获得全国五一劳动奖章

2021 年 7 月 1 日，北京天安门广场，100 面红旗迎风招展，金色的党徽和 1921、2021 字标格外醒目——这是中国共产党成立 100 周年纪念日的活动现场。来自全国各地的党员代表齐聚天安门广场，亲身参与、见证这意义非凡的时刻。

吉林省在众多党支部、党员中挑选了两名新党员代表赴京参会。其中一员，就是付胜。在这个特殊的日子里，付胜深受感动，备感振奋。

这是他第一次离国家领导人这么近，离习近平总书记这么近。他们的位置距离主席台不远，能够清楚地看到天安门城楼。这也是他第一次亲眼看到中国新一代隐形战斗机歼 -20。作为一名军事迷，付胜早在网上、书上看到过歼 -20 的雄姿，但当歼 -20 编队划过长空的那一刻，那气贯长虹之势，还是让他心潮澎湃、眼泛泪花。

付胜是来自一汽动力总成工厂制造技术部的高级技师。他 19 岁与汽车工业结缘，22 岁加入一汽轿车发动机厂技术部。30 岁成为一汽动力总成工厂制造技术部设备维修班班长。

10 多年岁月，3600 多个日日夜夜，付胜从一名流水线普通维修工，成长为集知识型、技术型和创新型于一体的高素质技术人才，成为中国一汽的技术骨干。

走近付胜，很难想象，这位头戴鸭舌帽、衣着灰色工服，成天穿梭在生产车间，年仅 35 岁意气风发的帅小伙，背后已一身荣光。

作为新党员代表，他参加建党百年现场庆祝活动，积极宣传伟大建党精神；作为一汽集团工匠精神的旗帜与标杆，他曾荣获全国操作技术能手、吉林省五一劳动奖章、吉林省青年技术能手、一汽劳动模范、长春工匠、长春市有突出贡献专家、长春市五一劳动奖章等奖励和荣誉。2023 年，他又被中华全国总工会授予全国五一劳动奖章。

在付胜的身上，能看到一股牛劲，一种就算头破血流也不服输的工匠精神。尤其在汽车制造技术攻关上，他善思考、爱钻研，先后突破伺服压装机、珩磨机等多种进口高精尖设备"黑箱"封锁，攻克多项"卡脖子"技术。在 4GC 三代机加线项目投产过程中，他主动承担并完成导管阀座压装机、碗型塞压装机和加工中心测量系统等技术改造和技术升级 26 项，提出合理化建议 23 条，解决重大技术难题 5 项。

其中他对德国巴亚导管阀座压装机的自主改造，使机床具备了压装天然气发动机机型导管座圈的能力。仅此项技术，为工厂节省改造成本800 余万元。

他以服务生产现场为中心，及时针对生产线上产生的浪费作出改善。2021 年，他共完成改善工艺 176 项，其中他设计制作的 AGV 小车不仅为生产现场减少了一名操作者，生产效率还提高了 1.2%。

作为设备维修班班长，付胜紧跟集团公司数字化转型战略，参与建设数字化标杆班组，引入智能报修软件"派拉"系统，通过"派拉"收集的数据，提前预知设备故障，提前预防维修，将设备可动率提升了15% 以上。"派拉"系统获得全国汽车行业智能制造与成果创新一等奖。

创新构思，不断尝试，是付胜工匠精神的最大体现。2019 年成立付胜工匠工作室后，他编写机床改造控制程序 100 余项，数控机床控制板自主维修 150 余张，电主轴自主维修 40 余根，技术创新 46 项。发明专利两项，节约维修成本 500 余万元。

付胜勤勉好学，乐于分享，注重传承。2016 年开始他被长春汽车工业高等专科学校聘请为外聘教师，教授《数控机床诊断与维修》和《变频技术与应用》等课程。

他坚持"学以致用"的理念，利用数控控制板，独立制作了一台小型立式加工中心；他还编制数控维修教材，为班组员工进行培训。2021 年，他累计授课 172 学时，参训人员超过 500 人次。他培养出高级维修电工 10 人、技师 6 人和高级技师 3 人。

乘着发展的春风，付胜与千千万万奋斗在汽车产业一线技术工人一样，亲历和见证着中国汽车产业的沧桑巨变，也在与一汽集团的同频共振中，实现个人理想与祖国发展的深度契合。

爱一行学一行

通过大数据和 AI 技术，建立数据分析模型，全生命周期跟踪设备状态，使设备维修业务与数智化深度融合，提升工作效率，实现设备"零停台"。准时为红旗提供"精美品质，精湛工艺"的卓越动力总成产品。

这是付胜当前的工作任务，他所负责的设备维修工作属于"智驭"系统模块。"智驭"系统模块，又是动力总成工厂"五智一慧"全域全要素数智平台的重要一环。作为集团 OTD 战队一员，动力总成工厂于 2020 年 6 月 1 日落成。

动力总成工厂揭牌成立，是为进一步推进和实现集团公司"831"战略和"3341"行动计划，做强集团公司自主乘用车动力总成产品，强化整车支撑，全面深化改革的重要举措。自揭牌成立后，动力总成工厂按照新机构、新职能运营。

2022年，站在新起点上，付胜完成了4GC三代老线最终清洗机的数字化改造项目。他在清洗机中增加数据采集传感器，对清洗液的温度、酸碱度，工件的清洗流量、压力等过程数据实时采集，实现了清洗运行状态的可视化，通过上传数据实时分析，实现了异常信息自动推送。

此前在酸碱度检测项目上，有8次提前预警，避免了因更换清洗液带来的成本浪费和车间生产线停产损失，累计节约成本116万元。

"如果把工作当成一种谋生的手段，甚至看不起自己的工作，就会感到艰辛、枯燥、乏味。如果将工作当成自己的事业，我们就会迸发出无尽的热情与活力，自身的潜能也会得到最大限度的发挥。"付胜说。

自古英才出少年。古往今来，许多有为之人都是凭着少年时期的梦想，才最终站到了人生的巅峰，付胜也是如此。

1988年6月，付胜出生于吉林省榆树市的一个普通家庭。他出生和生长的年代，正是中国在改革开放多年以后迎来经济高速增长的时代。生活在这欣欣向荣、蓬勃发展的美好时代，这个男孩也积极向上，对身边的事物充满了好奇心和求知欲。

童年时期的付胜调皮贪玩，喜欢拆装家里的各种东西，喜欢研究家里的机械物件，尤其喜欢自己动手修自行车，还曾经用盖房子的剩余木料和注射器自制自卸翻斗车。这是付胜与车结下的最初缘分。

2007年9月，付胜进入长春汽车工业高等专科学校学习，自此，他的一生便开始与汽车牢牢地绑在了一起。回忆起来，这个学校并非付胜最想报考的，选择它多少有几分无奈的意味。但机缘巧合之下，他最终选择了这所与汽车紧密相关的学校。也许这就是命中注定——这还要从付胜高考说起：

一直以来，付胜的学习成绩都还不错。初中毕业后，16岁的他以优

异的成绩考取了榆树最好的高中——榆树市实验中学。2007 年高考，付胜成绩 523 分，相比当时二本线高出 39 分。

他填报的第一志愿是东北大学秦皇岛分校的机械制造自动化专业，第二志愿是河北建筑工程学院土木工程专业。遗憾的是，付胜并没有被这两所学校录取。后来，在父母的支持下，他选择进入长春汽车工业高等专科学校就读，学习自己感兴趣的机电一体化专业，并在这里系统地学习了整个电气控制（包括 PLC 变频器）等知识和技能，这些技能和工厂维修工作息息相关，在汽车修理中有举足轻重的作用。

俗话说，干一行爱一行。付胜则是爱一行学一行。初入学校的第一个学期，就已经学到了很多技能，但光凭学校里的学习哪能满足得了他的探索欲和求知欲呢——恰逢好时机，他听到一个好消息：元旦后，可以到一汽 - 大众去实习。

2008 年 2 月，大学刚上完一个学期，付胜从校园分配到一汽 – 大众一厂焊装车间实习。但现实和理想总有差距，这段实习同他之前的预想有很大差距：他被安排到点焊工岗位上工作。

每天重复的劳动，机械式的动作……他渐渐感到枯燥和厌烦，更渴望更有技术含量的工作内容。工作之余，付胜总喜欢看对面自动工位的 KUKA 机器人，观察它们以各种动作进入车身内部去执行焊接、自动去铣电极帽等工作。

机器人出现故障时，维修工娴熟地操作着机器人，查看控制程序，顺利解除故障……这一切，让付胜对汽车生产线上的智能设备维修工作充满好奇，并逐渐在心中长下根条、发出枝芽。

在一汽 – 大众实习半年后，2008 年 9 月，付胜回到高专上课学习，同时他也在关注着维修工的招聘信息。在这期间，他一直努力学习，寻找机会。

功夫不负有心人，2009 年 10 月，一份一汽的招聘启事贴到学校宣传栏，付胜想都没想就报了名，并顺利通过笔试、面试，成为一汽轿车发动机厂的一名设备保全工，负责 ET3 曲轴线的设备维修工作。那时候，一汽自主的汽油发动机 ET3 系列发动机即将投产。得以接触欧洲先进的数控设备，付胜的视野不断拓宽。他立志要学好设备维修知识，争取早日转正，留在一汽轿车，留在保全科。

刚开始，付胜跟着师父一起维修设备。时间久了，他发现一个问题：师父教过的他都能修，但如果师父没在身边，自己思路就不太清晰，解决故障就很慢。同时，车间操作者也抱怨设备维修速度慢，无法保障成品产出。

面对这个问题，付胜辗转难眠，并急切地想找到解决问题的方法。"如果师父能整，而我整不了，那我就去抠，抠一个个环节。他整完之后我看他咋整，然后再逆推。过程中学到的、得到的，都如获至宝一样拿小本本一点点记下来。"说到这里，付胜手上还比画着当时做笔记的场景，双眼闪烁着欣喜兴奋的光芒，就像回到了那个 20 出头意气风发的年纪。

经过付胜锲而不舍的努力，师父看到了他的进步，也放手让他独立去完成一些简单的维修，慢慢磨炼和提升他的技能。时至今日，他对当时带自己的师父依旧感恩。

闲暇时，付胜喜欢研究设备图纸。他主动去熟悉设备的每一个部件，了解部件的功能和原理，对设备易出现的故障问题进行分析研究。不到一年的时间，他的技术水平得到大幅的提升，不但能够独立快速处理设备出现的突发故障，及时发现和排除设备的故障隐患，还能对设备存在的功能缺陷和设计缺陷提出自己的见解，并通过优化程序、设备改造等手段对设备进行完善。

3 年间，付胜获得了多本荣誉证书。对付胜来说，这是他人生中至关重要的 3 年，他小有成就，也得到了认可。这种成就感，是一种骄傲，也是一股动力，激励着他继续在维修的道路上奋发前进。

在比拼中进步

2012 年前后，国内的工业设备，尤其是发动机的市场变动很快。奔腾 X80 供不应求地火了一阵，但没过两年，由于国家调整税务政策，2.0 以上排放的发动机税率变高，X80 成本上升，销量迅速下滑，它的换代产品 X80 ET3，也没能挽回颓势，销量不佳导致生产线也渐渐停滞。随之而来的，是 1.6L 的小排量发动机的市场销量迅猛增长，1.6L 的发动机 4GB 二代，成为市场流行产品。再之后，奔腾 B30 和奔腾 X40 这两款发动机开始流行。这一系列变化，都发生在短短 3 年之间。

在这种激烈的市场变动下，付胜的工作内容也随之多次调整。

2012 年 6 月，付胜的工作单位——一汽轿车股份有限公司发动机厂，与当时的一汽轿车股份有限公司长春齿轮厂合并，成立一汽轿车发传中心，生产线的总人数也大大增多。4GB 上市后，付胜被调到三厂，负责曲轴生产线，其间，他积累了丰富的一线生产经验。

2015 年，他来到三厂，开始担任代理班长，独立带领团队。那时，三厂的厂房还没完全建成，包括付胜在内的 14 名工人，以"12+12"双班倒的高强度工作，统筹负责整整 5 条生产线。

从普通职工组员到代理班长，身份的转变也带来了工作方式的转变，但付胜适应很快。"与不同员工的沟通，对不同生产线工作量的平衡，对各种突发事件的处理，以及坚守生产一线，责任二字，始终担在我的肩上。"他说。

2015 年，正在三厂大干特干的付胜，代表一汽参加在广州技师学院举办的全国第二届 PLC 编程大赛（即全国第二届可编程序控制系统设计师大赛），并取得了实操第 8 名的好成绩。但这次的荣誉，并没有让他感到太多欣喜。

"比赛过程中，无论是软件还是硬件，我们都与别人有着较大的差距。"不只是软硬件，付胜发现，在技术与操作方法上，来自广州以及周边地区的南方选手们带来了不一样的模式，并且在一些操作领域上有着更好的技术优势。

比赛环节，付胜尽自己所能完成了比赛流程，但在混合液配比 PID 操作环节，却感到十分吃力，最终只能获得第 8 名。

高水平的比赛，进一步开阔了付胜的视野，也让他意识到，时代在变，工业设备技术更新速度非常快，作为一名维修工人，他必须及时更新知识和技能，才不会被淘汰。他暗暗下了决心：工作，不能只是修好眼前的设备，更要与时俱进、不断创新。

转变，迫在眉睫。

参加比赛回来之后，付胜认真对设备维修知识进行再学习、再研究。到 2016 年，吉林省为备战全国数控装调大赛，开启了全省范围内的考核，付胜代表集团前往参加，取得吉林省第三名的好成绩。

但吉林省只有两个参加全国大赛的名额，获得第三名的付胜只能止步在吉林省内。带着遗憾，他重新回到岗位上，继续工作，钻研技术，并将修理与生产技艺磨炼得越发成熟，逐渐形成自己的理念，还做了许多技术上的新尝试。

2018 年，付胜再次参加技能大赛。这一次，他重装上阵，在取得吉林省数控大赛第一名后，代表吉林省参加在北京举办的全国数控挑战大赛。他与一位名叫冯伟的职工组成搭档，参加职工组的双人赛，最终荣获三等奖。

"感受到自己在数控方面的技艺，与最顶尖的选手们仍然存在着显著的差距。"强者总想更强，显然付胜对这次成绩还是不满意。

2018 年以后，工厂设备开启智能化升级，技术发展也行至新阶段。原先他负责的生产线所生产的产品 4GB，陆陆续续被市场淘汰，而新产品 4GA 在另一个厂房生产，红旗还未成为流行，付胜迎来其工作生涯的一段"淡季"。

随着科技的发展，工业产业对设备的自动化、智能化要求越来越高。国家制定了中国制造 2025 计划，德国也已经进入工业 4.0 时代，车间全自动无人化作业开始盛行。"我也想为智能制造贡献一份力量。"付胜在更多空闲时间的便利下，毅然投入新一轮的"战斗"。

为适应新形势的变化，在厂领导指示下，付胜开始着手研究无人化智能设备。

通过多番查找资料、寻找资源，他制作的曲轴AGV转运车成功立项。并且，他最终利用自己的知识和技能，成功地制作出AGV自动寻迹小车，之后经过改造放大，变成可以实现运送曲轴功能的工具车。这一项目成果，在2018年公司团委首次组织的"创新联盟"活动上大放异彩，赢得了活动的一等奖，并让付胜在一汽集团声名鹊起。当时的一汽董事长徐留平和轿车公司董事长奚国华都对这个小车给予了高度的评价。

"创新联盟"的经历，也给付胜带来很大的触动。"智能制造离不开创新，离不开创新人才，作为一名维修工，想要创新，就得把学习作为一种追求，提高自身的创新能力，才能跟上发展的脚步。"付胜说。

2018年年末，一汽轿车发传中心一厂将以前生产TE3的线又重新改造投入使用，叫4GC三代。付胜也从三厂被调回一厂，负责4GC三代的生产。

付胜回到一厂后，重启了被停产闲置两年多的ET3生产线。这条生产线主要是为红旗生产配套发动机，但当时红旗发展前景还不明朗，因此生产线的投资与规模都不大。但红旗的复兴，迅速拉动了相关产品的需求增长。

"设计产能不足，是我回到一厂之后，面临的一个重大难题。"付胜坦言，产能不足，只能安排外买缸体缸盖，外协件外购。这些设备的订单，对那些外购厂家来说，也是未有过的经验，因此交付的产品时常存在着各种各样的问题。付胜只能全程跟进与厂家的沟通，及时协商解决有关问题。

比如，外购厂家的清洗机清洁力度不足，付胜就实地前往考察，跟着厂家一起找到清洗机洗不干净的症结。最后发现，按那个厂家当时设计的清洗机，很难在它的规定节拍内洗干净，需要更长的清洗时间。他带队与厂家共同研究解决方案，经过再次改造，清洗机生产合格！

外购缸体在秦安机电生产，同样出现清洗机的问题，用的也是付胜他们这个厂使用的同类产品。厂家请求支援，付胜就带着经验去为他们调试清洁机。清洁机问题解决后，产能仍然不足，但订购的厂家急需一批成品，他又去给外购的缸体厂家调设备，东奔西走，为各家工厂产品生产与配送保驾护航。这个过程持续了几个月，从 2018 年年末，一直到 2019 年年初。

与此同时，付胜在工作过程中，及时把这些经验反馈给机床制造商，帮助他们解决问题、加快生产。同时把这些成功经验分享给三厂，使三厂少走了许多弯路。到 2021 年年末，4GC 三代开始在三厂实现稳定量产。

领潮时代洪流

2022 年年底，发动机生产线上发生了一起质量事故。

一个两班倒的员工在上夜班时，可能因为困乏，锁块分拣环节，缸盖气门需要专用弹簧，结果全部装错了。后来，工厂对这起事故进行调查，发现锁块的分拣难以操作，且掉落的风险很大，便委托付胜进行攻坚。

锁块是一个圆形的很薄的小片，属于硬的金属材质，大多数发动机上需要装 16 个，在安装时很容易滑落，而且一旦滑落，事故风险比较高。"接受任务后，我花了两个多月来思考、搜集资料，出图做东西，以及改进、补充。"付胜说。

面对困难，他沉着冷静。在那之前，他并未接触过相关设备，因此也没有什么研发思路。他先后尝试了刮油的排位器立着放或横着放，皮带漏斗与计数器，磁铁等各种办法，从上面刮，从上面扒，从出口拉，一直都没办法实现自动分拣功能。

　　"找不到合适的方案，让我非常烦恼，每天早出晚归，整天整天地与这个项目死磕。"付胜说。

　　功夫不负有心人，经过反复摸索，付胜找到一种比较理想的分拣方案，用铝片围了一个沟，使锁块通过时被分离，两片锁块之间存在小小的间隙，又经过自己改装，再增设计数装置，最终取得了成功。

　　据后来评估，付胜自主设计开发的螺栓分拣机，实现了螺栓定量自动分拣，解决操作者困难作业的同时，还可防止螺栓错漏装，有效降低了生产事故风险，并将劳动生产率提升 1.7%。

　　2023 年，付胜工匠工作室升级为集团劳模创新工作室。这个荣誉，是付胜及其工作室的同事们花了 4 年时间，做出大量创新实践得来的肯定。

早在 2019 年，付胜因曲轴 AGV 转运车，荣获长春工匠名誉，在公司里也有了一些声望。于是，工会在发传中心所有班组里找来几名动手能力强的一线操作工，交给付胜管理，建立起付胜工匠工作室，负责发传中心内的一些项目突破。

　　起初，付胜工匠工作室属于一汽轿车公司，后来轿车公司改革，发传中心一下变成动力总成工厂。在工作室里，技术型人才济济，当中有 4 名高级技师，其他是高级工，他们都是勇于担当、敢于创新的进取者。

　　工作室的日常，安排了许多实训内容，比如参加集团技能大赛和省市国家级技能大赛、参加技能鉴定，等等，帮助成员们更好地学习和提升技能。在技能鉴定考试之前，工作室的成员们，总是会集中讨论学习，进行针对性的练习。

　　付胜工作室 4 年间主要承接的业务，大都是攻关工厂类的疑难问题，以及降成本的项目，并承接数控设备控制板以及一些主轴的维修。以前控制板、主轴往往是送外维修，每次至少十万八万，后来工作室逐步研究进行自主维修，极大地降低了成本。

　　在时代的洪流面前，总有先行者奔涌向前。在国家新能源号召下，一汽集团开始向新能源转型。付胜工作室紧跟时代，创新求变，开启新能源方向的合作攻坚。

　　在新能源项目上，付胜工作室已经在推进两个混动力生产线的建设。"从传统能源向新能源设备的转型，我们做好了充分的准备。"付胜表示，转型的难度与步骤的规划，都在他的掌握之中。

　　不过，数字化转型还是让付胜及其工作室成员们感受到了不小的挑战与压力。

　　现在，付胜正在通过几种方式，来为后续全面数字化升级，做尽可能充分的准备。

其一，逐步进行工艺升级，原先人工参与操作与监督的工作环节，尤其是人工执行困难、与执行误差风险较大的项目，渐渐被电气化、自动化取代。

其二，2022年10月，动力总成工厂内老旧的清洗机设备中，原先需要人工监测的许多环节，开始被酸碱度、喷头水流压力、温度等自动检测设备取代，工人们在班组之内，即可对设备的工作概况做全盘的了解。

其三，在4GB三代缸盖小装上，试漏机已实现数字化改造，对缸盖试漏、缸盖气门漏不漏这部分的常规检测项目，从过去的人工每天检查、记录，变成以二维码对每个气门做唯一标注，再通过数据采集进行实时监测与波段趋势统计，设备能按照试漏值，从试漏机里面将数据抓出来，存到数据库里，做成近期的动态图表，大大降低了人力成本。

这是一项极其复杂的任务。付胜工作室与工厂设备的数字化改造转型，需要大量个性化的软件编程，来实现不同工作流程的特定数字化需求。由于这一环节交付外包的成本较为高昂，付胜就自主学习钻研，刻苦自学编程。

"现在，动力总成工厂的数字化升级，在自学的编程总控下，也已经初具成效。"付胜说。目前，工作室不仅实现了PLC、试漏仪，整个通信数字化，还拥有了触摸屏。他表示："现在，我们正在把这些功能逐步移到生产线上，通过实验检验，在生产线上执行出来。"

在时代的滚滚浪潮中，以付胜为代表的一批一汽集团职工，秉承着干一行爱一行的工作理念，对工作常怀敬畏之心、珍爱之情、奉献之愿。他们沉心静气，踏踏实实干事，兢兢业业创新；他们戒骄戒躁，不好高骛远，不急于求成，始终守好一颗匠心；他们不辞辛劳，不畏险阻，在攻坚道路上展现滴水穿石的精神和一往无前的气势。

正如付胜所言——从身边做起，从点滴做起，一步一个脚印，沿着奋斗目标去拼搏，不断积累经验，积土成山，滴水成川，这样才能把一件件具体的工作做细做实做牢，只有把琐碎的小事都做好、做扎实了，才能使工作真正成为事业，才能取得应有的成就。

进取、谦虚是对付胜最好的诠释，在平凡的维修岗位上，他正带领一个意气风发的创新团队，以匠心铸就汽车梦，以实干助力中国梦。

周时莹

"最美职工"擦亮中国"智造"招牌

建立新一代基于 SOA 的 EE 架构平台，自主开发中央计算和区域控制平台，打破国外软件和芯片垄断，2023 年获得全国五一劳动奖章

在中国一汽的一众男性高管中，42 岁的周时莹就是那万绿丛中的一抹红。2023 年 5 月，她不仅凭借累累科研硕果捧回全国五一劳动奖章，还被中央宣传部、全国总工会评为"最美职工"。

她是中国一汽研发总院代理副院长兼智能网联开发院院长，也是业内知名"研发女神"。自 2009 年进入中国一汽以来，她历任中国一汽技术中心汽车电子部设计师、主管，中国一汽研发总院电子电气技术开发部高级工程师，再到如今担任中国一汽智能网联开发院院长，手下率领着 1200 名员工，助力中国一汽在自动驾驶的新浪潮中勇立潮头。

在中国一汽，周时莹一直从事整车电子电气的开发与验证工作，先后承担红旗 H7 整车电子电气测试、H9 智能网联、整车 OTA 技术、汽车动力系统电控单元、国内虚拟仿真测试、GA 系列汽油机控制系统、L3 自动驾驶技术等系列自主技术研发工作，为中国汽车自主品牌的技术突围作出了里程碑式的贡献。

她率领的团队获得中国一汽模范团队称号，她也先后获得国务院政府特殊津贴、中国汽车工业优秀青年科技人才奖、长春市杰出女性、全国巾帼建功标兵、全国五一劳动奖章等奖励和殊荣。

2021 年 5 月 30 日，全国科技工作者日当天，中国科学技术协会第十次全国代表大会上，周时莹作为中国一汽代表成功当选中科协全国委员。

"要加强原创性、引领性科技攻关，坚决打赢关键核心技术攻坚战。"习近平总书记这番讲话，周时莹铭记在心中。会议结束后，她坐在红旗轿车里深思着：关键核心技术自主可控，这是红旗的灵魂所在，我们还有多久才能实现弯道超车？

在百年未有的汽车科技革命中，她纵身跃入自动驾驶赛道，与男性并驾齐驱，不断彰显女性柔性力量，坚守"产业报国、工业强国"，以自身实例为女性科技创新领袖成长、大国工匠进化之路提供光辉典范。

艰难抉择，梦想起航

写代码、画图纸、无缝切换的电话会议，这是中国一汽研发总院智能网联开发院院长周时莹每日忙碌的工作写照，十几年如一日。随着中国一汽将全部战略资源集中到新能源战场，红旗未来将投产数十款新车型，按照每款车的上市节点倒推，周时莹工作任务清单已经排满，常常加班到深夜 12 点。

如果将时光倒回 20 年，她或许想不到，有一天自己会成为一名"汽车钢铁女侠"，而不是梦想中的女教师。

一切似乎早已冥冥注定。1981 年出生的周时莹，从小就与中国一汽结下了不解之缘。她的父亲是原中国一汽技术中心基础部部长、高级工程师周学文。父母在大学毕业之后就分配到中国一汽，她也成长在中国一汽。

上大学后，她一直梦想成为"神圣而前沿"的大学老师，博士毕业时，她如愿拿到大连理工大学汽车电子控制系的聘任通知。这份工作还附带优厚福利：120 平方米房子的终身使用权、大连市补贴的 30 万元安家费。

对此，母亲喜上眉梢，但即将退休的父亲却说："你在学校当老师做科研，所学的知识有多少能转化为生产力？不如到企业试试看，你会发现所学知识在企业迅速落地，那种成就感比当大学老师要高得多。"

父亲为中国一汽的研发事业付出终生心血，主要研究方向为汽车传动轴、消声器等精密零部件的检测试验。在周时莹心目中，父亲等老一辈中国一汽人耐得住寂寞、坐得了冷板凳，是干劲十足的科研楷模。周时莹也在父亲的耳濡目染之下，亲身感受着中国一汽从计划经济下的传统企业，逐渐成长为一家勇于改革创新、不断焕发青春活力的公司。

周时莹被父亲的话语瞬间触动，顿时开悟："求学22年，我的人生目标就是为实现自我价值，既然企业能有更好的发展平台，那么，中国一汽就是我的唯一选择，没有任何其他企业对我更有吸引力。"

于是，受父亲感召，周时莹向中国一汽投了自己人生中第二份也是最后一份简历。她在吉林大学攻读计算机博士期间，曾跟导师研究了许多与汽车电子控制、车用软件相关的课题，并申请了车身控制器等 3 项相关发明专利。她顺利通过面试，进入中国一汽技术中心。

2008 年，中国一汽启动"红旗复兴"项目，重构兼容并包、开放创新的研发体系，周时莹进入刚刚成立的以电子控制开发为主的汽车电子部。

科长对周时莹说："现在新设七八个新兴方向，比如 EE 架构、ECU 开发、仿真测试，都没有带头人，你要不要选一个方向牵头？"

在领导的激励和鼓舞之下，周时莹选择汽车与计算机结合最紧密的仿真测试方向，肩负起了"汽车电子大脑和神经中枢"——电子电气架构的自主开发任务。仿真测试是汽车研发重要的技术手段，可有效补充实车路试，也是自动驾驶落地的催化剂。周时莹的这个抉择，不经意间为中国一汽迎战自动驾驶按下了启动键。

2009 年下半年，代号"C131"的项目被寄予复兴红旗的厚望，集中开发红旗首款 C 级豪车 H7。刚刚入职中国一汽 3 个月的周时莹作为技术骨干进入该项目组，为其主持开发国内首套乘用车整车 HIL（Hardware In Loop）虚拟仿真测试系统，探索复杂电控系统的集成测试。

彼时仿真测试核心技术都掌握在国外整车厂及少数头部供应商手里，"自主车只能送到国外去测试，投放市场后再修正，产品迭代流程漫长"。周时莹便下定决心开发全新的自动化测试代码，这不仅对于中国一汽意义重大，对整个中国汽车产业也是一次飞跃。

当时，国内仿真测试核心技术资源匮乏，资料都是全英文的，周时莹率领着 8 人小团队，全力奋战。她所面对的项目技术开发难度极高，在当时国内外都属于高级别的——H7 的电子大脑（ECU）从不到 10 个直接增加到 44 个，不止数量增加 3 倍，更意味着控制逻辑、兼容复杂性成倍放大，故障风险率相应提高，还要实现国内第一个辅助驾驶系统，没有同行经验可借鉴，前期仿真测试任务极为繁重。

H7首轮仿真测试从德国采购了一台昂贵的设备，设备方案调试阶段，周时莹与德国方面进行了长达3个月的博弈。

德方项目经理长期服务于BBA（奔驰、宝马、奥迪），最开始非常不屑于跟中国工程师讨论，认为中方在这个领域就是"小学生"。周时莹心里很不服气："在任何一个领域，女人不比男人差，中国人更不比外国人差。差距只是汽车工业发展时间的早晚问题，我们这代人迟早会把差距缩小甚至追平。"她熟悉产品使用手册后，提出一些颇有技术含量的意见，赢得了德国工程师的尊重。

设备采购完成后，需要定制开发符合中国城市复杂路况的数字化道路和交通环境模块库，测试的自动化程度、测试脚本执行效率在庞大的测试需求面前也显得捉襟见肘。

"距离量产还有8个月，第一轮联调，车都上不了电，整个通信处于信号失联状态。"周时莹心急如焚，率领团队三班倒，夜以继日，他们仅投入数周，便生成精准高效的自动化测试脚本，力保红旗H7测试任务的稳步推进，成为红旗H7可靠质量的压舱石。2013年H7顺利上市，凭借红旗高级轿车系列产品自主研发与技术创新斩获中国汽车工业科学技术奖。

通过长达一年的HIL自动化测试，积累了共计2万多条测试用例及自动化测试代码，共生成5T试验数据，汇集为汽车综合控制验证的专家数据库，为H7、H9等历代红旗车型保驾护航。在这个过程中，周时莹累计排除产品问题1000余项，节省开发费用3000万元，缩短整车电子电气验证周期50个人／月。此项工作填补了中国一汽集团汽车电子控制领域自主开发的空白，也为中国汽车行业电子在此领域进行了技术探路。

2013年之后，中国一汽的整车虚拟仿真测试技术向上汽、北汽、东风、长安等多家国内自主品牌主机厂开放，促进了国内自主车企的整体进步。

"在最初工作的四五年时间里，每天都在学习、摸索，虽然做着没有标杆、没有最佳实践的工作，但我还是很充实，收获也不少，个人能力也随车型产品的投放逐渐成熟和增长。"周时莹回忆说。

此后，解放 J6 换型车、解放 J7、奔腾 B30、红旗 H5、红旗 HS5、森雅 R7 等 9 项整车电子平行测试任务接踵而来。每天，各种问题不断爆发，此起彼伏的会议排满了周时莹的工作日程表。2014 年至 2017 年，周时莹奔赴新的战场，勇挑重担，自主开发测试用例 5.2 万条，累计缩短开发周期 244 人 / 月，节约验证成本 8000 余万元，提高效率 40%，有效保证了集团上述车型大批量投产。

在此期间，周时莹还率领团队先后承担了 2009 年国庆 60 周年阅兵检阅车、2015 年"九三"阅兵检阅车、红旗 L 平台整车电子电气系统开发等任务，红旗 L 平台系列车型累计在用 150 余辆，圆满完成国内外重大外事活动近千次，累计安全行驶近百万公里，践行了国车神圣的使命。

果敢出击，迎战新浪潮

2015 年，周时莹凭借卓越业绩，被擢升为科长，牵头电子电控部门，团队人数增加到几十人，管理整车 EE 架构设计、电子电气系统及部件开发、动力控制及平台软硬件等多个部门。次年，她组建了红旗自动驾驶团队。

那年也是自动驾驶大爆发元年，造车新势力掀起抢人大战，以动辄 3 倍薪水加期权的诱惑大肆挖人。2015 年至 2017 年，中国一汽技术骨干人员流失严重。

不少新造车公司也向周时莹发出邀请，一家公司甚至许以 800 万年薪、50% 的股权，却被她拒绝了。在行业动荡中，周时莹认为，中国一汽就像一艘航空母舰，转身虽然艰难，但一旦成功转型，仍旧势不可当。

2017 年 8 月，徐留平调任中国一汽董事长，随后推出雷霆改革，集团干部整体换血。在 2018 年 1 月 8 日推行的新红旗战略中，他透露出对新能源汽车的目标：切入新能源领域，以电动化作为驱动力，突出智能网联核心卖点。2018 年年初，新红旗首款 EV 纯电动车成功上市，小试牛刀。

"举集团之力，配合你。" 2018 年年底，徐留平在审阅完周时莹呈递的报告材料后，郑重批示道。这份报告事关中国一汽的自动驾驶转型。彼时，周时莹刚升任电子电气技术开发部部长不久，率领着 225 人的智能网联研发团队，负责智能网联化的产品开发和技术创新。

自 2018 年起，汽车行业便掀起 "软件定义汽车" 的热烈讨论。当年 11 月，百年车企大众在新任 CEO 赫伯特·迪斯 (Herbert Diess) 的主导下，斥资超 500 亿美元投入电动化、智能化转型，气势空前。周时莹将百年巨头大众作为标杆和典范，不断研究学习。

2017 年至 2018 年，中国一汽面对转型的巨大问题，乘用车市场销量惨淡、产品力薄弱，造车新势力强势崛起，造成方向不明、人心涣散的状态。周时莹此时最着急的就是让领导层意识到危机，组织资源快速进入软件定义汽车的大趋势之中："中国一汽应当对标大众，马上行动起来，真正把汽车做成消费电子产品。"

在周时莹看来，自动驾驶是决定新能源汽车品牌排位的 "圣杯"，而其底层能力架构取决于软件基础平台，中国一汽必须成为引领者。但周时莹当时的层级与徐留平差十级左右，根本没有机会面谏董事长。

幸运的是，徐留平有个广开言路的创新举动，每个月技术人员都能直接向他提交书面报告。周时莹便做足功课，详细阐述德国大众 "软件定义汽车"战略的始末，以及中国一汽如何对标，"写了三篇长篇报告，就像故事连载一样，每个月呈交"。她在报告中警示道，不变革则被革命，如果中国一汽不彻底转型，慢慢就会沦为没有核心技术的代工厂，甚至影响到中国一汽将来的生存命脉。

但把中国一汽自动化驾驶转型拿到董事会立项，即论证中国一汽软硬件 SOA 架构平台，是一项巨大的课题。2018 年 12 月至 2019 年年底，周时莹向集团董事会报告七八次，每隔两个月汇报一次，提交滚动计划和行业深度报告。"当时我就像一个创始人，在拉天使轮投资。"周时莹回忆道。

面对种种质疑，周时莹从小不服输的性格被激发，愈战愈勇，为说服 7 名董事会成员，周时莹采取双重策略。

第一重，大棒"威胁恐吓"。

"在软件定义汽车这场马拉松长跑中，汽车巨头大众、特斯拉都在领跑，我们必须竭尽全力跟跑，不然就掉队。现在不交电动化转型这笔学费，可能将来这个品牌就会消失。"她像一名女战士一样无惧无畏。

第二重，甜枣诱惑。

她趁势向对面的一排老板抛出了一个难题："你们认为中国一汽在未来 5 到 10 年，会成为什么样的企业？什么样的方案才是最优解？"紧接着，她拿出早已准备好的答案：一是成为高效精益制造型企业，做"汽车界富士康"，优化现有采购、生产体系，用最低的成本造出质量最好的车；二是科技创新型公司，以用户生态和运营为主导，做汽车界的苹果或小米，在操作系统平台上嫁接自动驾驶算法、网联生态；三是蜕变成算法公司，找 Waymo、福特或者大众定制底层系统；四是数据运营公司，以用户数据换利润、推动企业增值，类似于 IBM、ChatGPT。

不出意外，大家为第二个选项投了多数票。不过，董事会的"大炮"

又来了："你要做的操作系统跟德国大众的 VW.OS 有什么区别？"

面对领导的质疑，周时莹不慌不忙地说："操作系统是汽车自动化皇冠上最闪亮的一颗明珠，但过于宏大的电子电气架构，远远超出整车 OEM 的技术能力范围。大众投入 1 万人和几十亿欧元打造 VW.OS，经营七八年，也没有在市场激起出彩的浪花，因此国内主机厂单打独斗去做操作系统并不现实。"

她严密而清晰地论述："车载 OS 必须走合作共赢的道路，中国一汽需要搭建一套全新的软硬件供应体系。在软件方面，与国内操作系统供应商如华为、中兴联手合作，打造 China.OS，做汽车界的 Android，通过接口与硬件、芯片结合，以高兼容性推动汽车像手机一样快速迭代进化。"这就是后来的 FAW.OS 旗智整车操作系统。而在智能座舱、自动驾驶芯片等硬件领域，中国一汽此后也与博泰、地平线、京东方、纵目科技等合作。

董事会最终被说服，但在 2019 年项目临近批复资金时，周时莹又遭遇到难以想象的阻力。央企每花 1 分钱都要考虑投入产出比，中国一汽集团彼时现金流并不充裕，2018 年红旗才卖 3 万多辆车，尚未实现盈利，而这项技术要 5 年之后才能看得到成效，董事们又开始摇头。

支持者则表示："自动驾驶虽然很烧钱，但这笔钱必须得花，如果不花的话我们就没有未来，必须要用有限的钱搏无限的未来。"

因为资金问题，这个项目险些夭折。最终成功立项，申请到 5 亿多资金。在此之前，研发总院每年能够获得的研发经费大概是 10 亿元，投入自动驾驶等前瞻趋势研发只有不到 1 亿元。5 亿元的大手笔，在自主品牌中实属罕见。

在这笔资金支持下，周时莹先后承担并完成了基于 L2 自动驾驶技术的 EE 架构系统开发、L3 自动驾驶 EE 架构系统开发、车载百兆以太网、

OTA 远程下载技术、车载信息安全、GA 发动机电控系统等多个自主技术和系统的开发工作，为中国一汽集团在自动驾驶大战中取得了先发优势。

2018 年，红旗最新款 H7 上搭载国内首款 C 级乘用车的 L2 辅助驾驶系统，彼时仍是以合作开发为主。如今，红旗陆续交付的纯电车型中，L2、L2.5 乃至 L3 智能驾驶的核心算法，就是由周时莹率红旗团队自主开发的。

到了 2019 年，周时莹推动的自主 GA 系列增压直喷汽油机电控系统问世，ECU 软硬件全面升级，满足国六排放要求，成为当时国内唯一自主缸内直喷增压双 VVT 汽油机国六控制器，自主核心技术再下一城，为行业提供了可借鉴的研发流程、标准和体系能力。

目前，中国一汽在软件升级领域提前布局，红旗全系车型都已搭载 OTA 升级功能，完成部件级、系统级、整车级的多轮测试，涵盖功能安全、网络安全等，并通过模拟仿真、实车测试等覆盖了用户应用的全部功能场景。

披荆斩棘，打破技术壁垒

汽车新四化潮流下，软硬件、数据处理等核心技术作为新的生产力，正将汽车行业推向剧烈变革的舞台中心。

2020 年 7 月 23 日，习近平总书记来到中国一汽技术中心视察时，也去了周时莹负责的"汽车振动噪声与安全控制综合技术国家重点实验室"，了解了中国一汽全新技术成果，包括全新电动化智能网联技术平台、L3 自动驾驶仿真测试、红旗产品科技魅点等。这次展出的 L3 自动驾驶仿真测试系统，已由中国一汽完全自主生产，实现核心技术突破，摆脱了对进口技术的依赖。

3 年过去，周时莹仍然记忆犹新："总书记就像一位慈祥的长者，专注聆听了 L3 自动驾驶仿真测试的技术介绍，特别关注仿真场景的内容、仿真精度、整车验证周期的压缩情况。他告诫在场所有工程师，一定要把关键核心技术掌握在自己手里，推动民族汽车品牌崛起。"

习近平总书记的话语，极大鼓舞了周时莹团队的士气。

此前，L2.5 自动驾驶系统已经成了相继上市的 HS5、H9 的标配。伴随着友商们不断在市场投出深水炸弹，为了让红旗 HS5 早日投产，周时莹夜以继日，率领团队攻坚自主开发。HS5 投产前期，因为电控产品都是全新开发，周期短、验证不充分，在产线调试过程中暴露出较多的功能问题。周时莹和设计师们成立产线突击队，每天驻扎在现场解决问题。

在 HS5 项目上，周时莹主要负责自主开发 OTA、百兆以太网、能源管理系统，累计节约开发费 2100 万元。而后通过知识产权复用到奔腾 D058 和红旗 H9 车型，节约开发成本 1300 万元。目前 HS5 累计销量超过 30 万台，为红旗销冠，创造了国产高端自主品牌车型销售奇迹，深受广大用户的好评。

2020 年 12 月，红旗 E-HS9 作为中国一汽重点项目上市，在国内实现了高级辅助驾驶，可以"脱手不脱眼"，整车拥有多达 24 个传感器，时刻监测车辆周围情况，响应周期小于 10 毫秒。在 L3 自动驾驶功能背后，离不开周时莹的全力以赴，她用 3 年时间带领团队攻克厘米级高精度定位等关键技术上百项，累计申请发明专利近 200 项，形成核心代码 30 万行，最终打破了 L3 自动驾驶技术壁垒。周时莹为此开发 FEEA2.0 系统，可满足 L2、L3 自动驾驶需求，突破了 L3 自动驾驶高安全 EE 架构设计及功能验证技术。目前，E-HS9 也是一款满足欧标自动驾驶法规的自主品牌车型，出口到挪威、以色列等国。

　　2020 年，周时莹着眼于智能网联"卡脖子"的计算平台、芯片和操作系统、自主应用软件、法规与标准体系、测试验证与评价工具链等方面，定义新型车载产品的服务场景和软硬件分离技术开发，力求建立"自主可控、安全可靠"的产业链生态体系，承担 3310-S002 超算平台专项开发。

　　这是中国一汽首次提出从场景、需求入手，以面向服务的理念完成 SOA 架构设计的方案，自主开发中央计算平台和区域控制器。引入 SOA 基于服务的软件架构设计理念，整车服务抽象达到 80% 以上，具备软硬件解耦、底层设备可配置、算力可升级等能力。建立场景需求、软件架构、物理架构、车内外协同架构设计的新业务模式，负责开展软件开发流程梳理和 ALM（全生命周期管理系统）的建立，探索新业务下的新流程，为软件定义汽车做好充分的体系能力和技术方案的准备。

年底，周时莹被提拔为智能网联开发院副院长。青出于蓝而胜于蓝，周时莹的父亲在退休前才晋升为处长，周时莹在37岁就达到父亲的级别。头衔大，责任也更大，周时莹主持推动自主研发GV、GC、高压DCT、CGW、L3 HAD等多款ECU，从应用软件到平台软件再到控制器硬件的全面自主化，产品累计批量生产超30万台，实现经济效益近2亿元。

2021年全球芯片断供寒潮袭来，使各大整车厂商遭遇停产困境，周时莹也为了芯片四处奔波。为确保在研16款汽车产品的进度，她主动出击二级供应商，抽调大量人力配合采购部门分析芯片断供原因，寻找替换芯片，洽谈保供方案，不断造桥寻路。采购完成后，又要进行新一轮的技术开发与试验验证，与时间赛跑，加班加点，仅花短短15天就胜利完成任务，创造了控制器产品开发周期的奇迹。而这次全球芯片断供，给周时莹敲响了警钟，"解决缺芯问题，自研自立是核心关键！"

凭借着杰出业绩，2022年6月，周时莹升任研发总院副院长、智能网联开发院院长，成为总院七名高管中唯一的女性，可批复员工编制1200名，成为红旗品牌智能网联领域技术带头人，全面主持技术与产品的规划、研发及育成等工作。

周时莹超越了官本位的层级观念，对待技术人员平等相待。她坦诚而谦虚："在汽车领域，特别是智能驾驶领域，还有很多处于我认知边界之外的黑暗森林。"她抽调成立了一支多达近70人的高级技术专家团队，极为倚重他们："技术评审和方案设定时，一人一票，民主科学、公开公正，而非简单的一言堂。如果技术专家团队一致反对，我会听他们的。"

在管理模式创新方面，周时莹打破组织层级架构，在中国一汽智能网联开发院试水互联网前中后台模式，如今已有两年。她成立10多个技术团队，由项目经理直接对接技术团队，跨部门推动落实项目。

2023年1月，红旗宣布"All in"新能源，推动所有车型电动化，制定了 3 年冲击 100 万销量的新目标，其中新能源将贡献半壁江山。业内普遍预计，向新能源行业的过渡期长达 10 年，因此红旗目前采取纯电与插电混动的双轮驱动策略。

据周时莹介绍，目前其工作重点为整车软硬件集成架构、自动驾驶和座舱网联。

如今，周时莹更加坚定开发方向，专注于中国一汽自主 OEM 软件平台的开发。她的设想是，把传统汽车改造成移动的智能手机，打造人车交互的流畅体验界面。"上架 300 余项用户功能，同时开放 300 个整车软件接口，供用户和软件开发者灵活定义，犹如苹果公司的 IOS 系统，开放车与外界交互迭代的接口。"她预计到 2025 年，该平台将交付成功，通过在智能网联和软件能力上的提升，在激烈竞争中稳稳托住红旗矩阵，推动品牌势能向上。

这是一项史无前例的艰巨任务。"研发只是几百个环节之一，前有战略定位，后有产品定义和策划，采购机制、质保、营销、客户运营、生态等。一个研发部门在前面拽着沉重的链条，像小渔船拖着航空母舰往前走。"周时莹说。

与此同时，周时莹对行业有着清醒的认知："95% 的改革者会死在路上，成为先烈；只有 5% 的改革者会活下来，成为先驱。"她曾在一场演讲中表示，在自动驾驶领域里，传统自主品牌其实是在与阵痛同行，长期忍耐，短期还不盈利，又不得不做，但只要坚持下去，就能看到远方的灯塔。

除了自动驾驶方面的超前布局，周时莹还不断构建汽车安全融合的设计能力。

2019 年，她接到工信部的需求，承担工信部工业强基（国密算法）项目，负责国密算法在汽车行业的首轮应用，将政府公务用车顺利切换成国产密码。之前中国所有车辆信息安全和数据安全的保障体制都是国际通用密码范围，芯片、编码算法都来自美国。她组建中国一汽首个功能安全和信息安全融合开发团队，基于 ISO26262 和 ISO21434 标准内容，打造红旗安全开发体系。

经过两年研发，2021 年在国内首次把国密算法标准变成应用模组，同时与国产加密芯片共同适配，应用在了 H9、L 系若干款车型上，保障了政府公务用车的安全需求。

从技术研发者成长为"领军人"，周时莹不仅担当表率，也一直致力于党员队伍建设和人才培养。她说："体系能力是创新的基础，团队能力是作战的基础。一个人能力再强大，靠单兵作战仍然不成气候。必须要建立科学高效的体系能力、配合数智化管理手段，提升整个团队的凝聚力和作战力。"如今团队平均年龄 31 岁，80 后、90 后为主力。

为培育素质过硬的攻坚团队，周时莹以业务重点难点为靶向，培育出一批批智能网联业务骨干精英，团队创新才智充分涌流，先后获得吉林省"黄大年式科研团队"和"中央企业先进集体"称号，获得省部级科技进步奖 10 余项。

从国车，到接地气的国民车，再到高端智能网联汽车，红旗的发展与时代共同狂飙。4 年销量突破 63 倍，红旗的成功离不开技术革新，更离不开奋战一线的科技攻关者、新时代工匠，他们也是支撑中国制造的重要力量。

周时莹认为，新时代劳模不应停留在疯狂加班加点、杜鹃啼血的"工作机器"模式中，而应当聚焦毕生兴趣与精力，专攻一个方向。在不断追求完美极致的前提下，以自己的岗位为支点，穿透未来行业发展趋势，尽力去撬动科技创新、组织变革、企业转型，推动"中国制造"走向"中国智造"。

附录

一汽历年劳动模范名单

（按年份、荣誉称号排序）

全国劳动模范

1956 年   **全国先进生产者**

刘耀宗   胡年荣   温恒德   王继义   李龙天

关麒麟   沈惠敏   毛儒宝

1959 年   **全国先进生产者**

彭映蓓   江景春

1977 年   **全国先进生产者**

张国良

1978 年   **全国先进科技工作者**

姚贵升

1989 年   耿昭杰   刘景和   张振江

1995 年   于永来   李有成

2000 年　　李黄玺　　竺延风

2005 年　　李　骏　　潘春胜　　许宪平　　高长春　　蒋彬洪

2010 年　　徐留平　　王洪军　　李凯军　　罗笔辉　　杨桂江

2015 年　　齐嵩宇　　高大伟　　鹿新弟　　魏京功

2020 年　　金　涛　　吴碧磊　　谢卫兵

全国五一劳动奖章

1983 年　　冯永新

1985 年　　姜焕芬

1986 年　　郭孔辉

1987 年　　张振江　　官守英

1988 年　　李治国

1990 年　　朱洪喜

1991 年　　徐天齐　　李　放（追认）

1992 年　　张国良

1993 年　　周立峰　　杜玉宣

1997 年　　李黄玺

2001 年　　蒋彬洪

2002 年　　孙长春

2003 年　　李凯军　　马元国

2004 年　　韩兴长

2006 年　　王洪军　　方向远　　姜延春　　张国强　　王树新

2008 年　　邵玉国　　程传海

2009 年　　孟庆长　　赵剑平　　徐衍男　　张建裕

2011 年　　张旭江　　安铁成　　金　涛

2012 年　　齐嵩宇　　王树军　　朱伟东

2013 年　　周世君

2014 年　　张立臣　　高大伟　　孙国武　　韩文禹

2016 年　　刘　刚

2017 年　　刘建新

2018 年　　吴殿维

2019 年　　黄维祥　　崔亦瞔

2021 年　　冯　斌　　杨永修

2022 年　　王　智

2023 年　　周时莹　　牟少志　　付　胜

省部级劳动模范

1950 年　　**吉林省三等模范工人**
　　　　　李梦刚
　　　　　天津市劳动模范
　　　　　何文安

1952 年　　**吉林省三等模范工人**
　　　　　张洪德

天津市劳动模范

王德福

1953 年　　**吉林省一等模范工人**

苏占友

吉林省三等模范工人

王凤芝

上海市劳动模范

黄林森

1954 年　　**吉林省一等模范工人**

常德永	武树魁	佘普生	张子现	曹培钦
侍佃亮	任守远	栾景珍	苏占友	张海荣
高俊法	王宪台	陈恒昌	顾天训	孙以铨
康凤波	张贵芳	王传德	赵　生	崔春起
时向辰	刘景山	张福堂	张春华	张进怀
宋铁珊	应信章	孙桂英	李锡海	郑建国

吉林省二等模范工人

张兴业	金积文	刘贵山	温恒林	王世明
梁翠兰	裴　俊	朱万春	侯秀英	葛朝文
毛儒宝	张亚庭	杨作民	李宝珍	张凤山
徐慎初	原长有	李建华	曹以君	付家和

吉林省三等模范工人

张曼玲	姜素兰	洛长乾	苏永财

1955 年　　吉林省劳动模范

刘景山	张庆祥	侍佃亮	赵　生	应信章
郭万富	王荣旺			

吉林省先进生产者

徐亚雄	葛鼎源	葛士春	孟宪贵	吴细求
吴谦三	胡鹏飞	付家和	蔡金全	郑建国
郑万明	金昌实	耿学恩	薛云高	林修东
周舜卿	孙景财	陈万财	王宣诚	王凤池
王传德	王　生	江殿程	蒋宪卿	陆根生
裴　俊	倪永春	储桂芝	龙国臣	于文洪
毛儒宝	彭金山	辛建忠	朱万春	张国兴
张　良	张文贵	张福堂	张春华	李锡海
刁德山	梁南珍	熊国强	时向辰	石念信

1956 年　　吉林省模范工人

王继义	胡年荣	张锡九	关麒麟	陈明俊
许甲龙	程　祥			

吉林省模范工程技术人员

李龙天	胡传聿

吉林省模范管理人员

张连仲	温恒德	刘耀宗	支少眉	陈阿炳

1957 年　　吉林省先进生产者

关麒麟	陈明俊	范广信	王世忠	李治国
王敏福	沈维全	胡芝平	张士珍	过仲珏
苏占友	王大留	李龙天		

1958 年　　吉林省劳动模范

王世忠	王敏福	方顺龙	沈维全	范广信
胡有林	胡芝平	姜忠敏	马福临	温恒德
张士珍	苏占友	吴项奎	王玉武	

1959 年　　吉林省先进生产者

方顺龙	姜忠敏	范广信	刘长发	史锁坤
彭映蓓	王大留	张启文	沈维全	王敏福
江景春	钱云州	曲彦勤	李占实	杨义源
张士珍	邓　昆	邢树林	王玉武	

1960 年　　吉林省先进生产者

曲彦勤	王福成	徐永吉	江景春	史锁坤
闫秉崇	彭映蓓	张启文	高乐才	支伯泉
邓　昆	孙永和	徐天民	罗金生	杨义源
陶培生	张士珍	刘云峰	姜忠敏	方顺龙
张国良	范广信	刘长发	郭照森	马福临
李传良	王凤鸣	沈维全	李治国	宗富宸
涂绪成				

1963 年　　吉林省劳动模范

刘长发

吉林省先进生产者

王福成	彭映蓓	姜忠敏	张士珍	沈维全
刘书江	周秉文			

1975 年　　**吉林省先进生产者**

张国良	王居士	姜　丽	满金海	程凯峰
雷树森	赵世杰	高和平	尹殿芝	

1977 年　　**吉林省先进生产者**

张国良	王居士	满金海	刘奎烈	闫秉崇
梁福森	孙淑兰	张　评	张立发	

1978 年　　**吉林省先进科技工作者**

姚贵升　　周龙兴

1979 年　　**吉林省特等劳动模范**

梁金城

吉林省劳动模范

张国良	滕义发	姚贵升	梁福森	姜　丽
雷树森	钱绍昌	王居士	逯兴国	牛世涟
刘玉岐	张连仲	朱洪喜	韩德恩	周　斌
张殿奇	李贞熙	王东余	张振江	谭凤仙
孙淑兰	马中全	李秉坚	王振兴	马永金
徐长德				

1982 年　　**吉林省特等劳动模范**

张振江

1983 年　　**吉林省特等劳动模范**

朱洪喜

吉林省劳动模范

田其铸	张振江	齐孝芬	滕义发	牛世涟
李贞熙	包玉堂	张国良	孟　克	兰树成
王希武	张洪玉			

1985 年　　**吉林省劳动模范**

徐元存　　王致远

1986 年　　**吉林省特等劳动模范**

郭孔辉　　张振江

吉林省劳动模范

刘殿凯	龚乃俊	汤锦林	于才德	陈燕洲
孙焕文	黄金河	于宝晨	卢兆家	郑荣春
程远达	姜焕芬	徐天齐	张文峰	李学绶
王万征	田其铸	王英凤	李桂香	李德奎
李光荣	魏志恒	张广荣	王春生	曲振绪
兰树成	刘景和	宋子惠	黄德利	

1988 年　　**振兴吉林特等功**

刘景和

振兴吉林一等功

张振江	汤锦林	朱洪喜	徐天齐	贺庆中
王英凤	张广荣	陈燕洲	郑荣春	欧阳玺
金　毅	谢振华	杨君利	李庆洪	齐振勋
赵凤兰	韩光炯	黄金河	郭孔辉	崔明伟
黄迪民	甘赞先	李松龄	桂伟麟	王福生

方日新　　　李　勇　　　沈锦英　　　韩行义　　　李启祥
蒋钜初　　　王金歧　　　王国治　　　冷延昆　　　宋基治
马兴中

1989 年　　**吉林省特等劳动模范**
耿昭杰
吉林省劳动模范
朱洪喜　　　黄德利

1991 年　　**吉林省特等劳动模范**
李　放（追认）

1994 年　　**吉林省特等劳动模范**
耿昭杰
吉林省劳动模范
于永来　　　周立峰　　　黄云生　　　曲泽东　　　马兴中
郭清兰
机械工业部劳动模范
耿昭杰　　　黄云生　　　牟永言　　　冯永新　　　张会来
董秀春　　　周立峰

1995 年　　**机械工业部劳动模范**
依基浩

1996 年　　**天津市劳动模范**
刘小平

1999 年　　**吉林省劳动模范**

刘蕴博　　车学温　　刘　伟　　袁兴文　　崔树生

2002 年　　**云南省劳动模范**

高长春

2003 年　　**天津市劳动模范**

曹　萍

山东省劳动模范

徐衍男

2004 年　　**吉林省劳动模范**

李　骏　　杨洪涛　　刘　可　　曲　峰　　孙永君

张生春　　竭代立　　宋清山　　高俊武　　胡　晓

王跃亭　　姜延春　　李佳勇

中央企业劳动模范

孟庆长　　潘春胜　　李丽芹　　刘谡鹏　　杜元俊

王旭斌　　王建民　　刘俊刚

天津市劳动模范

倪立春

2006 年　　**天津市劳动模范**

杨　众　　韩文禹

2008 年　**天津市劳动模范**

杨桂江　　程文明　　孙春键　　张　军

云南省劳动模范

罗笔辉

2009 年　**中央企业劳动模范**

李　闯　　高满川　　李　鸿　　吴碧磊　　苗士军

刘海鹏　　赵剑平　　郜　然　　庞永吉　　李　军

吉林省特等劳动模范

王洪军

吉林省劳动模范

康庆和　　孙海成　　齐嵩宇　　展宝成　　刘　伟

朱文辉　　隋晓兵　　张立臣　　计春雷

2010 年　**天津市劳动模范**

王　兵　　李志钢

四川省劳动模范

赵森强

2011 年　**天津市劳动模范**

王树军

江苏省劳动模范

钱恒荣

2012 年　**辽宁省劳动模范**

鹿新弟

2013 年 **中央企业劳动模范**

樊 宇　　刘 刚　　鲁小舟　　田福春　　卢 山

智恒伟　　郭世君

2014 年 **吉林省特等劳动模范**

高大伟

吉林省劳动模范

何 缨　　王立志　　赵贵生　　李华峰　　赵忠民

邢立国　　李树林　　刘建新　　孔令一　　金 涛

吴殿维

2015 年 **天津市劳动模范**

王春雷　　李广玉　　于 媛　　陆 波

2016 年 **江苏省劳动模范**

顾 健

2018 年 **中央企业劳动模范**

胡汉杰　　张 伟　　路胜利　　冯 斌　　牟少志

陈仁奎　　周惠弘

2019 年 **吉林省劳动模范**

王 智　　王彩云　　冯 斌　　金 涛　　张 庆

四川省劳动模范

黄志刚

2020 年　　**天津市劳动模范**

于立凯　　　李长春　　　韩建军　　　姚锦男

吉林省五一劳动奖章

2006 年　　郭立群

2009 年　　孙海成　　　展宝成　　　齐嵩宇　　　李　闯　　　赵剑平
　　　　　　　苗士军

2011 年　　郑晓旭

2013 年　　郭华卫　　　周云波

2015 年　　李凤有　　　柏淑军　　　刘大双

2016 年　　冯　斌　　　刘井泽　　　贾洪伟　　　杨永修　　　刘国军
　　　　　　　尚　军　　　杨万里　　　王卫东　　　邹小龙

2018 年　　牟少志

2019 年　　王德亮

2020 年　　周时莹

2021 年　　　张　宏

2022 年　　　吉宏宇　　　刘富强

2023 年　　　时敬龙　　　林长宏

市级劳动模范

1951 年　　　**旅大市劳动模范**

　　于莲芝

1953 年　　　**长春市一等劳动模范**

　　孙桂英　　　孙以铨

　　　　　　长春市二等劳动模范

　　温恒德　　　金积文　　　张兴业　　　刘贵山　　　侯秀英

　　王凤芝

　　　　　　长春市三等劳动模范

　　姜素兰　　　孙亚文

1954 年　　　**长春市一等劳动模范**

　　孙以铨　　　常德永　　　武树魁　　　佘普生　　　张子现

　　曹培钦　　　侍佃亮　　　任守远　　　栾景真　　　张海荣

　　高俊法　　　王宪台　　　陈恒昌　　　顾天训　　　康凤波

　　张贵芳　　　王传德　　　赵　生　　　崔春起　　　时向辰

　　张福堂　　　张进怀　　　应信章　　　郑建国　　　李锡海

刘景山　　张春华　　宋铁珊　　孙桂英

长春市二等劳动模范

金积文	张兴业	刘贵山	侯秀英	温恒德
王世明	梁翠兰	裴　俊	朱万春	葛朝文
毛儒宝	张亚庭	杨作民	李宝珍	张凤山
徐慎初	原长有	李建中	曹以君	付家和

长春市三等劳动模范

张曼玲　　姜素兰

1955 年　　长春市劳动模范

| 温恒德 | 胡年荣 | 王继义 | 张连仲 | 李成明 |
| 李龙天 | 涂绪成 | | | |

1956 年　　长春市劳动模范

郭忠山

1957 年　　长春市劳动模范

温恒德	方顺龙	马福临	沈维全	姜忠敏
范广信	王世忠	胡有林	王敏福	张世英
涂绪成				

1958 年　　长春市劳动模范

邓　昆	江景春	方顺龙	刘长发	张士珍
沈维全	姜忠敏	王敏福	范广信	杨义源
张启文	史锁坤	李占实	曲彦勤	蔡振满
陆升度				

1959 年　　**长春市劳动模范**

邓　昆	江景春	方顺龙	马福临	彭映蓓
王福成	刘长发	张士珍	沈维全	宗富宸
李治国	姜忠敏	张国良	范广信	杨义源
郭照森	高乐才	陶培生	徐永吉	王凤鸣
刘永义	李传良	支伯泉	刘云峰	罗金生
张是宏	史锁坤	曲彦勤	闫秉崇	吴学美
陈博袁	王好俭	陆升度		

1960 年　　**长春市劳动模范**

江景春	方顺龙	马福临	彭映蓓	王福成
陈博袁	王好俭	陆升度	刘长发	张士珍
沈维全	李治国	杨义源	支伯泉	

1961 年　　**长春市劳动模范**

江景春	方顺龙	马福临	彭映蓓	王福成
刘长发	张士珍	沈维全	李治国	宗富宸
陈博袁				

1962 年　　**长春市劳动模范**

马福临	彭映蓓	王福成	刘长发	张士珍
沈维全	姜忠敏	陈博袁		

1963 年　　**长春市劳动模范**

马福临	彭映蓓	王福成	刘长发	张士珍
沈维全	姜忠敏	陈博袁	孙华亭	

1972 年　　　　**长春市劳动模范**

张国良　　　王居士　　　姜　丽　　　陈永田

1975 年　　　　**长春市劳动模范**

张国良　　　王居士　　　姜　丽　　　满金海

1977 年　　　　**长春市劳动模范**

张国良　　　王居士　　　姜　丽　　　梁福森　　　雷树森

姚贵升　　　滕义发　　　周龙兴

1978 年　　　　**长春市劳动模范**

周龙兴

1979 年　　　　**长春市特等劳动模范**

张国良　　　姚贵升　　　滕义发　　　梁金城

长春市劳动模范

王居士　　　姜　丽　　　梁福森　　　雷树森　　　钱绍昌

逯兴国　　　牛世涟　　　刘玉岐　　　朱洪喜　　　周　斌

张殿奇　　　李贞熙　　　于芳春　　　王东余　　　陈超常

张振江　　　谭凤仙　　　马中全　　　孙淑兰　　　韩德恩

稽玉琢　　　李秉坚　　　周龙兴

1980 年　　　　**长春市劳动模范**

王居士　　　梁福森　　　滕义发　　　梁金城　　　钱绍昌

逯兴国　　　牛世涟　　　朱洪喜　　　周　斌　　　张殿奇

李贞熙　　　张振江　　　刘凤智　　　齐孝芬　　　徐安顺

1981 年   **长春市劳动模范**

王亚坤　　吴福昌

1983 年   **长春市特等劳动模范**

朱洪喜

长春市劳动模范

张国良	王居士	滕义发	钱绍昌	牛世涟
张殿奇	李贞熙	张振江	刘凤智	齐孝芬
田其铸	王子斌	朴顺南	包玉堂	孟　克
李润亭	栾绍竹	李炳禄	王学义	富　侠
王德福	张文峰	万　中	王世昌	王亚坤

无锡市劳动模范

金淮中

1984 年   **长春市劳动模范**

兰树成

无锡市劳动模范

金淮中

1985 年   **长春市特等劳动模范**

张振江　　郭孔辉

长春市劳动模范

陈超常	田其铸	孟　克	栾绍竹	张文峰
万　中	刘殿凯	邹维森	汤锦林	陈燕洲
黄金河	于宝晨	张喜兰	郑荣春	程远达
赵延龙	姜焕芬	王泮星	李德奎	李学绶

王万征　　王英凤　　李桂香　　兰树成　　王致远

吉林市劳动模范

李树成

辽源市劳动模范

刘景和

1986 年　　**长春市劳动模范**

郭树彦

1988 年　　**大连市劳动模范**

曲振国

1989 年　　**长春市特等劳动模范**

耿昭杰　　张振江

长春市劳动模范

朱洪喜	张广荣	郑荣春	高　尚	贾怀真
杨贵臣	杨君利	姜炳坤	宋万平	王英凤
陈燕洲	李文玉	宋子惠	崔明伟	刘家雄
崔洪松	郭孔辉	赵济海	王世昌	王亚坤

大连市劳动模范

曲振国

吉林市劳动模范

尹文军

1990 年　　**无锡市劳动模范**

周庆康

辽阳市劳动模范

杨宝忠

辽源市劳动模范

马兴中

吉林市劳动模范

尹文军

1991 年　　**大连市劳动模范**

李有成　　　杜久成

吉林市劳动模范

周秉文　　　姜　君

1992 年　　**哈尔滨市劳动模范**

邵文刚　　　李廷俊　　　赵　青

吉林市劳动模范

李树成　　　孙庆文　　　崔广华　　　叶　东

辽阳市劳动模范

陈　鹏

1994 年　　**长春市特等劳动模范**

耿昭杰　　　于永来　　　周立峰　　　黄云生

长春市劳动模范

张振江　　冯永新　　王　顺　　朱为民　　刘　俭

董秀春　　张会来　　贾怀真　　霍聚成　　王世福

张文福　　牟永言

1995 年　　**吉林市劳动模范**

李世平

1996 年　　**哈尔滨市劳动模范**

栾福兴

无锡市劳动模范

蒋彬洪

1998 年　　**长春市劳动模范**

章文龙	李志刚	李志刚	张桂兰	潘春胜
徐殿成	赵忠民	王瑞健	刘维峰	许亚兰
徐佩琴	马树清	马　才	尹茂远	曹俊林
杨柏新	刘建廷	巩玉祥	杨宏伟	杨照景
吕　锋	吕彦斌			

2000 年　　**辽阳市特等劳动模范**

王效卿

哈尔滨市劳动模范

苏子明

曲靖市劳动模范

高长春

2002 年　　**长春市特等劳动模范**

程传河　　潘春胜　　康秉智

长春市劳动模范

陆晓军　　孙长春　　张生春　　于久清　　周宝忠

牛书岩　　李凯军　　孟庆长　　樊立冬　　庄稼稔

邵洪海　　尹　翔　　丛丽华　　康庆和　　韩乃昌

陈安久　　李景谭　　杨德田　　张　兵　　李　靖

赫国安　　李　学　　金　毅　　赵忠信　　田雨时

长春市荣誉劳动模范

海博特·屈克　　　曼福雷德·布罗克

2004 年　四平市特等劳动模范

褚五州

2005 年　吉林市劳动模范

周　俊

2006 年　青岛市劳动模范

张　晓

2007 年　长春市特等劳动模范

王洪军　　方向远　　邵玉国

长春市劳动模范

王　宏　　张立臣　　范劲风　　刘　伟　　赵国清

周佩国　　矫俊江　　宋国华　　金叙龙　　杨春杰

隋晓兵　　王海庭　　李千军　　于开柱　　安铁成

郭立群　　吕向东　　李　路　　朱文辉　　杨国志

谢文才　　李宗志　　程传海　　张国强　　韩兴长

吴显冲

曲靖市劳动模范

罗笔辉

大连市劳动模范

鹿新弟

2008 年　　**无锡市劳动模范**

钱恒荣

大连市劳动模范

黄南翔

2009 年　　**大连市劳动模范**

李　滨　　王铁军

青岛市劳动模范

张　军　　黄　雷

2010 年　　**哈尔滨市劳动模范**

苏子明

2011 年　　**大连市劳动模范**

王志宇　　　金连辉

2012 年　　**长春市特等劳动模范**

周世君　　徐　飞

长春市劳动模范

王晓刚　　刘建新　　吴殿维　　李振奎　　李树林

邢立国　　陈存军　　张　军　　陈兴华　　周明雪

周晓忠　　赵贵生　　王　刚　　赵忠民　　何　缨

李华峰　　毕翔宇　　孔令一　　于　洪　　王立志

感动长春劳动模范

李　骏　　潘春胜　　李凯军

青岛市劳动模范

穆杏村　　王　芹

2015 年　　**无锡市劳动模范**

董立广

成都市劳动模范

王清羽

青岛市劳动模范

任典生　　刘　峰

2017 年　　**长春市特等劳动模范**

冯　斌　　牟少志　　任明辉　　陈仁奎

长春市劳动模范

孔德军　　李凤有　　董　伟　　于殿展　　于春天

刘　猛　　张　庆　　曹　弘　　封长宝　　丁　健

董起胜　　董修惠　　石　凯　　李世鹏　　王　才

郭庆义　　马东生　　马志斌　　周惠弘　　林海山

孙贻超　　王　勇

2018 年　　**青岛市劳动模范**

刘春梅　　王显胜

无锡市劳动模范

唐　颋

2019 年　　**大连市劳动模范**

韩　冰

2020 年　　**成都市劳动模范**

黄　波　　张雪峰

2021 年　　**无锡市劳动模范**

许海根

青岛市劳动模范

段英慧

2022 年　　**长春市特等劳动模范**

赵　达　　王斯博

长春市劳动模范

于　力　　聂新宇　　衣海涛　　任志国　　赵廷双

班永旭　　潘占福　　徐　洋

厂、集团公司劳动模范（1992 年后为集团公司）

1953 年　　李岚清　　卢春和　　王志达　　陈魁祥　　郑印国

王凤芝

1954年	朱万春	崔春起	李锡海	王传德	付家和
	葛朝文	康凤波	赵　生	应信章	郑建国
	陈恒昌	姜显堂	杨作民	张亚亭	宋铁珊
	孙兴华	石念信	陈万才	俞仁杰	侍佃亮
	周志勤	王忠有	孙阿龙	陈锡成	陈洪启
	姚发玉	葛士春	辛建中	王宪台	栾景真
	曹培钦	张海荣	高俊法	温恒德	裴　俊
	刘殿龙	原长有	孙桂英	孙以铨	张兴业
	姜素兰	毛儒宝	梁翠兰	李　贵	张阿宝
	徐慎初	张凤山	金积文	刘贵山	侯秀英
	顾天训	王世明	张曼伶		

1955年	温恒德	支少眉	李成宝	陈阿炳	刘耀宗
	胡年荣	王继义	张连仲	李龙天	张玺九
	沈士良	赵希廉	陆焕生	李成明	

1956年	温恒德	支少眉	李成宝	陈阿炳	刘耀宗
	胡年荣	王继义	张连仲	李龙天	赵希廉
	陆焕生	李成明			

1957年	温恒德	李龙天	胡芝平	马福临	王世忠
	胡有林	沈维全	王敏福	张士珍	姜忠敏
	方顺龙	范广信			

1958年	沈维全	王敏福	张士珍	姜忠敏	方顺龙
	范广信	江景春	彭映蓓	李占实	史锁坤

| | 刘长发 | 曲彦勤 | 张后文 | 杨义源 | 刘寿明 |
| | 王正德 | 万邦惠 | | | |

1959 年　马福临　沈维全　张士珍　姜忠敏　方顺龙
　　　　　范广信　江景春　彭映蓓　史锁坤　刘长发
　　　　　曲彦勤　张届文　杨义源　王凤鸣　张国良
　　　　　王福成　徐永吉　闫秉崇　高乐才　郭照森
　　　　　陶培生　支伯泉　宗富宸　李治国　李传良
　　　　　刘永义　刘云峰

1961 年　马福临　沈维全　姜忠敏　方顺龙　江景春
　　　　　彭映蓓　刘长发　王凤鸣　张国良　王福成
　　　　　徐永吉　高乐才　陶培生　李治国　吕　海
　　　　　王连生　黄林森　刘玉歧　孙德广　姜书改
　　　　　张国忠　臧福禄　刘淑芝　张殿奇

1962 年　沈维全　张士珍　姜忠敏　彭映蓓　刘长发
　　　　　王凤鸣　张国良　王福成　高乐才　宗富宸
　　　　　王连生　张龙祥　刘玉歧　孙德广　姜书改
　　　　　张国忠　臧福禄

1964 年　张连仲　沈维全　张士珍　姜忠敏　江景春
　　　　　彭映蓓　刘长发　王凤鸣　张国良　王福成
　　　　　宗富宸　王连生　刘玉歧　孙德广　姜书改
　　　　　张国忠　臧福禄　张龙祥

| 1972 年 | 沈维全 | 张国良 | 王居士 | 姜　丽 | 刘奎烈 |
| | 程凯峰 | 王文学 | | | |

1974 年	张国良	王居士	姜　丽	刘奎烈	满金海
	程凯峰	雷树森	范学馥	滕义发	李香芝
	沈维全	赵世杰			

1975 年	张国良	王居士	刘奎烈	姜　丽	程凯峰
	沈维全	雷树森	满金海	范学馥	李香芝
	滕义发	赵世杰	王春贵	王文学	逯兴国
	李红光	吴凤桐			

1976 年	张国良	王居士	刘奎烈	姜　丽	程凯峰
	沈维全	雷树森	满金海	范学馥	李香芝
	滕义发	赵世杰	王春贵	逯兴国	李红光
	闫炳崇	孙文双	梁福森		

1977 年	张国良	王居士	梁福森	刘奎烈	姜　丽
	程凯峰	雷树森	范学馥	李香芝	滕义发
	赵世杰	王春贵	逯兴国	李红光	阎秉崇
	孙文双	孙淑兰	王子斌	姚贵升	郭殿芳
	李贞熙	牛世涟			

1978 年	张连仲	张国良	刘玉歧	张殿奇	王居士
	姜　丽	滕义发	谭凤仙	梁福森	雷树森
	姚贵升	逯兴国	牛世涟	朱洪喜	李贞熙

	钱绍昌	孙淑兰	周 斌	

1979 年

刘玉歧	张殿奇	王居士	滕义发	梁福森
姚贵升	逯兴国	牛世涟	朱洪喜	韩德恩
李贞熙	钱绍昌	孙淑兰	周 斌	梁金城
陈超常	马中全	张振江	徐安顺	于芳春
齐孝芬				

1980 年

张殿奇	王居士	滕义发	梁福森	逯兴国
牛世涟	朱洪喜	李贞熙	钱绍昌	周 斌
梁金城	张振江	徐安顺	齐孝芬	刘凤智

1981 年

张殿奇	王居士	滕义发	梁福森	逯兴国
牛世涟	朱洪喜	李贞熙	钱绍昌	梁金城
张振江	徐安顺	齐孝芬	刘凤智	王子斌
江泽民	何文安	隋书金	包玉堂	朴顺南
李桂香	于长春			

1982 年

张国良	张殿奇	王居士	滕义发	牛世涟
朱洪喜	李贞熙	钱绍昌	张振江	齐孝芬
刘凤智	王子斌	江泽民	何文安	隋书金
包玉堂	朴顺南	李桂香	于长春	田其铸
兰树成	孟 克	李润亭	栾绍竹	张文峰
万 中	王学义	王德福	富 侠	李炳禄

1983 年

张国良	张殿奇	王居士	滕义发	牛世涟

朱洪喜	李贞熙	钱绍昌	张振江	于芳春
齐孝芬	刘凤智	王子斌	江泽民	包玉堂
朴顺南	李桂香	田其铸	兰树成	孟　克
李润亭	栾绍竹	张文峰	万　中	王学义
王德福	富　侠	李炳禄	王泮星	王振兴
王春生	李学绶	陈希华	杨贵臣	郑荣春
范连仲	程远达	汪宏珠		

1984 年

滕义发	雷树森	陈超常	张振江	齐孝芬
刘凤智	李桂香	田其铸	兰树成	孟　克
栾绍竹	张文峰	万　中	王学义	王泮星
王振兴	王春生	李学绶	郑荣春	程远达
汪宏珠	徐元存	于才德	于宝晨	王万征
王少华	王英凤	王春贵	刘喜芝	刘殿凯
汤锦林	李德奎	陈燕洲	邹维森	张喜兰
赵延龙	姜焕芬	姚兴书	郭孔辉	黄金河
濮幼文	王文信			

1985 年

滕义发	雷树森	陈超常	张振江	于芳春
李桂香	田其铸	兰树成	孟　克	栾绍竹
张文峰	万　中	王泮星	王春生	李学绶
郑荣春	程远达	于才德	于宝晨	王万征
王英凤	刘喜芝	刘殿凯	汤锦林	李德奎
陈燕洲	邹维森	张喜兰	赵延龙	姜焕芬
姚兴书	郭孔辉	黄金河	王文信	卢兆家
刘景和	朱太清	曲振绪	孙焕文	宋万平

李光荣	张广荣	姜炳坤	徐天齐	龚乃俊
曹正玉				

1986年

张国良	雷树森	张振江	李桂香	田其铸
兰树成	孟 克	张文峰	万 中	王春生
李学绶	郑荣春	程远达	于才德	王万征
王英凤	刘殿凯	汤锦林	李德奎	陈燕洲
张喜兰	赵延龙	姜焕芬	姚兴书	郭孔辉
黄金河	王文信	卢兆家	刘景和	曲振绪
孙焕文	李光荣	张广荣	姜炳昆	徐天齐
龚乃俊	曹正玉	马文兴	王宝珍	王锡春
王玉琪	刘志桐	刘书江	宋殿勤	宋基治
李松龄	李文玉	李庆洪	苗俊华	苗德沛
金 毅	姚德林	高 尚		

1987年

张国良	朱洪喜	张振江	李桂香	孟 克
万 中	杨贵臣	郑荣春	程远达	王英凤
汤锦林	李德奎	陈燕洲	姜焕芬	郭孔辉
黄金河	王文信	卢兆家	刘景和	宋万平
李光荣	张广荣	姜炳昆	徐天齐	曹正玉
马文兴	李文玉	李庆洪	金 毅	姚德林
高 尚	甘赞先	孔庆治	崔明伟	陈明举
吴广德	杨君利	王跃云	刘桐元	贾怀真
贺庆中				

1988年

刘家雄	宋万平	韩行义	张振江	马文兴

陈燕洲	张　伟	方伟杰	朱洪喜	崔明伟
张绍平	姜炳昆	邵明昌	杨君利	王跃云
刘景和	郑荣春	刘丰凯	姜焕芬	杨贵臣
孙敬忠	王英凤	贾怀真	祖莹璞	张广荣
李桂香	黄文海	王锡春	李文玉	宋子惠
曲振国	黄德利			

1989 年

刘景和	刘丰凯	张绍平	贾怀真	杨贵臣
祖莹璞	李淑芝	宋子惠	张秀香	黄德利
张广荣	周庆康	郑荣春	邵明昌	王明智
杨君利	朴明子	秦晋汉	汤锦林	陈燕洲
张振江	朱洪喜	王英凤	王彦超	李德奎
刘家雄	韩行义	李有成		

1990 年

刘家雄	宋万平	张振江	朱宏志	李志径
朱洪喜	王少华	张绍平	刘　俭	黄国明
张振华	顾玉秋	张秀香	刘丰凯	杨贵臣
张修圣	贾怀真	李德奎	祖莹璞	张广荣
李淑芝	刘先祥	贺庆中	朴明子	栾福兴
宋子惠	王治太	杨宝忠	张国良	

1991 年

刘秉山	郭志忠	李善学	张振江	朱宏志
李志径	朱洪喜	李凤琴	闫梦秋	刘　俭
王少华	黄国明	张振华	张世杰	顾玉秋
张秀香	马兴中	万　中	杨贵臣	曲庭奎
贾怀真	王福安	祖莹璞	张广荣	李淑芝

刘先祥　　霍聚成　　李文玉　　朴明子　　李　杰
杨宝忠

1992 年　郭志忠　　李黄玺　　冯永新　　李善学　　王　顺
朱为民　　扈文成　　王国治　　李志径　　周立峰
黄云生　　黄国明　　刘　俭　　闫梦秋　　李凤琴
张振华　　张世杰　　顾玉秋　　王长春　　张秀香
马兴中　　万　中　　杨贵臣　　齐守才　　韩金生
董秀春　　刘　顺　　李　杰　　杜久成　　贾怀真
王福安　　李淑芝　　刘先祥　　霍聚成　　牟永言
李文玉　　栾福兴　　陈　鹏　　曲振国　　王少华
李有成　　张振江　　刘秉山

1993 年　郭志忠　　刘殿凯　　冯永新　　王　顺　　朱为民
陈燕洲　　李志径　　周立峰　　尤长歧　　黄云生
刘宝库　　王维义　　张　斌　　张振华　　杨文杰
顾玉秋　　王长春　　张秀香　　崔耀伦　　柳台夫
尚志成　　杨贵臣　　齐守才　　韩金生　　董秀春
刘　顺　　杜久成　　周志文　　柏　强　　刘　伟
张会来　　卢凤阁　　曲振国　　李有成　　王效卿
贾怀真　　王福安　　马喜芝　　张振江　　郭万富
牟永言　　李文玉　　张文福　　孙汉卿　　王世福
王凯智　　张维范　　张立君　　师锦波

1994 年　耿昭杰　　于永来　　周立峰　　黄云生　　曲泽东
马兴中　　张振江　　冯永新　　王　顺　　朱为民

刘　检	董秀春	张会来	贾怀真	霍聚成
王世福	张文福	牟永言	邵文刚	李廷俊
赵　青	李有成	曲振国	李黄玺	隋世宝
杨玉田	刘建廷	徐惠忠	陈桂环	王维义
柏　强	吕守义	任福德	张振华	杨文杰
马　才	王长春	崔广华	刘　伟	宋永林
王长贵	李德全	吴志国	刘　顺	张　斌
关湘华	杜久成	栾福兴	张立君	张维范
张桂兰	柳台夫	李承德	孙汉卿	许亚兰
马喜芝	王文芳	李世平	尤长歧	金润哲
张修圣	李志径	高　尚	张维民	卜庆田
朱会民	矫云佩	王福安	王凯智	尹九思
李传增	车学温	蒋彬洪	张长春	

1995 年	于永来	冯永新	杨玉田	刘建廷	陈桂环
	巩玉祥	尤长歧	杨照景	安志强	张建凯
	曹俊林	柳台夫	李德全	张会来	陈　刚
	李黄玺	朱为民	王维义	陈　坪	王长贵
	马　才	赵忠民	付长振	刘　顺	杨文杰
	张修圣	刘　伟	张振华	柏　强	李世平
	崔广华	李长友	杜久成	崔树生	许亚兰
	孙汉卿	刘蕴博	张桂兰	张维范	张立君
	马喜芝	矫云佩	王福安	王世福	张　岩
	王凯志	车学温	尹九思	王可慰	蒋彬洪

1996 年	李黄玺	冯永新	刘建廷	陈桂环	巩玉祥

王　学	杨照景	吕　锋	安志强	邹武成
韩易成	王学令	李德全	杨宏伟	刘宝库
朱为民	姜继海	马　才	赵忠民	尹茂远
李秀玲	刘　顺	马树清	宋双喜	刘　伟
徐殿成	柏　强	刘志杰	潘春胜	丛学武
李世平	崔广华	王宏伟	王世昌	崔树生
许亚兰	孙汉卿	刘蕴搏	张桂兰	张维范
张立君	马喜芝	王世福	张　岩	王福安
王凯智	车学温	王少华	王可慰	李传增
李延歧				

1997年

李黄玺	吕　锋	冯永新	刘建廷	杨照景
杨柏新	李志刚	章文龙	赵忠民	李志刚
袁兴文	刘维峰	尹茂远	刘　伟	曹俊林
杨宏伟	徐殿成	马树清	高永奎	刘景泉
刘蕴博	许亚兰	张桂兰	徐佩琴	王瑞健
孙汉卿	赫国安	车学温	李延歧	

1998年

刘蕴博	袁丽颖	赵忠民	孙志友	陆晓军
刘　伟	潘春胜	崔树生	祁公平	吕　锋
张　健	许亚兰	孙庆文	袁兴文	苏志友
章文龙	皮振江	杨宏伟	徐佩琴	曹俊林
李志刚	王瑞健	康秉智	孙继峰	

2000年

胡金豹	李凯军	牛书岩	陆晓军	兰宝存
潘春胜	孙长春	高　锴	韩乃昌	崔树生

赫国安	张生春	徐佩琴	李 靖	谢文才
庄稼埝	陈安久	张 兵	王克仁	丛丽华
于久清	康庆和	杨 凯	赵忠信	徐衍男
高长春				

2002 年

王忠山	刘 可	韩兴长	周建秋	程保权
秦焕明	钟立秋	竭代立	许宪平	李长江
王跃亭	李丽芹	杜元俊	李 康	孙永君

2004 年

李 骏	刘 可	杨洪涛	曲 峰	孙永君
张生春	竭代立	宋清山	高俊武	胡 晓
王跃亭	孟庆长	潘春胜	李丽芹	刘谡鹏
杜元俊	王旭斌	王建民	刘俊刚	郭立群
吕向东	刘振国	李长江		

2006 年

王洪军	方向远	王 宏	张立臣	范劲风
刘 伟	赵国清	周佩国	邵玉国	矫俊江
宋国华	金叙龙	张春生	杨春杰	隋晓兵
何向明	王海庭	李千军	于开柱	阮国荣
安铁成	张 群			

2008 年

李 闯	高满川	李 鸿	吴碧磊	苗士军
刘海鹏	赵剑平	郜 然	庞永吉	李 军
朱文辉	羲万东	孙秀永	张学新	鹿新弟
孔令一	姚 哲	李春祥	周 俊	肖 冬
张丕杰	韩新亮	程传海	王景星	

2009 年	殷晓辉	王晓刚	吴殿维	郭洪梅	王　刚
	张显宜	张　勇	冯　桦	魏明跃	杨　林
	胡　咏	王立志			

2010 年	金　涛	苏子明	李振奎	陈存军	赵忠民
	聂　强	于　洪	高铁石	耿雨翔	胡志伟
	张旭江	李　滨	路茨·皮特森		孙　军
	李秀柱	安铁成	徐衍男	马　岩	田聪明

2011 年	周世君	赵贵生	周晓忠	邢立国	周明雪
	李　英	李金成	李惠波	李华峰	郝继铭
	李　昂	孙永泉	刘志勇	毕翔宇	王　刚
	柳长庆	张　军	Kevin Rose（罗开文）		

2012 年	赵芝周	刘　刚	樊　宇	丁　健	鲁小舟
	卢　山	关　健	邢　山	张　哲	田福春
	陈　婕	朱伟东	张　涛	王忠华	董　伟
	任明辉	宋　伟	智恒伟	华明耀	

2013 年	郭庆义	许宪志	霍忠诚	孙中军	田　炜
	姚景超	张　庆	张宪滨	王颜伟	张　健
	朱志国	杨光怀	李世鹏	魏晓岗	高先海
	于殿展	李凤有	郝建宇	张　健	

模范劳务派遣工

封长宝　杨程

2014 年	慕景林	陈仁奎	冯伟民	陈海娥	邹国林
	张忠平	董广芹	巴鸿钧	曹　弘	奚继德
	李永军	尹治军	梁　强	郇　舸	刘　猛
	汪玉春	刘居荣			

模范劳务派遣工

王　才　　赵海涛

2015 年	冯　斌	林海山	苏立民	陈润山	马彦庆
	孙贻超	李红建	石　凯	宿来堂	余　涛
	马东生	张雄飞	马志斌	李　广	李照发

模范劳务派遣工

韩　磊　　陈　凯

2016 年	顾　健	董起胜	班永旭	张　涛	于永坤
	佟光明	刘洪波	张宗保	安　威	周惠弘
	王　勇	张振松	于春天	牟少志	王瑞健

模范劳务派遣工

张继堂　　王　禹

2017 年	张　朋	任明华	王胜利	马康乐	孙鹏远
	李　兵	刘金超	郝彦忠	周立波	马彦宇
	王树斌	许　磊	赵卫鹏	张　影	

2018 年	刘守体	王彩云	刘伟奇	王德亮	贺　军
	刘　晔	李　峰	刘　岩	涂　彪	张广超
	张　乐	赵沛时	刘亦功		

2019 年	丁士祥	黄 成	于 力	吴兴亮	赵永强
	李原野	盖春生	程明福	张学成	吴 浩
	邵延德	胡汉杰	陈 旭		

2020 年	于天钟	蔡 坤	高跃峰	聂新宇	张鸿彪
	陆 明	付 胜	董智超	韩立武	吴 迪
	孙金峰	徐笑峰	朱启昕	徐世利	孙惠斌

2021 年	王 强	高 磊	邵 晗	王道旺	谢 康
	郭晓东	张 鹏	马继喆	赵 达	张莹莹
	张 磊	张 程	王志亮	魏炳哲	赵 伟
	黄 勇	潘占福	杨 虦	杨 猛	

2022 年	时敬龙	范英男	蒲 明	唐 祯	张国龙
	谷 强	郭海滨	李 淼	张德亮	高琪峰
	张 鹏	曾 帅	张寿刚	姜雨微	王 成
	栾兆宇	任志元	马晓明	宋守印	杜安娜
	刘孝钱	王德平	潘占福	黄 勇	戴 智
	孟祥月				

（资料来源 / 中国一汽集团公司工会，2023 年 3 月）

后记

历经大半年的采访、查阅、整理、撰稿、编辑，这本书在多方共同努力下终于出版。交付稿件之际，我们的脑海里仍然浮现着采访过的工匠的面庞，耳边仿佛还回响着他们的话语——那是中国一汽乃至中国汽车工业拔节向上的声音。

这本书分3个部分，分别集纳了胡年荣、张连仲、沈维全、过仲珏、陈岱山、张国良、姚贵升，万中、田其铸、李放、于永来、吕彦斌、李黄玺、李凯军，以及鹿新弟、齐嵩宇、金涛、吴殿维、王智、杨永修、周时莹、牟少志、冯斌、周惠弘、付胜等25位劳模先进的奋斗故事。

在编写过程中，我们采访了其中的15位，如金涛、牟少志等人。有些劳模先进人物，如姚贵升、田其铸等，这次不能面对面采访，幸运的是，他们曾接受过口述历史访谈，留下了丰富的资料，此次进行了重新编撰。关于胡年荣、陈岱山等比较早远的劳模，因无法采访，编委会成员在中国一汽档案馆浩如烟海的资料中，翻阅那个时代的报纸、文件等，查找收集关于他们的只言片语，再编辑成稿。

一路采写，一路感动。25位劳模先进人物中，张连仲出生最早，1904年生，曾任一汽热电厂机修车间主任；陈岱山因参加灭火战斗、抢救国家财产，不幸牺牲，去世时年仅23岁，短暂的一生谱写了一曲感人的壮丽诗篇……

每个时期的劳模先进人物，都带有那个时代的不同特征，但他们谦逊务实、勇于钻研、锲而不舍、学习创新的精神，却是相似的，而且还代代相传。

这让我们在编写本书时，总觉得他们之间有很多不同，但又有很多的相同。

自建厂以来，中国一汽把"出汽车、出人才、出经验"作为责无旁贷的神圣使命，因此，才涌现出张国良、李黄玺等劳模工匠，才有李凯军、齐嵩宇等劳模带领的创新工作室各展所长，才有杨永修、周时莹等智能制造领域的"后浪"，才能诞生像付胜这样年仅35岁就获得全国五一劳动奖章的年轻的劳模先进，才让劳模精神、劳动精神、工匠精神在中国一汽深深扎根、传承发扬。

希望这本书记录的故事，能更好地弘扬劳模精神、劳动精神、工匠精神，更好地发挥榜样的力量，影响更多的中国一汽人；同时希望这份底稿，能成为中国汽车工业发展史上打动人心的一部分。

借此机会，感谢所有讲述者，因为你们的大力支持，我们才有机会记录于此。

感谢中国一汽党群工作部大力支持。感谢中国一汽档案馆、劳模所在单位等相关机构积极配合。感谢大家在采访、校审方面鼎力支持。因为你们的鼎力相助，我们才能更好地走近这些劳模工匠，为广大读者呈现他们的精彩故事。

因年代久远、采访受限等原因，本书参考、引用了一些历史文章、资料和图片，并尽量注明出处、时间和人名，但因年代久远，受客观条件限制，有的文章和图片没有查到出处和作者，敬请谅解。在此向相关单位和个人特致谢意。

由于时间仓促，知识有限，本书存在纰漏与不足，恳请各界人士指正，联系邮箱 gbngbn@126.com。

本书编委会

2023 年 6 月 24 日